COLLECTION DES COURS
PROFESSÉS A L'ÉCOLE MUNICIPALE FRANÇOIS 1er.

COURS GRADUÉ DE LANGUE ESPAGNOLE

LECTURE, VERSIONS, LITTÉRATURE

ET

DICTIONNAIRE RAISONNÉ DU TEXTE

DANS L'ORDRE DES MATIÈRES,

PAR

Dn. PABLO DE VALDEMOROS Y ALVAREZ,

PROFESSEUR D'ESPAGNOL

A l'École municipale François 1er, à l'École spéciale du Commerce de Paris et à l'École des Arts industriels.

PARIS

TRUCHY, LIBRAIRIE FRANÇAISE ET ÉTRANGÈRE,

18, Boulevart des Italiens.

1845

COURS GRADUÉ

DE LANGUE ESPAGNOLE.

DU MÊME AUTEUR

(Pour paraître en 1846).

COURS GRADUÉ DE LANGUE ESPAGNOLE,

GRAMMAIRE PRATIQUE ET RAISONNÉE.

1 vol. in-12.

THÈMES GRADUÉS

POUR SERVIR D'APPLICATION ET DE DÉVELOPPEMENT

A LA PARTIE GRAMMATICALE.

1 vol. in-12.

DICTIONNAIRE GÉNÉRAL

ESPAGNOL-FRANÇAIS ET FRANÇAIS-ESPAGNOL,

Nouvellement rédigé d'après les dernières éditions des dictionnaires de l'Académie espagnole et de l'Académie française, les meilleurs lexicographes et les ouvrages spéciaux de l'une et de l'autre langue. — 2 vol. gr. in-8, de 1000 à 1200 pages à 3 colonnes, caractère neuf et fondu exprès.

IMPRIMERIE ET LITHOGRAPHIE DE MAULDE ET RENOU, 658
Rue Bailleul, 9 et 11.

COLLECTION DES COURS
PROFESSÉS A L'ÉCOLE MUNICIPALE FRANÇOIS Ier.

COURS GRADUÉ

DE

LANGUE ESPAGNOLE

LECTURE, VERSIONS, LITTÉRATURE

ET

DICTIONNAIRE RAISONNÉ DU TEXTE

DANS L'ORDRE DES MATIÈRES,

PAR

Dr. PABLO DE VALDEMOROS Y ALVAREZ,

PROFESSEUR D'ESPAGNOL

A l'École municipale François Ier, à l'École spéciale du Commerce de Paris et à l'École des Arts industriels.

PARIS

TRUCHY, LIBRAIRIE FRANÇAISE ET ÉTRANGÈRE,
18, Boulevart des Italiens

1845

PRÉFACE.

En me décidant à publier d'abord cette troisième partie de mon *Cours gradué de langue Espagnole*, je cède aux pressantes instances de mes élèves et un peu aussi à la nécessité.

En effet, parmi le petit nombre de recueils de cette nature, il n'en est pas un qui ait été conçu sur un plan méthodique. Les morceaux *choisis* y ont été jetés pêle-mêle et comme au hasard ; et encore ces morceaux ont-ils été pris pour la plupart dans les traductions de *Gil-Blas* et de *Paul et Virginie*. Quel outrage pour notre littérature espagnole si riche et si variée !

J'ai procédé tout autrement. Après avoir lu et

relu consciencieusement tous nos meilleurs auteurs anciens et modernes, j'en ai extrait les passages qui m'ont paru les plus remarquables, soit par le style, soit par la pensée, et qui par leur nature se prêtaient le mieux à ce morcellement. Je les ai divisés ensuite en deux parties, les classant dans un ordre gradué avec soin, en combinant, pour obtenir plus de variété, les différents genres de style et les auteurs différents. Chacun de ces morceaux renferme une morale, un fait historique ou un enseignement, et il est superflu d'ajouter que la plus scrupuleuse rigidité a présidé à leur choix. En outre, j'ai cru rendre leur lecture plus intéressante et plus instructive en plaçant au dessous du nom de chaque auteur la date de sa naissance et de sa mort.

La première partie est divisée en 36 semaines, correspondant aux 36 semaines scolaires de l'année : chacune d'elles renferme 12 numéros. Le nombre douze, par sa divisibilité, laisse les moyens de prendre par semaine autant de leçons qu'on le juge convenable. — Cette disposition, dont l'utilité est incontestable pour les élèves des écoles, ne doit pas être un obstacle pour les gens du monde qui pourront, à leur choix, adopter la division par morceaux.

La seconde partie (qui est pour les écoles la seconde année) est seulement numérotée. J'ai pensé qu'arrivé là, l'action du professeur devait être plus libre : des compositions, des lettres de commerce, d'affaires ou d'amitié ; des conférences en espagnol, etc., devant occuper une partie des leçons, il ne fallait pas le resserrer dans un cercle trop rigoureux.

Au milieu du déluge de réformes que chacun cherche à introduire dans notre orthographe, mon choix n'a pas été douteux : l'orthographe adoptée par l'Académie m'a servi de règle ; car elle seule peut faire autorité à cet égard. Seulement, j'ai respecté dans la seconde partie celle employée par nos vieux auteurs pour ne pas altérer leur originalité.

Comme je suppose l'élève au début de l'étude, j'ai commencé par une traduction interlinéaire facile que j'ai restreinte à mesure qu'il acquiert des connaissances grammaticales et que sa mémoire se meuble de mots.

De plus, j'ai placé à la fin de ce volume un *Dictionnaire raisonné* du texte dans l'ordre des matières. Les locutions, les idiotismes, les mots même dont la signification littérale diffère de celle du texte y sont expliqués ; les verbes réguliers d'abord, puis les verbes irréguliers jusqu'à la fin de la première partie y sont tous consignés. En ceci j'ai suivi l'exemple de mon excellent confrère et ami M. Spiers, dans son *Étude raisonnée* de la langue anglaise, ouvrage dont le succès et les résultats sont tels, que j'eusse été coupable en ne faisant pas profiter ceux qui se livrent à l'étude de la belle langue castillane, des avantages que présente cette méthode.

On trouvera aussi à la fin de la seconde partie quelques pièces de vers ; non pas que j'aie eu la prétention de donner par là une idée même imparfaite de la poésie espagnole, c'est un sujet trop important et qui mérite d'être traité à part ;

j'ai voulu seulement distraire mes lecteurs et leur donner la conscience de leur force, en leur prouvant ainsi que je leur ai fait prendre, non seulement le chemin le plus court et le plus sûr, mais encore le plus aplani, puisqu'ils seront arrivés au terme du voyage presque sans s'en douter. — Puissé-je ne pas m'être abusé !

J'engage les professeurs, après avoir fait lire et traduire la leçon deux fois, si le temps le permet, à répéter eux-mêmes à haute voix (les livres des élèves étant fermés) les phrases contenant des idiotismes, des locutions ou des tournures particulaires au génie de la langue espagnole, et à les faire traduire en français d'après leur seule audition. Quand les élèves seront suffisamment avancés, le professeur pourra ajouter à cet exercice la contre-partie, c'est à dire, faire traduire en espagnol les phrases de la version qu'il dira en français. Outre que ces exercices sont un contrôle certain du travail des élèves, ils les disposent efficacement et sans transition à la langue parlée, qui est, selon moi, le but principal qu'on doit se proposer dans l'étude d'une langue vivante.

COURS GRADUÉ

DE LANGUE ESPAGNOLE.

LECTURE. — VERSIONS. — LITTÉRATURE

PREMIÈRE PARTIE.

Resúmen de la historia de España.

(*1re Semaine.*) **1.** La peninsula, llamada España, solo
La péninsule, nommée Espagne, seulement
está contigua al continente de Europa por el lado de
est contiguë au continent d'Europe par le côté de
Francia, de la que la separan los montes Pirineos. Es
France, de laquelle la séparent les monts Pyrénées. Elle est
abundante en oro, plata, azogue, hierro, piedras, aguas
abondante en or, argent, mercure, fer, pierres, eaux

minerales, ganados de excelentes calidades y pescas
minérales, troupeaux d'excellentes qualités, et *des* pêcheries

tan abundantes como deliciosas.
aussi abondantes que délicieuses.

2. Esta feliz situacion la hizo objeto de la co-
Cette heureuse situation la (*rendit*) fit l'objet de la con-

dicia de los Fenicios y otros pueblos.
voitise des Phéniciens et *d'*autres peuples.

3. Los Cartagineses, parte por dolo y parte por fuerza,
Les Carthaginois, partie par ruse et partie par force,

se estableciéron en ella; y los Romanos quisiéron
(*s'y*) s' établirent dans elle; et les Romains voulurent

completar su poder y gloria con la conquista de
compléter leur pouvoir et (*leur*) gloire (*par*) avec la conquête de

España.
l'Espagne.

4. Pero encontráron una resistencia que pareció tan
Mais ils trouvèrent une résistance qui parut aussi

extraña como terrible á los soberbios dueños de lo restante
étrange que terrible aux superbes maîtres du reste

del mundo.
du monde.

5. Numancia, una sola ciudad, les costó catorce años
Numance, une seule ville, leur coûta quatorze ans

de sitio, la pérdida de tres ejércitos y el desdoro de los
de siége, la perte de trois armées et le déshonneur des

mas famosos generales, hasta que, reducidos los
plus fameux généraux, jusqu'à ce que, réduits des

Numantinos á la precision de capitular ó morir
Numantins à la nécessité de capituler ou *de* mourir

por la total ruina de la patria, corto número
(*à cause de*) par la totale ruine de la patrie, *le* petit nombre

de vivos y abundancia de cadáveres en las calles,
de vivants et l'abondance de cadavres dans les rues,

6. Sin contar los que habian servido de pasto á sus
Sans compter ceux qui avaient servi de pâture à leurs

conciudadanos, despues de concluidos todos sus
concitoyens, après (*avoir épuisé*) d'épuisés tous leurs

víveres,
vivres,

7. Incendiáron sus casas, arrojáron sus mujeres,
Ils incendièrent leurs maisons, précipitèrent leurs femmes,

niños y ancianos en las llamas, y saliéron á morir en
enfants et vieillards dans les flammes, et sortirent pour mourir dans

el campo raso con las armas en la mano.
la campagne rase avec les armes dans la main.

8. El grande Escipion fué testigo de la ruina de
Le grand Scipion fut témoin de la ruine de

Numancia; pues no puede llamarse propiamente conquis-
Numance; car *il* ne peut s'appeler proprement conqué-

tador de la ciudad; siendo de notar que Lúculo,
rant de la ville; étant à remarquer que Lucullus,

encargado de levantar un ejército para aquella expedicion,
chargé de lever une armée pour cette expédition,

no encontró en la juventud romana reclutas que lle-
ne trouva pas dans la jeunesse romaine recrues (*a*) qu'en-

var, hasta que el mismo Escipion se alistó para
mener, jusqu'à ce que le même Scipion s'enrôla pour
animarla.
l'encourager.

9. Si los Romanos conociéron el valor de los Españoles
Si les Romains connurent la valeur des Espagnols
como enemigos, tambien experimentáron su virtud como
comme ennemis, aussi *ils* éprouvèrent leur vertu comme
aliados. Sagunto sufrió por ellos un sitio igual al de
alliés. Sagonte souffrit pour eux un siége égal à celui de
Numancia contra los Cartagineses;
Numance contre les Carthaginois;

10. Y desde entónces formáron los Romanos de los
Et depuis lors formèrent les Romains des
Españoles el alto concepto que se vé en sus autores,
Espagnols la haute opinion qui se voit dans leurs auteurs,
oradores, historiadores y poetas.
orateurs, historiens et poètes.

11. Pero la fortuna de Roma, superior al valor hu-
Mais la fortune de Rome, supérieure à la valeur humano, la hizo señora de España, como de lo restante
maine, la fit maîtresse de *l'*Espagne, comme du reste
del mundo,
du monde,

12. Ménos algunos montes de Cantabria, cuya total
Moins quelques monts de Cantabrie, dont la totale
conquista no constá de la historia, de mode
conquête n'est pas constatée *(dans)* de l'histoire de manière
que no pueda dudarse.
qu'on ne puisse douter.

(2ᵉ *Semaine.*) **13.** Largas revoluciones, inútiles de con-
(*De*) longues révolutions, inutiles à racon-

tarse en este paraje, trajéron del norte enjambres de
ter en cet endroit, amenèrent du nord *des* hordes de

naciones feroces, codiciosas y guerreras que se estable-
nations féroces, cupides et guerrières qui s'établi-

ciéron en España :
rent en Espagne :

14. Pero con las delicias de este clima tan diferente
Mais avec les délices de ce climat si différent

del que habian dejado, cayéron en tal
de celui qu'*elles* avaient laissé, *elles* tombèrent dans *un* tel

grado de afeminacion y flojedad, que á su tiempo
degré d'effémination et *de* mollesse, qu'à leur (*tour*) temps

fuéron esclavas de otros conquistadores venidos del
elles furent esclaves d'autres conquérants venus du

mediodia.
midi.

15. Huyéron los Godos españoles hasta los montes de
Fuirent les Goths espagnols jusqu'aux monts d'

una provincia hoy llamada Asturias :
une province aujourd'hui appelée Asturies :

16. Y apénas tuviéron el tiempo de desechar el
Et à peine eurent-ils le temps de chasser la

susto, llorar la pérdida de sus casas y ruina de
frayeur, *de* pleurer la perte de leurs maisons et *la* ruine de

su reino, cuando saliéron, mandados por Pelayo,
leur royaume, quand *ils* partirent commandés par Pélage,

uno de los mayores hombres que la naturaleza ha pro-
un des plus grands hommes que la nature a pro-

ducido.
duits.

17. Desde aquí se abre un teatro de guerras que du-
Depuis ici s' ouvre un théâtre de guerres qui du-

ráron cerca de ocho siglos.
rèrent près de huit siècles.

18. Varios reinos se levantáron sobre la ruina de la
Divers royaumes s' élevèrent sur la ruine de la

monarquía goda-española, destruyendo el que querian
monarchie gotho-espagnole, détruisant celui que voulaient

edificar los Moros en el mismo terreno, regado con mas
élever les Maures dans le même terrain, arrosé avec plus

sangre española, romana, cartaginesa, goda y mora,
de sang espagnol, romain, carthaginois, goth et maure,

de cuanto se pueda ponderar con horror de la
qu'il n' est possible de l'exprimer avec horreur de la

pluma que lo escriba y de los ojos que lo vean escrito.
plume qui l'écrira et des yeux qui le verront écrit.

19. Pero la populacion de esta península era tal,
Mais la population de cette péninsule était telle,

que despues de tan largas guerras y tan sangrientas, aun
qu' après de si longues guerres et si sanglantes, encore

se contaban veinte millones de habitantes en ella.
en comptait vingt millions d' habitants dans elle.

20. Incorporáronse tantas provincias y tan diferentes
S'incorporèrent tant de provinces et si différentes

en dos coronas, la de Castilla y la de Aragon; y am-
en deux couronnes, celle de Castille et celle d' Aragon; et toutes
bas, en el matrimonio de Don Fernando y Doña
deux, (*par*) dans le mariage de Don Ferdinand et Doña
Isabel, príncipes que serán inmortales entre cuantos
Isabelle, princes qui seront immortels parmi tous ceux qui
sepan lo que es gobierno.
sauront ce qu' est *un* gouvernement.

21. La reforma de los abusos, aumento de cien-
La réforme des abus, *l'*accroissement des scien-
cias, humillacion de los soberbios, amparo
ces, *l'*humiliation des superbes, *la* protection (*donnée à*)
de la agricultura, y otras operaciones semejantes, formá-
de l' agriculture, et autres mesures semblables, formè-
ron esta monarquía: ayudóles la naturaleza con un
rent cette monarchie; les aida la nature (*par*) avec un
número increible de vasallos insignes en letras y
nombre incroyable de vassaux distingués dans *les* lettres et
armas; y se pudieran haber lisonjeado de dejar á
les armes; et *ils* se pourraient avoir flatté de laisser à
sus sucesores un imperio mayor y mas duradero que
leurs successeurs un empire plus grand et plus durable que
el de Roma antigua (contando las Américas nueva-
celui de Rome ancienne (*en* comptant les Amériques nouvelle-
mente descubiertas), si hubiesen logrado dejar su
ment découvertes), si *ils* avaient (*pu*) obtenu laisser leur
corona á un heredero varon.
couronne à un héritier mâle.

22. Nególes el cielo este gozo á trueque de
Leur refusa le ciel cette joie en échange de

tantos como les habia concedido; y su cetro pasó
tant *d'autres* qu' *il* leur avait accordées; et leur sceptre passa
á la casa de Austria, la cual gastó los tesoros, talentos
à la maison d' Autriche, la quelle dépensa les trésors, *les* talents
y sangre de los Españoles en cosas agenas de España,
et *le* sang des Espagnols en choses étrangères à *l'*Espagne
por las continuas guerras que, así en Alemania como
à cause des continuelles guerres que, tant en Allemagne qu'
en Italia, tuvo que sostener Cárlos I de España.
en Italie, eut à soutenir Charles Ier d' Espagne.

23. Hasta que cansado de sus mismas prosperidades
Jusqu'à ce que fatigué de ses mêmes prospérités,
ó tal vez conociendo con prudencia las vicisitudes de las
ou peut-être connaissant avec prudence les vicissitudes des
cosas humanas, no quiso exponerse á sus reveses,
choses humaines, *il* ne voulut *pas* s'exposer à leurs revers,
dejó el trono á su hijo Don Felipe II.
il laissa le trône à son fils Don Philippe II.

24. Este príncipe, acusado por la emulacion por am-
Ce prince, accusé par l' envie d' am-
bicioso y político como su padre, pero ménos afortu-
bitieux et politique comme son père, mais moins heu-
nado, siguiendo los proyectos de Cárlos, no pudo hallar
reux, suivant les projets de Charles, ne put trouver
los mismos sucesos, aun á costa de ejércitos, de armadas
les mêmes succès, même au prix d'armées, de flottes
y de caudales. Murió dejando á su pueblo extenuado con
et de trésors. *Il* mourut laissant son peuple exténué (*par*) avec
las guerras, afeminado con el oro y plata de América,
les guerres, efféminé (*par*) avec l'or et *l'*argent d'Amérique,

disminuido con la poblacion de un mundo nuevo,
diminué *(par)* avec la population d' un monde nouveau,

disgustado con tantas desgracias y deseoso de
dégoûté *(par)* avec tant *de* malheurs et désireux de

descanso. Pasó el cetro por las manos de tres príncipes
repos. Passa le sceptre par les mains de trois princes

ménos activos para manejar tan grande monarquía,
moins actifs pour gouverner *une* si grande monarchie,

y en la muerte de Cárlos II, no era España sino el
et *(à)* dans la mort de Charles II, n' était *l'*Espagne que le

esqueleto de un gigante.
squelette d' un géant.

(Cadalso, *Cartas marruecas.*)

[M. 1782.]

Espectáculo moral del universo.

(3ᵉ Semaine.) **25.** Observa la choza del labrador
Observe

cubierta con un techo de paja. La madre de familia
couverte

está hilando delante de su puerta, al mismo tiempo
(file) est filant

que sus hijos se huelgan en su presencia sobre la yerba.
jouent

Los de mas edad aprenden obedientes la labranza bajo la
apprennent

inspeccion de su padre que trabaja para mantenerlos;
travaille les nourrir;

ora are la tierra, ora siegue y recoja sus granos,
soit qu'il laboure il fauche récolte

ora varée los árboles cargados de fruta, sus hijos le
gaule chargés

ayudan. Los mas jóvenes le salen al encuentro cuando
aident.

vuelve á casa, y su mujer prepara la comida para toda
il revient prépare

la familia.

26. El padre, la madre y los hijos no componen mas
composent

que una sola familia, de que es jefe y cabeza el padre. Si
est

la familia es numerosa, y extendidos los campos, criados
fieles le ayudan en sus faenas.
aident

27. Todos habitan en una misma casa, comen del
habitent mangent

mismo pan, duermen bajo un mismo techo; ellos glori-
dorment glori-

fican á Dios en comun por la mañana y á la tarde; unidos
fient

y queridos los unos de los otros; cuando alguno de ellos
chéris

está enfermo, todos los demas se entristecen; cuando uno
est s'attristent

es feliz, todos se regocijan.
réjouissent.

28. Aquí, un grupo de casas construidas para varias
construites
familias parece que no forma mas que una sola habita-
semble ne former qu'une
cion. De estas familias, las unas labran la tierra, y las
labourent
otras se ocupan en varios oficios. Se encuentran en los
occupent Elles se rencontrent
campos donde se reunen los dias de fiesta para danzar allí
elles se réunissent danser
sobre la fresca yerba. Salen juntas para el mercado,
Elles vont
cada cual con su mercancía. Si una es pobre, su vecino
chacune
se apresura á socorrerla; si está enferma, la consuela.—
s'empresse de la secourir; elle est il la console
Esto es una aldea.
C'est

29. Mas allá, está reunido mayor número de habi-
Plus loin, est réuni un
tantes; cada casa forma una familia. Ya el comercio se
forme
junta allí á la labranza. La aguja del campanario se eleva
joint flèche élève
por encima de los árboles, y la campana las llama cada
appelle
dia al mismo templo para alabar á Dios congregadas. —
louer en commun.
Esto es un lugar.

30. Mas léjos, en una vasta circunferencia hay un
il y a
gran número de casas, de palacios y de monumentos que
atestiguan la magnificencia del príncipe, la industria y el
attestent
talento de sus súbditos. Allí todas las artes están reuni-
sont
das para trabajar de concierto, por el bien comun, en
utilidad pública; semejante á una colmena donde ni una
sola abeja está dispensada de contribuir con el fruto de
n'est dispensée
su botin, ningun ciudadano tiene derecho para estar
n' a
ocioso ni vivir á expensas del artesano diligente y labo-
rioso.

31. Magistrados ilustrados y de una probidad á toda
éclairés
prueba, que representan al príncipe, velan de continuo
représentent le veillent continuellement
en la conservacion del buen órden, sosiego y felicidad de
la sociedad; por todas partes reinan la humanidad, la
règnent
justicia y la beneficencia.

32. De esta circunferencia salen á todas horas gritos
s'échappent
de aclamacion y de alegría en alabanza del príncipe que
gobierna, como padre, á sus numerosos hijos. Todos des-
gouverne se re-

cansan en su bondad, justicia y sabiduría; todos rivalizan
posent rivalisent
entre sí, y á favor de él, en cuanto á órden, armonía.
entr'eux
valor, sacrificios, reconocimiento. — Esto es una ciudad.

23. Varias ciudades y una grande extension de pais, componen un reino; rodeado de montañas, ó dividido
composent environné divisé
por rios, ó bañado por la mar, sus habitantes son no obs-
baigné sont
tante conciudadanos; hablan una misma lengua, y hacen
ils parlent font
en comun la guerra ó la paz : un rey es su jefe supremo.
est
Todos los imperios y los reinos, una infinidad de regiones pobladas de naciones diferentes, islas, vastos continentes, climas innumerables componen el universo : Dios es el
composent est celui
que gobierna.
gouverne.

24. Los pueblos hormiguean sobre la superficie del
fourmillent
globo. Los unos son atezados y negros, efecto de los ar-
sont
dores del sol; otros se visten de pieles contra los rigores
vêtisent
del frio. Algunos beben del jugo de la vid, otros la leche
boivent

refrigerante del coco; otros finalmente apagan su sed en
apaiser

la límpida corriente de los arroyos. Todos estos pueblos
son la familia de Dios que los conoce á todos, como el
connaît

pastor conoce su rebaño. Ellos le dirijen sus súplicas en
lui adressent

diversos lenguajes, y los comprende á todos, cuida de
comprend il a soin

todos. Ninguno hay por grande que sea á quien no
il n'y a quelque qu'il soit il ne

pueda castigar; ninguno por pequeño que sea á quien
puisse

no conceda su proteccion.
il n'accorde

35. Negra malhadada que vives en miserable escla-
vis

vitud, y que gimes al lado de tu hijo enfermo, cuando
gémis

todos te vuelven la espalda, sin que ninguno se apiade de
tournent ait pitié

tí, Dios se compadecerá de tus males. En tal abandono
compatira

atrévete á elevar tu voz; llama en tu socorro, en medio
ose appelle

de tus cadenas, al Dios del universo: Dios te oirá.
t'entendra.

36. Monarca que gobiernas cien reinos, tú, cuyo
gouvernes dont le

entrecejo es mas espantoso que la muerte, y cuyos ejér-
front

citos cubren una inmensa extension de terreno, no te
couvrent

vanagloriés de ser el soberano único de tantas regiones:
glorifie pas

Dios es superior á ti; su terrible mano está extendida sobre tu cabeza; y si obrares mal, está seguro que serás
agis sois tu seras

castigado. ¡Naciones del universo, temed á Dios; familias
craignez

innumerables extendidas y diseminadas sobre este globo, implorad, clamad á vuestro Dios!
implorez, invoquez

(Ildefonso Miranda, *Himnos de la primera edad.*)

Sobre el Quijote de Cervantes.

(*4e Semaine.*) **37.** La posteridad ha comparado y opuesto Virgilio á Homero, Ciceron á Demóstenes, Horacio á Píndaro, el Taso al Ariosto, Racine á Corneille; estaba reservada al inmortal autor del *Quijote* la gloria de no tener rival. Cualquiera que sea el encanto de la *Iliada* y de la *Eneida*, creemos que se le puede perdonar á Saint-Évremont el haber hablado del *Quijote* como de la única obra que no se habria cansado jamás de leer, aun cuando hubiera empleado toda su vida en repetir su lectura.

38. Esta obra original y asombrosa tiene carácteres

propios, y que son una consecuencia de su misma singularidad. Aun no hay que desesperar de aquellos que, no habiendo nacido para remontar á la esfera de Homero y de Virgilio, oigan con frialdad su lectura; pero el que oiga con absoluta indiferencia la del *Quijote* de Cervántes, puede desde aquel dia, si ya no es que por gran señor se excusa de esta triste necesidad, buscar un abrigo en alguno de aquellos establecimientos en que la beneficencia pública repara las injusticias de la naturaleza, ofreciendo un asilo á los estúpidos.

39. Con efecto, esta proposicion es de tal manera cierta, que el grado de admiracion respectiva que produce su lectura podrá ser mirado como un termómetro del temple del alma, ó sea de las disposiciones del lector ó del oyente, sobre todo en materias de gusto.

40. El análisis del *Quijote* ha sido hecho muchas veces, el juicio crítico de las gracias y lunares de su estilo muchas mas, y su elogio anda, dos siglos ha, en la boca de todos, así que, si quisiéramos hablar de esto, nada podriamos hacer sino fatigar á nuestros lectores con cansadas repeticiones. No quiere decir esto que en todo lo demás hayamos sido originales, sino que hay cosas mas sabidas unas que otras.

41. Pero, puesto que es necesario pagar algun tributo de admiracion al genio divino de Cervántes, dirémos: que á la originilidad de la idea, al bien tramado artificio de la fábula, al mérito de los carácteres, al de su conveniente narracion, al de la belleza y oportunidad de sus episodios, á las inimitables gracias de su variado estilo, y á toda la utilidad moral del poema, tan felizmente presentada y desenvuelta bajo diferentes aspectos por el autor del sabio análisis de la Academía, podia añadirse la que, en nuestro modo de ver, constituye su utilidad directa y general: en fin, la que puede decirse característica y esencial.

12. Se ha dicho, por ejemplo, que la leccion importante que resulta de la *Iliada*, es la de que los pueblos son siempre víctimas de las divisiones de aquellos que los gobiernan: y de la *Odisea*, que la prudencia unida al valor, mas pronto ó mas tarde, triunfa al cabo de los mayores obstáculos.

13. A semejanza de lo que se ha dicho de estos dos poemas, dirémos nosotros del de Cervántes, que creemos ver en *Don Quijote* personificada la especie humana, y anunciada á los hombres esta importante leccion: « A parte un pequeño número de malvados que pertenecerán al primer poema que se componga para doctrinar á los tigres, los demas todos tenemos una manía dominante, y muchas calidades estimables: todos discurrimos con acierto, hasta que se toca en la tecla falsa de nuestro delirio. »

14. El que crea que esta leccion no es tan importante como la de aquellos dos poemas, reflexione que la consecuencia directa de ella será esta sublime máxima: « Pues que tal es esta obra contradictoria del hombre, y pues que así salimos todos de las manos de la naturaleza, perdonemos y amémonos recíprocamente. »

(Mendibil y Silvela, *Biblioteca selecta.*)

Prodigio de que aprendió Motezuma que se acercaba la ruina de su imperio.

45. Vino al palacio un labrador, tenido en opinion de hombre sencillo, que solicitó con porfiadas y misteriosas instancias la audiencia del rey. Fué introducido á su presencia despues de varias consultas, y hechas sus humillaciones, sin género de turbacion ni encogimiento, le dijo en su idioma rústico, pero con un género de libertad y elocuencia que daba á entender algun furor mas que natural, ó que no eran suyas sus palabras : « Ayer « tarde, señor, estando en mi heredad ocupado en el « beneficio de la tierra, ví un águila de extraordi- « naria grandeza, que se abatió impetuosamente sobre « mí, y arrebatándome entre sus garras, me llevó largo « trecho por el aire, hasta ponerme cerca de una gruta « espaciosa, donde estaba un hombre con vestiduras reales « durmiendo entre diversas flores y perfumes, con un « pebete encendido en la mano.

46. « Acerquéme algo mas, y ví una imágen tuya, « ó fuése tu misma persona ; que no sabré afirmarlo, « aunque á mi parecer tenia libres los sentidos. Quise « retirarme atemorizado y respectivo, pero una voz impe- « riosa me detuvo, y me sobresaltó de nuevo, mandán- « dome que te quitase el pebete de la mano, y le apli- « case á una parte del muslo que tenias descubierta : « rehusé cuanto pude cometer semejante maldad ; pero la « misma superioridad, me violentó á que obedeciese. Yo « mismo, señor, sin poder resistir, hecho entónces del

« temor atrevimiento; te apliqué el pebete encendido « sobre el muslo, y tu sufriste el cauterio sin despertar « ni hacer movimiento. Creyera que estabas muerto, si « no se diera á conocer la vida en la misma quietud de « tu respiracion, declarándose el sosiego en falta de sen- « tido; y luego me dijo aquella voz que, al parecer, se « formaba en el viento:

47. « Así duerme tu rey, entregado á sus delicias y « vanidades, cuando tiene sobre sí el enojo de los dioses, « y tantos enemigos que vienen de la otra parte del « mundo á destruir su monarquía y su religion. Dirásle « que despierte á remediar, si puede, las miserias y ca- « lamidades que le amenazan: y apénas pronunció esta « razon, que traigo impresa en la memoria, cuando me « prendió el águila entre sus garras, y me puso en mi « heredad sin ofenderme. Yo cumplo así lo que me « ordenan los dioses: despierta, señor, que los tiene « irritados tu soberbia y tu crueldad. Despierta, digo « otra vez, ó mira como duermes, pues no te recuerdan « los cauterios de tu conciencia, ni ya puedes ignorar que « los clamores de tus pueblos llegáron al cielo primero « que á tus oidos. »

48. Estas ó semejantes palabras dijo el villano, ó el espíritu que hablaba en él; y volvió las espaldas con tanto denuedo que nadie se atrevió á detenerle. Iba Motezuma con el primer movimiento de su ferocidad á mandar que le matasen, y le detuvo un nuevo dolor que sintió en el muslo, donde halló y reconociéron todos estampada la señal del fuego, cuya pavorosa demostracion le dejó atemorizado y discursivo, pero con resolucion de castigar el villano, sacrificándole á la aplacacion de sus dioses.

(Solis, *Historia de la conquista de Méjico.*)

[N. 1610.—M. 1686.]

Insurreccion general contra los franceses en España.

(5e *Semaine*). **49.** Encontrados afectos habian agitado durante dos meses á las varias provincias de España. Tras la alegría y el júbilo, tras las esperanzas tan lisonjeras como rápidas de marzo, habian venido las zozobras, los temores, las sospechas de abril. El 2 de mayo (1) habia llevado á todas partes consigo el terror y el espanto; y al propagarse la nueva de las renuncias (2), de las perfidias y torpes hechos de Bayona, un grito de indignacion y de guerra, lanzándose con admirable esfuerzo de las cabezas de provincia, se repitió y cundió resonando por caserios y aldeas, por villas y ciudades.

50. A porfia las mujeres y los niños, los mozos y los ancianos, arrebatados de fuego pátrio, llenos de cólera y rabia, clamáron unánime y simultáneamente por pronta, noble y tremenda venganza. Renació España; por decirlo así, fuerte, vigorosa, denodada; renació recordando sus pasadas glorias; y sus provincias conmovidas, alteradas y

---

(1) Dia en que los franceses ensangrentáron las calles de Madrid con tan crueles como inicuas ejecuciones.

(2) Las de Cárlos IV y Fernando VII.

enfurecidas se representaban á la imaginacion como las describia Veleyo Patérculo: *Tan esparcidas, tan pobladas, tan fieras.* El viajero que un año ántes, pisando los anchos campos de Castilla, hubiese atravesado por medio de la soledad y desamparo de sus pueblos, si de nuevo hubiese, ahora vuelto á recorrerlos, viéndolos llenos de gente, de turbacion y afanosa diligencia, con razon hubiera podido achacar á mágica trasformacion mudanza tan extraordinaria y repentina.

51. Aquellos moradores, como los de toda España, indiferentes no habia mucho á los negocios públicos, salian ansiosamente á informarse de las novedades y ocurrencias del dia, y desde el alcalde hastá el último labriego embravecidos y airados, estremeciéndose con las muertes y tropelías del extrangero, prorumpian al oirlas en lágrimas de despecho. Tan cierto era que aquellos nobles y elevados sentimientos, que engendráron en el siglo décimosexto tantos porténtos de valor, y tantas y tan inaúditas hazañas, estaban adormecidos, pero no apagados en los pechos españoles; y al dulce nombre de la patria, á la voz de su rey cautivo, de su religion amenazada, de sus costúmbres holladas y escarnecidas, se despertáron ahora con viva y recobrada fuerza. Cuanto mayores é inesperados habian sido los ultrajes, tanto mas terrible y asombroso fué el público sacudimiento.

52. La historia no nos ha trasmitido ejemplo mas grandioso de un alzamiento tan súbito y tan unánime contra una invasion extraña. Como si un premeditado acuerdo, como si una suprema inteligencia hubiera gobernado y dirigido tan gloriosa determinacion, las mas de las provincias se levantáron espontáneamente casi en un mismo dia, sin que tuviesen muchas noticias de la insurreccion de las otras, y animadas todas de un mismo espíritu exaltado y heróico. A resolucion tan magnánima fué estimulada la nacion española por los engaños y alevosías de un falso amigo, que con capa de querer regenerarla, desconociendo sus usos y sus leyes, intentó á su antojo dictarle otras nuevas, variar la estirpe de sus reyes, y destruir así su verdadera y bien entendida independencia, sin la que desmoronándose los estados mas poderosos, hasta su nombre se acaba y lastimosamente perece.

(Conde de Toreno, *Hist. del levant. y revol. de España.*)
(N. 1786.—M. 1843.)

Hernan Cortés á sus soldados, al emprender la conquista de Méjico.

53. Cuando considero, amigos y compañeros mios, como nos ha juntado en esta isla nuestra felicidad, cuantos estorbos y persecuciones dejamos atrás, y como se nos han deshecho las dificultades, conózco la obra de Dios en esta obra que emprendemos, y entiendo que en su altísima providencia es lo mismo favorecer los principios que prometer los sucesos. Su causa nos lleva, y la de nuestro rey (que tambien es suya), á conquistar regiones no conocidas; y ella misma volverá por sí, mirando por nosotros.

54. No es mi ánimo facilitaros la empresa que acometemos : combates nos esperan sangrientos, facciones increibles, batallas desiguales, en que habréis menester socorreros de todo vuestro valor : miserias de la necesidad, inclemencias del tiempo, y asperezas de la tierra, en que os será necesario el sufrimiento, que es el segundo valor de los hombres, y tan hijo del corazon como el primero : que en la guerra mas sirve la paciencia que las manos....

55. Hechos estais á padecer, y hechos á pelear en estas islas que dejais conquistadas; mayor es nuestra empresa, y debemos ir prevenidos de mayor osadía; que siempre son las dificultades del tamaño de los intentos.... Pocos somos; pero la union multiplica los ejércitos, y en nuestra conformidad está nuestra mayor fortaleza. Uno, amigos, ha de ser el consejo en cuanto se resolviere; una la mano en la ejecucion; comun la utilidad, y comun la gloria en lo que se conquistare. Del valor de cualquiera de nosotros se ha de fabricar y componer la seguridad de todos.

56. Vuestro caudillo soy, y seré el primero en aventurar la vida por el menor de los soldados. Mas tendréis que obedecer en mi ejemplo que en mis órdenes; y puedo aseguraros de mí que me basta el ánimo á conquistar un mundo entero, y aun me lo promete el corazon con no sé que movimiento extraordinario, que suele ser el mejor de los presagios. Alto, pues, á convertir en obras las palabras; y no os parezca temeridad esta confianza mia, pues se funda en que os tengo á mi lado, y dejo de fiar de mí lo que espero de vosotros.

(Solis, *Historia de la conquista de Méjico.*)

Homero y Cervántes.

57. Para encontrar los verdaderos principios en que debe fundarse el juicio del *Quijote*, es preciso recurrir á las fuentes del buen gusto, y descubrir en ellas el modo mas natural y agradable para divertir el espíritu y mover el corazon humano, imitando la accion de un personage ridículo y extravagante. Este presenta desde luego á la imaginacion de los lectores la idea de un héroe, á quien el autor atribuye una sola accion con un determinado fin, lo que igualmente sucede en las fábulas épicas; por consiguiente los principios generales de estas fábulas pueden servir tambien para hacer juicio del *Quijote*, no perdiendo nunca de vista en su aplicacion la diferencia que debe haber entre contar naturalmente la accion ridícula de un héroe burlesco, cuyo ejemplo debemos huir, y referir poéticamente la accion maravillosa de un verdadero héroe, á quien por precision hemos de admirar.

58. Con esta limitacion, se puede comparar Cervántes á Homero. Ambos fuéron poco estimados en sus patrias, anduviéron errantes y miserables toda su vida, y despues han sido objeto de la admiracion y del aplauso de los hombres sabios en todas las edades, paises y naciones. Siete naciones poderosas disputáron entre sí el honor de haber servido de cuna á Homero, y seis villas en España han litigado el derecho de ser patria de Cervántes.

59. Ambos fuéron ingenios de primer órden, nacidos para ilustrar á los demas, y para fundarse un imperio particular en la república de las letras. Uno y otro sacáron sus invenciones del tesoro de la imaginacion, con que los habia dotado la naturaleza; pero Homero, remontando su vuelo, presentó á los hombres toda la majestad de los dioses, toda la grandeza de los héroes, y todas las riquezas del universo. Cervántes, ménos atrevido ó mas circunspecto, se contentó con retratarles al natural sus defectos, tirando al centro del corazon humano las líneas de su instruccion, y adornándola con todas las gracias que podian hacerla amable, provechosa y suave.

60. Aquel sacó á los hombres de su esfera, para engrandecerlos; y este los encerró dentro de sí mismos, para mejorarlos. En Homero todo es sublime, en Cervántes todo natural. Ambos son en su línea grandes, excelentes, inimitables; pero en esta parte conviene mejor á Cervántes que á Homero el elogio de Veleyo Patérculo: porque, efectivamente, ni ántes de este español hubo un original á quien él imitase, ni despues ha habido quien sepa sacar una copia de su original, imitándole.

(D. Vicente de los Rios, *Análisis del Quijote.*)

Diversidad de carácter de las provincias españolas.

(*6e Semaine.*) **61.** Los Cántabros, entendiendo por este nombre todos los que hablan el idioma vizcaino, son unos pueblos sencillos y de notoria probidad. Fuéron los primeros marineros de Europa, y han mantenido siempre la fama de excelentes hombres de mar. Su pais, aunque sumamente áspero, tiene una populacion numerosísima, que no parece disminuirse con las continuas colonias que envia á la América.

62. Aunque un vizcaino se ausente de su patria, siempre se halla en ella, como se encuentre un paisano suyo. Tienen entre sí tal union, que la mayor recomendacion que puede tener uno para con otro, es el mero hecho de ser vizcaino; sin mas diferencia entre varios de ellos, para alcanzar el favor poderoso, que la mayor ó menor inmediacion de los lugares respectivos. El señorío de Vizcaya, Guipúzcoa, Alava y el reino de Navarra, tienen tal pacto entre sí, que algunos llaman á estos paises las *provincias unidas de España.*

63. Los de Asturias y la montaña hacen sumo aprecio de genealogía, y de la memoria de haber sido aquel pais el que produjo la reconquista de España con la expulsion de los Moros nuestros abuelos. Su poblacion, demasiada para la miseria y estrechez de la tierra, hace que un número considerable de ellos se emplee continuamente en Madrid en la librea, que es la clase inferior de criados; de modo, que si yo fuera natural de este pais, y me hallara con coche en la corte, examinaria con mucha madurez los papeles de mis cocheros y lacayos, por no tener algun dia la mortificacion de ver á un primo mio echar cebada á mis mulas, ó á uno de mis tios limpiarme los zapatos.

64. Sin embargo de todo esto, varias familias de esta provincia se mantienen con el debido lustre, son acreedoras á la mayor consideracion, y producen continuamente oficiales del mas alto mérito en el ejército y marina. — Los gallegos, en medio de la pobreza de su tierra, son robustos. Se esparcen por toda España á aprender los trabajos mas duros, para llevar á su casa algun dinero físico á costa de tan penosa industria. Sus soldados, aunque carecen de aquel lucido exterior de otras naciones, son excelentes para la infantería, por su subordinacion, dureza de cuerpo, y hábito de sufrir incomodidades de hambre, sed y cansancio.

65. Los castellanos son, de todos los pueblos del mundo, los que merecen la primacía en línea de lealtad. Cuando el ejército del primer rey de España de la casa de Francia quedó arruinado en la batalla de Zaragoza, la sola provincia de Soria dió á su soberano un ejército nuevo y numeroso con que salir á campaña, y fué el que ganó las victorias de que resultó la destruccion del ejército y bando Austriaco.

66. El ilustre historiador que refiere las revoluciones del principio de este siglo con todo el rigor y verdad que pide la historia para distinguirse de la fábula, pondera tanto la fidelidad de estos reinos, que dice será eterna en la memoria de los reyes. Esta provincia aun conserva cierto orgullo nacido de su antigua grandeza, que hoy no se conserva sino en las ruinas de las ciudades, y en la honradez de sus habitantes.—Extremadura produjo los conquistadores del nuevo mundo, y ha continuado siendo madre de insignes guerreros. Sus pueblos son poco afectos á las letras; pero los que entre ellos las han cultivado, no han tenido menos sucesos en ellas que sus patriotas en las armas.

67. Los andaluces, nacidos y criados en un país abundante, delicioso y ardiente, tienen fama de ser algo arrogantes; pero si este defecto es verdadero, debe atribuirse á su clima, siendo tan notorio el influjo de lo físico sobre lo moral. Las ventajas con que naturaleza dotó aquellas provincias, hace que miren con desprecio la pobreza de Galicia, la aspereza de Vizcaya y la sencillez de Castilla: pero como quiera que todo esto sea, entre ellos ha habido hombres insignes que han dado mucho honor á toda España; y en tiempos antiguos los Trajanos, Sénecas y otros semejantes, que pueden envanecer el pais en que naciéron. La viveza, astucia y atractivo de las andaluzas, las hace incomparables. Te aseguro, que una de ellas seria bastante para llenar de confusion al imperio de Marruecos, de modo, que todos nos matásemos unos á otros.

68. Los murcianos participan del carácter de los andaluces y valencianos. Estos últimos están tenidos por hombres de sobrada ligereza, atribuyéndose este defecto al clima y suelo; pretendiendo algunos, que hasta en los mismos alimentos falta aquel jugo que se halla en los de otros paises. Mi imparcialidad no me permite someterme á esta preocupacion, por general que sea; ántes debo observar que los valencianos de este siglo son los españoles que mas progresos hacen en las ciencias positivas y lenguas muertas.

69. Los catalanes son los pueblos mas industriosos de España. Manufacturas, pescas, navegacion, comercio, son cosas poco conocidas en otras provincias de la península respecto de los catalanes. No solo son útiles en la paz, sino del mayor servicio en la guerra. Fundicion de cañones, fábricas de armas, vestuario y monturas para ejércitos, conduccion de artillería, municiones y víveres, formacion de tropas ligeras de excelente calidad; todo esto sale de Cataluña.

70. Los campos se cultivan, la populacion se aumenta, los caudales crecen, y en suma parece estar aquella nacion á mil leguas de la gallega, andaluza y castellana. Pero sus genios son poco tratables, únicamente dedicados á su propia ganancia é intereses, y así los llaman algunos los holandeses de España. Mi amigo Nuño me dice que esta provincia florecerá, mientras no se introduja en ella el lujo personal, y la manía de ennoblecer los artesanos: dos vicios que hasta ahora se oponen al genio que las ha enriquecido.

71. Los aragoneses son hombres de valor y espíritu, honrados, tenaces en su dictámen, amantes de su provincia, y notablemente preocupados en favor de sus paisanos. En otros tiempos cultiváron con suceso las ciencias, y manejáron con mucha gloria las armas contra los franceses en Nápoles y contra los moros nuestros abuelos en España. Su pais, como todo el restante de la península, fué sumamente poblado en la antigüedad; y tanto, que es comun tradicion entre ellos, que en las bodas de uno de sus reyes, entráron en Zaragoza diez mil infanzones con un criado cada uno, montados los veinte mil en otros tantos caballos de la tierra.

72. Por causa de los muchos siglos que todos estos pueblos estuviéron divididos, guerreáron unos con otros, habláron diversos idiomas, se gobernáron por diferentes leyes, lleváron distintos trajes, y en fin, fuéron naciones separadas. Se mantuvo entre ellos cierto odio, que sin duda ha minorado, y aun llegado á aniquilarse; pero aun se observa cierto desapego entre los de provincias lejanas; y si esto puede dañar en tiempo de paz, porque es obstáculo considerable para la perfecta union, puede ser muy ventajoso en tiempo de guerra, por la mutua emulacion de unos con otros. Un regimiento todo de aragoneses no mirará con frialdad la gloria adquirida por una tropa toda castellana; y un navío tripulado de vizcainos no se rendirá al enemigo, mientras se defienda otro montado por catalanes.

(Cadalso, *Cartas marruecas.*)

Exordio del elogio de Cárlos III.

(7e *Semaine.*) **73.** El elogio de Cárlos III pronunciado en esta morada del patriotismo, no debe ser una ofrenda de la adulacion, sino un tributo del reconocimiento. Si la tímida antigüedad inventó los panegíricos de los soberanos, no para celebrar á los que profesaban la virtud, sino para acallar á los que la perseguian, nosotros hémos mejorado esta institucion, convirtiéndola á la alabanza de aquellos buenos príncipes, cuyas virtudes han tenido por objeto el bien de los hombres que gobernáron. Así es que mientras la elocuencia, instigada por el temor, se desentona en otras partes para divinizar á los opresores de los pueblos, aquí, libre y desinteresada, se consagrará perpetuamente á la recomendacion de las benéficas virtudes en que su alivio y su felicidad están cifradas. Tal es, señores, la obligacion que nos impone nuestro instituto; y mi lengua, consagrada, tanto tiempo ha, á un ministerio de verdad y justicia, no tendrá que profanarle por la primera vez, para decir las alabanzas de Cárlos III.

74. Considerándole como padre de sus vasallos, solo ensalzaré aquellas providencias suyas, que le han dado un derecho mas cierto á tan glorioso título; y entónces este elogio, modesto como su virtud y sencillo como su carácter, sonará en vuestro oido á la manera de aquellos himnos, con que la inocencia de los antiguos pueblos ofrecia sus loores á la divinidad, tanto mas agradables, cuanto eran mas sinceros y cantados sin otro entusiasmo que el de la gratitud. ¡Ah! cuando los soberanos no han sentido en su pecho el placer de la beneficencia; cuando no han oido en la bocas de sus pueblos las bendiciones del reconocimiento, ¿de qué les servirá esta gloria vana y estéril que buscan con tanto afan para saciar su ambicion y contentar el orgullo de las naciones?

75. Tambien España pudiera sacar de sus anales los títulos pomposos en que se cifra este funesto esplendor. Pudiera presentar sus banderas llevadas á las últimas regiones del ocaso, para medir con la del mundo la extension de su imperio; sus naves cruzando desde el mediterráneo al mar pacífico, y rodeando las primeras la tierra para circunscribir todos los límites de la ambicion humana; sus doctores defendiendo la Iglesia; sus leyes ilustrando la Europa, y sus artistas compitiendo con los mas célebres de la antigüedad. Pudiera en fin amontonar ejemplos de heroicidad y patriotismo, de valor y constancia, de prudencia y sabiduría. Pero con tantos y tan gloriosos timbres, ¿qué bienes puede presentar añadidos á la suma

de su felicidad? Si los hombres se han asociado, si han reconocido una soberanía, si le han sacrificado sus derechos mas preciosos, lo han hecho sin duda para asegurar aquellos bienes á cuya posesion les arrastraba el voto general de la naturaleza.

26. ¡O príncipes! vosotros fuisteis colocados por el omnipotente en medio de las naciones para atraer á ellas la abundancia y la prosperidad. Ved aquí vuestra primera obligacion. Guardaos de atender á los que os distraen de su cumplimiento, cerrad cuidadosamente los oidos á las sugestiones de la lisonja, y á los encantos de nuestra propia vanidad, y no os dejeis deslumbrar del esplendor que continuamente os rodea ni del aparato del poder depositado en vuestras manos. Mientras los pueblos afligidos levantan á vosotros sus brazos, la posteridad os mira desde léjos, observa vuestra conducta, escribe en sus memoriales vuestras acciones, y reserva vuestros nombres para la alabanza, el olvido ó la execracion de los siglos venideros.

(D. Melchor Gaspar de Jovellanos.)
[N. 1749.—M. 1812.]

Viaje de José à Madrid; su entrada en la capital; su retrato.

27. José habia seguido su camino á cortas jornadas. Á do quiera que llegaba, acojianle friamente; las calles de los pueblos estaban en soledad y desamparo, y no habia para recibirle sino las autoridades que pronunciaban discursos, forzadas por la ocupacion francesa. El 16 supo en Burgos las resultas de la batalla de Rioseco, con lo que mas desahogadaménte le fué lícito continuar su viaje á Madrid. En el tránsito quiso manifestarse afable, lo que dió lugar á los satíricos donaires de los que le oian; porque, poco práctico en la lengua española, alteraba su pureza con vocablos y acento de la italiana, y sus arengas, en vez de cautivar los ánimos, solo los movian á risa y burla.

18. El 20 en fin, llegó á Chamartin á mediodia, y se apeó en la quinta del duque del Infantado, disponiéndose á hacer su entrada en Madrid. Verificóla pues en aquella propia tarde á las seis y media, yendo por la puerta de Recoletos, calle de Alcalá y Mayor hasta palacio. Habian mandado colgar y adornar las casas: raro ó ninguno fué el vecino que obedeció. Venia escoltado para seguridad y mayor pompa de mucha infantería y caballería, generales y oficiales de estado mayor, y contados españoles de los que estaban mas comprometidos. Interrumpióse la silenciosa marcha con los solos vivas de algunos Franceses establecidos en Madrid, y con el estruendo de la artillería.

19. Las campanas, en vez de tañer á fiesta, las hubo que dobláron á manera de dia de difuntos. Pocos fuéron los habitantes que se asomáron á ver la ostentosa solemnidad. Y aun el grito de uno que prorumpió en: *Viva Fernando VII!* causó cierto desórden por el recelo de alguna oculta trama. Recibimiento que representaba al vivo el estado de los ánimos, y singular en su contraste con el que se le habia dado á Fernando VII en 24 de marzo.

Asemejóse muy mucho al de Cárlos de Austria en 1710, en que se mezcláron con los pocos vítores que le aplaudian varios que osáron aclamar á Felipe V. Pero José no se ofendió ni de extraños clamores, ni de la expresiva soledad como el austriaco. Este, al llegar á la puerta de Guadalajara, torció á la derecha y se salió por la calle de Alcalá diciendo « Que era una corte sin gente. » José se posesionó de palacio, y desde luego admitió á cumplimentarle á las autoridades, consejos y principales personas al efecto citadas.

80. Ahora no parecerá fuera de propósito que nos detengamos á dar una idea, si bien sucinta, del nuevo rey, de su carácter y prendas. Comenzarémos por asentar con desapasionada libertad que en tiempos serenos y asistido de autoridad, sino mas legítima, por lo ménos de orígen ménos odioso, no hubiera el intruso deshonrado el solio, mas bien cooperado á la felicidad de España.

81. José habia nacido en Córcega, año de 1768. Habiendo estudiado en el colegio de Autun en Borgoña, volvió á su patria en 1785, en donde despues fué individuo de la administracion departamental, á cuya cabeza estaba el célebre Paoli. Casado en 1794 con una hija de M. Clari, uno de los hombres los mas acaudalados de Marsella, acompañó al general Bonaparte en su primera campaña de Italia. Hallábase embajador en Roma á la sazon que sublevándose el pueblo acometió su palácio y mató á su lado al general Duphot. Miembro á su regreso del consejo de los Quinientos, defendió con esfuerzo á su hermano que, entónces en Egipto, era vivamente atacado por el Directorio. Despues de desempeñar comisiones importantes, y de haber firmado el concordato con el papa, los tratados de Lunéville, Amiens y otros, tomó asiento en el senado. Mas cuando Napoleon convirtió la Francia en un vasto campo militar y sus habitantes en soldados, ciñó á su hermano la espada, dándole el mando del cuarto regimiento de línea, uno de los destinados al tan pregonado desembarco de Inglaterra.

82. No descolló empero en las armas, cual conviniera al que fué á domeñar despues una nacion fiera y altía como la española. Al subir Napoleon al trono, ofreció á José la corona de Lombardía que se negó á admitir, accediendo en 1806 á recibir la de Nápoles, cuyo reino gobernó con algun acierto. Fué en España mas desgraciado, á pesar de las prendas que le adornaban.

83. Nacido en la clase particular, y habiendo pasado por los vaivenes y trastornos de una gran revolucion política, poseia á fondo el conocimiento de los negocios públicos y de los hombres. Suave de condicion, instruido y agraciado de rostro, atento y delicado en sus modales, hubiera cautivado á su partido las voluntades españolas, si ántes no se las hubiera tan gravemente lastimado en su pundonoroso orgullo. Ademas la extrema propension de José á la molicie y deleites, oscureciendo algun tanto sus bellas dotes, dió ocasion á que se inventasen, respecto de su persona, ridículas concejas y cuentos creidos por una multitud apasionada y enemiga. Asi es que, no contentos con tenerlo por ebrio y disoluto, deformáronle hasta en su cuerpo, fingiendo que era tuerto.

84. Su misma elocucion fácil y florida perjudicóle en gran manera, pues arrastrado de su facundia se arrojaba como hémos advertido, á pronunciar discursos en lengua que no le era familiar, cuyo inmoderado uso, unido á la fama exagerada de sus defectos, provocó á componer farsas populares que, representadas en todos los teatros del reino, contribuyéron no tanto al odio de su persona como á su desprecio; afecto del ánimo mas temible para el que anhela afianzar en sus sienes una corona. Por tanto José, si bien enriquecido de ciertas y laudables calidades, carecia de las virtudes bélicas y austeras que se requerian entónces en España, y sus imperfecciones, débiles lunares en otra coyuntura, ofreciánse abultadas á los ojos de una nacion enojada y ofendida.

(Conde de Toreno, *Hist. del levant. y revol. de España.*)

Singular combate entre once franceses y once españoles.

(*8e Semaine.*) **85.** El duque de Nemours confiado en la superioridad de sus fuerzas, pensaba hostigar continuamente á las nuestras; y el hostigado era él mismo, teniendo que sufrir el desabrimiento de ver á los suyos casi siempre inferiores en las escaramuzas y reencuentros parciales que tenian, ya sobre forrajes y mantenimientos, ya sobre la posesion de los pueblos inmediatos á Barleta. Pero lo que mas alentó los ánimos de los nuestros, y abatió á los franceses, fuéron los dos célebres desafíos que sucediéron entónces.

86. El primero fué entre españoles y franceses. Confesaban los enemigos que el español les era igual en la pelea de á pié; pero decian al mismo tiempo que era muy inferior á caballo; negábanlo los españoles, y decian que en una y otra lucha llevaban ventaja á sus contrarios, como se estaba experimentando en los encuentros que diariamente ocurrian. Vino la altercacion á parar en que los franceses enviáron un mensaje á Barleta proponiendo, que si once hombres de armas españoles querian hacer campo con otros tantos de los suyos, ellos estaban prestos á manifestar al mundo cuan superiores les eran.

87. El mensaje vino un lúnes, diez y nueve de setiembre, y el desafío se aplazaba para el dia siguiente con condicion de que los rendidos habian de quedar prisioneros (año 1502). Aceptóse el duelo al punto; diéronse rehenes de una y otra parte para la seguridad del campo, y el puesto se señaló en un sitio junto á Arani, á mitad del camino entre Barleta y Viselo. Escogiéronse de los nuestros once campeones, entre los cuales el mas célebre era Diego García de Paredes, que á pesar de tres heridas que tenia en la cabeza, quiso asistir á aquella honrosa contienda.

88. Diéronseles las mejores armas, los mejores caballos; nombróseles por padrino á Próspero Colonna, la segunda persona del ejército; y ya que estuviéron aderezados, el Gran Capitan (1) hizolos venir ante sí, y delante de los principales caudillos les dijo: « Que no pu-

(1) Renombre dado á Gonzalo de Córdova por sus mismos enemigos.

« diendo dudar de la justicia de su causa, y de cuan « buenos y esforzados caballeros eran, debian esperar « con certeza la victoria; que se acordasen que la gloria « y la reputacion militar, no solo de ellos mismos, sino la « del ejército, la de la nacion, y la de sus príncipes, de- « pendia de aquel conflicto; y por tanto peleasen como « buenos, y se ayudasen unos á otros, llevando el propó- « sito de morir ántes que volver sin la gloria de la ba- » talla. »

89. Todos lo juráron animosamente, y á la hora señalada saliéron acompañados cada uno de dos pajes al lugar del desafío. Llegáron ántes que sus contrarios, y luego que estuviéron al frente unos de otros, los padrinos les dividiéron el sol y las trompetas diéron la señal del combate. Arremetiéron furiosamente, y del primer encuentro los nuestros derribáron cuatro franceses, matándoles los caballos; al segundo los enemigos derribáron uno de los españoles que cayendo entre los cuatros franceses, que estaban á pié, y asaltado de todos ellos á un tiempo le fué forzoso rendirse.

90. Á este punto un español mató á un frances de una estocada, y otro rindió á su contrario. Los dos que se habian rendido de una parte y otra, se separáron fuera de la lid: cayó otro frances del caballo y por matarle ó rendirle todos los españoles cargáron sobre él y todos los franceses arrebatadamente á defenderle. Herianse de todos modos con las hachas, con los estoques, con las dagas; la sangre les corria por entre las armas, y el campo se cubria con los pedazos de acero que la violencia de los golpes hacia saltar en la tierra. Estremecianse los circonstantes, y esperaban dudosos el éxito de una lucha que tan tenazmente se sostenia.

91. En esta tercera refriega los españoles matáron cinco caballos de sus enemigos, y estos, dos de los nuestros. Quedaban siete franceses á pié y dos á caballo, mientras que los españoles, siendo ocho á caballo y dos á pie, parecia que nada les quedeba ya sino echarse sobre sus adversarios para ganar la victoria. Acometiéron, pues, á concluir la batalla; mas los franceses, atrincherándose entre los caballos muertos flanqueados de sus dos hombres de armas que les quedaban montados, y asiendo de las lanzas que habia por el suelo, esperáron á sus contrarios, cuyos caballos, espantados á la vista de los cadáveres, se resistian á sus ginetes y se negaban á entrar.

92. Varias veces embistiéron y otras tantas tuviéron que retroceder : entónces Garcia de Paredes á voces les decia que se apeasen, y acometiesen á pié, que él no podia hacerlo por las heridas que tenia en la cabeza, y al mismo tiempo arremetió con su caballo á aportillar la trinchera, y solo por gran rato estuvo haciendo guerra á sus enemigos. Estos se defendiéron de él y le hiriéron el caballo tan malamente que tuvo que retirarse por no caer entre ellos. Mientras él peleaba así, los franceses movian partido y confesaban que habian errado en decir que los españoles no eran tan diestros caballeros como ellos, y que así podrian salir todos como buenos del campo.

93. Á los mas de los nuestros parecia bien este partido; mas Paredes no admitia ningun concierto : decia á sus compañeros que de ningun modo cumplian con su honra, sino rindiendo á aquellos hombres ya medio vencidos; y mal enojado, de que no siguiesen su dictámen, herido como estaba, perdida la espada de la mano, y no teniendo á punto otras armas, se volvió á las piedras con las que se habia señalado el término del campo y empezó á lanzarlas contra los franceses.

94. Parece al leer esto que se ven las luchas de los héroes en Homero y Virgilio, cuando rotas las lanzas y las espadas acuden á herirse con aquellas enormes piedras, que el esfuerzo de muchos no podia mover de su sitio. Apeáronse en fin los españoles, y los franceses, viéndolos venir volviéron á ofrecer el partido de que la cosa quedase así, y ellos saliesen del campo, quedándose en él los nuestros, y recogiendo para sí los despojos que estaban por el suelo.

95. Habia durado la batalla mas de cinco horas; la noche era entrada, y Próspero Colonna aconsejó á los españoles que su honor quedaba en todo su punto aceptando este partido. Hiciéron así; cangeáronse los rendidos uno por otro, y los franceses tomáron el camino de Viselo, los nuestros el de Barleta.

96. Los jueces sentenciáron que todos eran buenos caballeros habiendo manifestado los españoles mas esfuerzo y los franceses mas constancia. Entre estos, se señaló mucho el célebre Bayard á quien se llamaba el caballero sin miedo y sin tacha: entre los nuestros los que mas bien peleáron fuéron Paredes y Diego de Vera.

(Quintana, *Vidas de españoles célebres.*)

[Contemporáneo.]

El Pueblo.

(*9e Semaine.*) **97.** Su naturaleza es monstruosa en todo, y desigual á si misma, inconstante y varia se gobierna por las apariencias, sin penetrar el fondo. Con el rumor se consulta. Es pobre de medios y de consejo, sin saber discernir lo falso de lo verdadero. Inclinado siempre á lo peor. Una misma hora le vé vestido de dos afectos contrarios. Mas se deja llevar de ellos, que de la razon; mas del ímpetu que de la prudencia; mas de las sombras que de la verdad. Con el castigo se deja enfrenar. En las adulaciones es disforme, mezclando alabanzas verdaderas y falsas.

98. No sabe contenerse en los medios; ó ama, ó aborrece con extremo, ó es sumamente agradecido, ó sumamente ingrato; ó teme, ó se hace temer; y en temiendo, sin riesgo se desprecia. Los peligros menores le perturban, si los vé presentes; y no le espantan los grandes, si están léjos. Ó sirve con humildad, ó manda con soberbia. Ni sabe ser libre, ni dejar de serlo. En las amenazas es valiente, y en las obras cobarde. Con ligeras causas se altera, y con ligeros medios se compone. Sigue, no guia. Las mismas demostraciones hace por uno que por otro. Mas fácilmente se deja violentar que persuadir.

99. En la fortuna próspera es arrogante é impío; en la adversa, rendido y religioso. Tan fácil á la crueldad, como á la misericordia. Con el mismo furor que favorece á uno le persigue despues. Abusa de la demasiada clemencia, y se precipita con el demasiado rigor. Si una vez se atreve á los buenos, no le detienen la razon ni la vergüenza. Fomenta los rumores, los finje, y crédulo acrecenta la fama. Desprecia la voz de pocos, y sigue la de muchos. Los malos sucesos atribuye á la malicia del magistrado; y las calamidades á los pecados del príncipe. Ninguna cosa le tiene mas obediente que la abundancia, en quien solamente pone su cuidado.

100. El interés ó el deshonor le conmueven fácilmente. Agravado cae, y aliviado cocea. Ama los ingenios fogosos y precipitados, y el gobierno ambicioso y turbulento. Nunca se satisface del presente, siempre desea mudanzas en él. Imita las virtudes ó vicios de los que mandan. Envidia los ricos y poderosos, y maquina contra ellos. Ama los juegos y divertimientos, y con ninguna cosa mas que con ellos se gana su gracia. Es supersticioso, y ántes obedece á los sacerdotes que á sus príncipes. Estas son las principales condiciones y calidades de la multitud. Pero advierta el príncipe, que no hay comunidad, ó concejo grande, por grave que sea y de varones selectos, en que no haya vulgo, y sea en muchas cosas parecido al popular.

(Diego de Saavedra, *Empres. polit.*)

[N. 1584.—M. 1648.]

Motezuma.

101. Era Motezuma de la sangre real, y en su juventud siguió la guerra donde se acreditó de valeroso y esforzado capitan, con diferentes hazañas que le diéron grande opinion. Volvió á la corte algo elevado con estas lisonjas de la fama, y viéndose aplaudido y estimado como el primero de su nacion, entró en esperanzas de empuñar el cetro en la primera eleccion, tratándose en lo interior de su ánimo, como quien empezaba á coronarse con los pensamientos de la corona.

102. Puso toda su felicidad en ir ganando voluntades, á cuyo fin se sirvió de algunas artes de la política, ciencia que no todas veces se desdeña de andar entre los bárbaros, y que ántes suele hacerlos, cuando la razon que llaman de estado se apodera de la razon natural. Afectaba grande obediencia y veneracion á su rey, y extraordinaria modestia y compostura en sus acciones y palabras, cuidando tanto de la gravedad y entereza del semblante, que solian decir los indios que le venia bien el nombre de Motezuma, que en su lengua significa *príncipe sañudo;* aunque procúraba templar esta severidad, forzando el agrado con la liberalidad.

103. Acreditábase tambien de muy observante en el curso de su religion; poderoso medio para cautivar los que se gobiernan por lo exterior. Con este fin, labró en el templo mas frecuentado un apartamiento á manera de tribuna, donde se recogia muy á la vista de todos, y se estaba muchas horas entregado á la devocion del aura popular, ó colocando entre sus dioses el ídolo de su ambicion. Hízose tan venerable en este género de exterioridades, que cuando llegó el caso de morir el rey su antecesor, diéron su voto sin controversia todos los electores, y le admitió el pueblo con grande aclamacion.

104. Tuvo sus ademanes de resistencia, dejándose buscar para lo que deseaba, y dió su aceptacion con especies de repugnancia; pero apénas ocupó la silla imperial; cuando cesó aquel artificio en que traia violentado su natural, y se fuéron conociendo los vicios que andaban encubiertos con nombre de virtudes. La primera accion en que manifestó su altivez, fué despedir toda la familia real, que hasta él se componia de gente mediana y plebeya; y con pretexto de mayor decencia, se hizo servir de los nobles, hasta en los ministerios ménos decentes de su casa.

105. Dejábase ver pocas veces de sus vasallos, y solamente lo muy necesario de sus ministros y criados, tomando el retiro y la melancolía como parte de su majestad. Para los que conseguian llegar á su presencia, inventó nuevas reverencias y ceremonias, extendiendo el respeto hasta los confines de la adoracion. Persuadióse á que podia mandar en la libertad y vida de sus vasallos, y ejecutó grandes crueldades para persuadirlo á los demas. Impuso nuevos tributos sin pública necesidad, que se repartian por cabezas entre aquella inmensidad de súbditos, y con tanto rigor, que hasta los pobres mendigos reconocian miserablemente el vasallaje...

106. Consiguió con estas violencias que le temiesen sus pueblos; pero como suelen andar juntos el temor y el aborrecimiento, se le rebeláron algunas provincias, á cuya sujecion salió personalmente, por ser tan celoso de su autoridad que se ajustaba mal á que mandase otro en sus ejércitos; aunque no se le puede negar que tenia inclinacion y espíritu militar. Solo resistiéron á su poder y se mantuviéron en su rebeldía, las provincias de Mechoacan, Tlascala y Tepeaca; y solia decir él que no las sojuzgaba, porque habia menester de aquellos enemigos para proveerse de cautivos que aplicar á los sacrificios de sus dioses: tirano hasta en lo que sufria, ó en lo que dejaba de castigar.

107. Fué Motezuma, por otra parte, príncipe de raros dotes naturales, de agradable y majestuosa presencia, de claro y perspicaz entendimiento; falto de cultura, pero inclinado á la sustancia de las cosas. Su valor le hizo el mejor entre los suyos, ántes de llegar á la corona, y despues le dió entre los extraños la opinion mas venerable de los reyes. Fué naturalmente dadivoso y liberal; hacia grandes mercedes sin género de ostentacion, tratando las dádivas como deudas, y poniendo la magnificencia entre los oficios de la majestad.

108. Amaba la justicia, y celaba su administracion en los ministros con rígida severidad. Era contenido en los desórdenes de la gula, y moderado en los incentivos de la sensualidad. Pero estas virtudes, tan de hombre como de rey, se deslucian ó apagaban con mayores vicios de hombre y de rey... Su justicia tocaba en el extremo contrario; y llegó á equivocarse con su crueldad, porque trataba como venganza los castigos, haciendo muchas veces el enojo lo que pudiera la razon. Su liberalidad ocasionó mayores daños, que produjo beneficios; porque llegó á cargar sus reinos de imposiciones y tributos intolerables, y se convertia en profusiones y desperdicios el fruto aborrecible de su iniquidad. No daba medio, ni admitia distincion entre la esclavitud y el vasallaje; y hallando política en la opresion de sus vasallos, se agradaba mas de su temor que de su paciencia. Fué la soberbia su vicio capital y predominante : votaba por sus méritos, cuando encarecia su fortuna, y pensaba mejor de sí que de sus dioses, aunque fué sumamente dado á la supersticion de su idolatría... Sujetóse á Hernan Cortés voluntariamente, rindiéndose á una prision de tantos dias, contra todas las reglas naturales de su ambicion y su altivez.

(Solis, *Hist. de la conquista de Méjico.*)

Don Pelayo á los asturianos.

(*10e Semaine.*) **109.** Conviene usar de presteza y de valor, para que los que tenemos la justicia de nuestra parte, sobrepujemos á los contrarios en el esfuerzo.... Con corazones atrevidos avivemos la esperanza de recobrar la libertad, y la engendremos en los ánimos de nuestros hermanos. El ejército de los enemigos derramado por muchas partes, y la fuerza de su campo está embarazada en Francia. Acudamos, pues, con esfuerzo y corazon; que esta es buena ocasion para pelear por la antigua gloria de la guerra, por los altares y religion, por los hijos, mujeres, parientes y aliados, que están puestos en una indigna y gravísima servidumbre.

110. Pesada cosa es relatar sus ultrajes, nuestras miserias y peligros; y cosa muy vana encarecerlas con palabras, derramar lágrimas, despedir suspiros. Lo que hace al caso, es aplicar algun remedio á la enfermedad, dar muestras de vuestra nobleza, y acordaros que sois nacidos de la nobilísima sangre de los Godos. La prosperidad y regalos nos enflaqueciéron é hiciéron caer en tantos males; las adversidades y trabajos nos aviven y despierten. ¡ O grande y entrañable dolor, fortuna trabajosa y áspera que vosotros mismos seais despojados de vuestras fortunas y haciendas ! Todo lo cual es forzoso que padezcan los vencidos....

111. ¿ Poneis la confianza en la fortaleza y aspereza de esta comarca ? A los cobardes y ociosos ninguna cosa puede asegurar ; y cuando los enemigos no nos acometiesen, ¿ cómo podrá esta tierra, estéril y menguada de todo, sustentar tanta gente como se ha recogido á las montañas ? Pero debeisos acordar de los tiempos pasados y de los trances variables de las guerras, por donde podeis entender que no vencen los muchos, sino es los esforzados.

112. Estoy determinado, con vuestra ayuda, de acometer esta empresa y peligro, bien que muy grande, por el bien comun muy de buena gana ; y en tanto que yo viviere, mostrarme enemigo, no mas á estos bárbaros, que á cualquiera de los nuestros que rehusare tomar las armas y ayudarnos en esta tierra sagrada, y no se determinare de vencer ó morir como bueno, ántes que sufrir vida tan miserable, tan extrema afrenta y desventura. La grandeza de los castigos hará entender á los cobardes, que no son los enemigos los que mas deben temer.

(**Mariana**, *Historia de España*.)

[N. 1537.—M. 1624.]

Utilidad de la historia.

113. Cosa es clara y conocida ser la historia luz y lumbre de la verdad, y testimonio de las edades y siglos, pues las cosas que el tiempo consume y deshace, ella las conserva y guarda, y hace que vivan y se sostengan á pesar suyo en la memoria de los hombres. Y de tal manera nos representa las cosas pasadas, que nos hace parecer que vimos y alcanzámos aquellos tiempos en que acontecieron, y que vivimos en ellos. Si la buena fama y gloria es tan gran bien, cuanto encarece Salomon y alaban todos los sabios, y si naturalmente todos desean perpetuar su nombre y memoria, ¿qué fuera desto, si no fuera por la historia ?

114. Ciertamente fuera como viento, que se siente cuando pasa, pero no se puede detener ni guardar. ¿ Qué memoria ni cuanta tuviéramos de los grandes hechos de los romanos ni griegos, ni de las otras naciones ni gentes, si no fuera por ella ? ¿ De donde supiera yo la clemencia de César, ni la magnanimidad y largueza de Alejandro, ni la justicia y bondad de Trajano, ni las otras virtudes y excelencias de estos y de los otros ilustres y grandes hombres, para imitarlos, si ella faltara de en medio ?

115. Por cierto todo lo pasado fuera como cosa que se sueña, y que despues de despiertos, ni se acuerda ni se sabe contar. Y no solamente fueran los pasados privados de su fama y loor, pero infinitos grandes hechos no se hicieran, que la emulacion de fama y memoria ajena ha hecho hacer ; por que ya se sabe que los trofeos de Milciades incitáron á Temístocles, y la historia que Homero escribió de Áquiles, á Alejandro Magno, y la suya á Julio César, y así otras á otros, á hacer grandes hazañas....

116. Pues volviendo á la policía y conversacion humana, ¿ qué fuera della, si las crónicas y memoria de las cosas pasadas faltasen? La nobleza y antigüedad de los linajes no se pudiera sostener ni conocer, ni tampoco la posesion y derecho de las cosas : ni supiéramos las orígenes de las gentes, de los reinos, ni pueblos; aun las leyes para gobernarlos no se pudieran guardar. En todo hubiera desórden y confusion....

117. De manera que no sin razon, ántes con mucha verdad, se dice tambien ser la historia maestra y enseñadora de la vida ; pues allende de los que tenemos apuntado, á todos los estados, oficios y edades es necesaria.

118. Ella da á los mozos prudencia de ancianos, y los hace experimentados sin experiencia ; y su falta hace á los viejos parecer mozos é imprudentes : porque, como dijo Ciceron : no saber el hombre lo que pasó ántes que naciese, es siempre ser niño.

119. De manera que la historia hace á los hombres sabios, y prudentes y avisados : porque por ejemplos y muestras de las cosas pasadas, da aviso y regla para determinar las presentes, y aun lo que es mas y parece imposible, que se extiendan y adivinen el fin y suceso que han de haber adelante los negocios hechos.... Este fruto y provecho es comun á todo género de hombres.

120. Los reyes y los príncipes hallan en la historia otros á quien imiten, y con quien compitan en virtudes y excelencias, y otros malos de cuyas costumbres huyan y de cuyos fines y fama escarmienten : el capitan, avisos y ardides, y actos de esfuerzo y fortaleza, de que se aproveche y use, mostrados los errores y peligros, para que se sepa guardar de ellos : los gobernadores y magistrados, leyes y costumbres y maneras de gobernar que tengan por dechado.... La historia verdadera ninguna virtud deja sin su loor, ni vicio sin reprension : á todo da su perfecto valor y lugar. Es testigo contra la malos y abono de los buenos, tesoro y depósito de las grandes virtudes y hazañas.

(Pedro Mejía, *Historia imperial y cesarca.*)

[M. 1550.]

Entereza del rey Don Enrique III.

(11e *Semaine.*) **121.** Del valor de su ánimo y de su prudencia dió bastante testimonio un famoso hecho suyo, y una resolucion notable. Al principio que se encargó del gobierno, gustaba de residir en Búrgos. Entreteníase en la caza de codornices, á que era mas dado que á otro género de montería ó volatería.

122. Avino que cierto dia volvió del campo cansado, algo tarde. No tenian cosa alguna aprestada para su yantar. Preguntada la causa, respondió el despensero que no solo le faltaba el dinero, mas aun el crédito para lo necesario.

123. Maravillóse el rey de esta respuesta ; disimuló empero con mandarle por entónces, que sobre un gaban suyo mercase un poco de carnero, con que, y las codornices que él traía le aderezasen la comida. Sirvióle el mismo despensero á la mesa, quitada la capa, en lugar de los pajes.

124. Entre tanto que comia, se moviéron diversas pláticas. Una fué decir que muy de otra manera se trataban los grandes, y mucho mas se regalaban. Era así que el arzobispo de Toledo, el duque de Benavente, el conde de Trastamara, D. Enrique de Villena, el conde de Medinaceli, Juan de Velasco, Alonso de Guzman, y otros señores y ricos hombres de este jaez, se juntaban de ordinario en convites que se hacian unos á otros como en turno.

125. Avino que aquel mismo dia todos estaban convidados para cenar con el arzobispo que hacia tabla á los demas. Llegada la noche, el rey disfrazado se fué á ver lo que pasaba; los platos muchos en número, y muy regalados los vinos, la abundancia en todo.

126. Notó cada cosa con atencion, y las pláticas mas en particular, que sobre mesa tuviéron, en que por no recelarse de nadie, cada uno relató las rentas que tenia de su casa, y las pensiones que de las rentas reales llevaba. Aumentóse con esto la indignacion del rey que los escuchaba; determinó tomar enmienda de aquellos desórdenes. Para esto el dia siguiente luego por la mañana hizo corriese la voz por la corte que estaba muy doliente, y queria otorgar su testamento.

127. Acudiéron á la hora todos estos señores al castillo en que el rey posaba. Tenia dada órden que, como viniesen los grandes, hiciesen salir fuera los criados y sus acompañamientos. Hízose todo así como lo tenia ordenado. Esperáron los grandes en una sala por gran espacio todos juntos.

128. A mediodia entró el rey armado, y desnuda la espada. Todos quedáron atónitos, sin saber lo que queria decir aquella representacion, ni en qué pararia el disfraz. Levantáronse en pié : el rey se asentó en su silla y sitial con talante, á lo que parecia, sañudo.

129. Volvióse al arzobispo y preguntóle: « ¿Cuantos son « los reyes que habeis conocido en Castilla? » La misma pregunta hizo por su órden á cada cual de los otros. Unos respondiéron : yo conocí tres, yo cuatro, y el que mas dijo cinco. ¿Cómo puede ser esto, replicó el rey, pues de la edad que soy (1) he conocido no ménos que veinte reyes? »

130. Maravillados todos de lo que decia, añadió : « Vosotros todos, vosotros sois los reyes, en grave daño « del reino, mengua y afrenta nuestra ; pero yo haré que « el reinado no dure mucho, ni pase adelante la burla que « de nos haceis. » Junto con esto, en alta voz llama los ministros de justicia con los instrumentos que en tal caso se requieren, y seiscientos soldados que de secreto tenia apercibidos.

131. Quedáron atónitos los presentes : el de Toledo, como persona de gran corazon, puestos los hinojos en tierra, y con lágrimas, pidió perdon al rey de lo en que errado le habia : lo mismo por su ejemplo hiciéron los

(1) Acababa de salir de la menor edad, y tenia solos quince años.

demas : ofrecen la enmienda, sus personas y haciendas, como su voluntad fuere y su merced.

132. El rey, desque los tuvo muy amedrentados y humildes, de tal manera les perdonó las vidas, que no los quiso soltar ántes que le rindiesen y entregasen los castillos que tenian á su cargo, y contasen todo el alcance que les hiciéron de las rentas reales que cobráron en otro tiempo. Dos meses que se gastáron en asentar y concluir estas cosas, los tuvo en el castillo detenidos. Notable hecho con que ganó tal reputacion, que en ningun tiempo los grandes estuviéron mas rendidos y mansos : el temor les duró por mas tiempo, como suele, que las causas de temer.

(Mariana, *Historia de España.*)

Marco Bruto al pueblo romano despues de la muerte de César.

(*12e Semaine.*) **133.** Ciudadanos de Roma : las guerras civiles de compañeros de Julio César os hiciéron vasallos; y esta mano de vasallos os vuelve á compañeros. La libertad que os dió mi antecesor Junio Bruto contra Tarquino, os da Marco Bruto contra Julio César. De este beneficio, no aguardo vuestro agradecimiento, sino vuestra aprobacion. Yo nunca fuí enemigo de César, sino de sus designios; ántes tan favorecido, que en haberle muerto fuera el peor de los ingratos, si no hubiera sido el mejor de los leales. No han sido sabedores de mi intencion la envidia ni la venganza.

134. Confieso que César, por su valentía, y por su sangre, y su eminencia en el arte militar, y en las letras, mereció que le diese vuestra liberalidad los mejores puestos; mas tambien afirmo que mereció la muerte, porque quiso ántes tomárselos con el poder de darlos, que merecerlos. Por eso no le he muerto sin lágrimas. Yo lloré lo que él mató en sí, que fué la lealtad á vosotros, la obediencia á los padres. No lloré su vida, porque supe llorar su alma. Pompeyo dió la muerte á mi padre, y aborreciéndole como á homicida suyo, luego que contra Julio, en defensa de vosotros tomó las armas, le perdoné el agravio, seguí sus órdenes, milité en sus ejércitos, y en Farsalia me perdí con él. Llamóme con suma benignidad César, prefiriéndome en las honras y en los beneficios á todos.

135. He querido traeros estos dos sucesos á la memoria, para que veáis que ni en Pompeyo me apartó de vuestro servicio mi agravio, ni en César me granjeáron contra vosotros las caricias y favores. Murió Pompeyo por vuestra desdicha; vivió César por vuestra ruina; matéle por vuestra libertad. Si esto juzgais por delito, con vanidad le confieso: si por beneficio, con vanidad os le propongo. No temo el morir por mi patria, que primero decreté mi muerte que la de César. Juntos estais, y yo en vuestro poder: quien se juzgare indigno de la libertad que le doy, arrójeme su puñal, que á mí me será doblada gloria morir por haber muerto al tirano.

136. Y si os provocan á compasion las heridas de César, recorred todas vuestras parentelas, y veréis como por él habeis degollado vuestros linajes y los padres con la sangre de los hijos, y los hijos con la de sus padres, habeis manchado las campañas y calentado los puñales. Esto que no pude estorbar y procuré defender he castigado. Si me haceis cargo de la vida de un hombre, yo os lo hago de la muerte de un tirano. — Ciudadanos! si merezco pena, no me la perdoneis; si premio, yo os lo perdono.

(Quevedo, *Vida de Marco Bruto.*)
[N. 1580.—M. 1645.]

Batalla del Elba ganada contra el duque de Sajonia.

137. Á este tiempo el duque de Alba, conociendo tan buena ocasion, envió á decir al emperador que él cargaba, y así lo hizo por una parte con la gente de armas de Nápoles, y el duque Mauricio con sus arcabuceros por la otra, y luego su gente de armas y nuestra batalla, que ya habia tornado á ganar la mano derecha, moviéron contra los enemigos con tanto ímpetu, que súbito commenzáron á dar la vuelta; y apretáron los nuestros, de manera, que de ninguna otra cosa les diéron lugar sino de huir, y comenzáron á dejar la infantería, la cual al principio hizo un poco de resistencia para recogerse al bosque.

138. Mas ya toda nuestra caballería andaba tan dentro de la suya y de sus infantes, que en un momento fuéron todos rotos. Los úngaros y los caballos ligeros, tomando un lado, acometiéron por un costado; y con una presteza maravillosa comenzáron á ejecutar la victoria, para lo cual estos úngaros tienen grandísima industria los cuales arremetiéron diciendo: *España;* porque á la verdad el nombre del imperio, por la antigua enemistad, no les es muy agradable.

139. De esta manera se llegó al bosque, por el cual eran tantas las armas derramadas por el suelo, que daban grandísimo estorbo á los que ejecutaban la victoria.

140. Los muertos y heridos eran muchos, unos muertos de encuentro, otros de cuchilladas grandísimas, otros de arcabuzazos; de manera que era mas la muerte, y los géneros de ella muy diversos.

141. Eran tantos los prisioneros, que habia muchos de los nuestros que traian quince y veinte soldados rodeados de sí. Habia muchos hombres, que parecian ser de mas arte que los otros muertos en el campo: otros que aun nó acababan de morir, gimiendo y revolviéndose en su misma sangre: otros, se veia que se les ofrecia su fortuna como era la voluntad del vencedor; porque á unos mataban, y á otros prendian, sin haber para ello mas eleccion, que la voluntad del que los seguia.

142. Estaban los muertos en muchas partes amontonados, y en otras esparcidos; y esto era como los tomaba la muerte, huyendo ó resistiendo. El emperador siguió el alcance una legua: toda la caballería ligera y mucha parte de la tudesca y de los hombres de armas del reino le siguiéron tres leguas.

143. Ya estábamos en medio del bosque, cuando el emperador mandó recoger alguna gente de armas allí, porque toda andaba ya tan esparcida, que tan sin órden andaban los vencedores como los vencidos.... Esta victoria tan grande el emperador la atribuyó á Dios, como cosa dada por su mano: y así dijó aquellas tres palabras de César, trocando la tercera, como un príncipe cristiano debe hacer, reconociendo el bien que Dios le hace: así dijo: *Vine, ví y Dios venció.*

144. Pareció bien á todos la moderacion de ánimo que el emperador usó con el duque de Sajonia; porque otro vencedor, pudiera ser, que contra quien le hubiera ofendido como este le ofendió, no templara su ira como el emperador lo hizo: la cual es mas dificultosa de vencer algunas veces, que al enemigo.

(Avila y Zúñiga, *Coment. de la guerra de Alemania.*)
[Siglo XVI.]

Un embajador siciliano al rey de Aragon, reconviniéndole sobre la cesion que acababa de hacer de la Sicilia, á favor de su suegro Cárlos de Anjou.

(*13e Semaine.*) **145.** ¡Con que en vano ha sido sostener tan grandes guerras, verter tanta sangre, y ganar tantas batallas, si al fin los mismos defensores que elegímos, á quienes jurámos nuestra fé, y por quien con tanto teson hémos combatido, nos entregan á nuestros crueles enemigos! No ganan, no, á Sicilia los Franceses, tantas veces derrotados por mar y por tierra; el rey de Aragon es quien la abandona, teniendo ménos aliento para sostener su buena fortuna, que perseverancia y tenacidad sus contrarios para contrastar la adversidad de la suya.

146. Afirmado, como lo está el reino de Sicilia, conquistada la Calabria toda, y la mayor parte de las provincias vecinas; vencedores siempre que hémos combatido, nada nos faltaba á los Sicilianos sino un monarca que nos tuviese en mas precio ; y supiese estimar su prosperidad. ¡ Desventurados ! ¿ Qué nos puede valer ya por nuestra parte delante de un rey, que confunde todas las leyes divinas y humanas, y no solo abandona á sus mas fieles vasallos, sino que pone á su madre y hermanos en poder de sus enemigos ?

147. Ellos vendrán á nuestras casas, verán las paredes teñidas aun con la sangre de los suyos, y si soberbios y crueles fuéron ántes, ¿ qué no harán en nuestro daño, llevados de la rabia y la venganza ? Decid, ¿ á quien quereis que nos démos ? ¿ Será á aquel que siendo príncipe de Salerno y prisionero, por vuestra causa, y á presencia vuestra, condenámos á muerte ? ¿ Entregarémos vuestra madre y hermanos al hijo de aquel, que en un dia quitó el reino y la vida al rey Manfredo su padre ?

148. Pero la miseria y la injusticia producen al fin la independencia. Los pueblos de Sicilia no son un rebaño vil que se compra y se enajena por interes y dinero. Buscámos á la casa de Aragon para que fuese nuestra protectora; la jurámos vasallaje, y con su ayuda, arrojámos de la isla á los tiranos y castigámos sus atrocidades. Si la casa de Aragon nos abandona, nosotros alzamos el juramento de fidelidad que le hicimos, y sabrémos buscar un príncipe que nos defienda. Desde este momento no somos vuestros, ni de quien vos quereis que seamos : mandad que se nos entreguen las fortalezas y castillos que se tienen por vos ahora; y libres y exentos de todo señorío, volvemos al estado en que nos hallábamos, cuando recibimos por rey á D. Pedro vuestro padre.

(Quintana, *Vida de españoles célebres.*)

[Contemporáneo].

Estado de la España al avenimiento de Don Rodrigo.

149. Tal era el estado de las cosas de España á la sazon que D. Rodrigo, excluidos los hijos de Witiza, se encargó del reino de los godos por voto, como muchos sienten, de los grandes; que ni las voluntades se podian soldar por estar entre sí diferentes con las parcialidades y bandos, ni tenian fuerzas bastantes para contrastar los enemigos de fuera.

150. Hallábanse faltos de amigos que los socorriesen, y ellos por sí mismo tenian los cuerpos flacos, y los ánimos afeminados á causa de la soltura de su vida y costumbres. Todo era convites, manjares delicados y vino con que tenian estragadas las fuerzas, y con las deshonestidades de todo punto perdidas; y á ejemplo de los principales, los mas del pueblo hacian una vida torpe é infame.

151. Eran muy á propósito para levantar bullicios, para hacer fieros y desgarros; pero muy inhábiles para acudir á las armas, y venir á las puñadas con los enemigos. Finalmente, el imperio y señorío ganado por el valor y esfuerzo, se perdió por la abundancia y deleites que de ordinario le acompañan.

152. Todo aquel vigor y esfuerzo con que tan grandes cosas en guerra y en paz acabáron, los vicios le apagáron, y juntamente desbaratáron toda la disciplina militar, de suerte que no se pudiera hallar cosa en aquel tiempo mas estragada que las costumbres de España, ni gente mas curiosa en buscar todo género de regalo.

153. Paréceme á mí que por esos tiempos el reino y nacion de los godos era grandemente miserable; pues como quiera que por su esfuerzo hubiesen paseado gran parte de la redondez del mundo, y ganado grandes victorias, y con ellas grande renombre y riquezas, con todo eso no faltáron quienes, por satisfacer á sus antojos y pasiones en corazones endurecidos, pretendiesen destruirlo todo.

154. Tan grande era la dolencia y peste que estaba apoderada de los godos. Tenia el nuevo rey partes aventajadas, y prendas de cuerpo y alma que daban claras virtudes; el cuerpo endurecido con los trabajos, acostumbrado al hambre, frio y calor y falta de sueño.

155. Era de corazón osado para acometer cualquiera hazaña; grande su liberalidad, y extraordinaria su destreza para granjear las voluntades, tratar y llevar á cabo negocios dificultosos. Tal era ántes que le entregasen el gobernarle; mas luego que le hiciéron rey, se trocó, y afeó todas las sobredichas virtudes con no menores vicios.

156. En los que mas se señaló, fué en la memoria de las injurias, la soltura en las deshonestidades, y la imprudencia en todo lo que emprendia. Finalmente, fué mas semejante á Witiza, que a su padre ni á sus abuelos.

(Mariana, *Historia de España.*)

Lo interior de la república literaria.

(*14e Semaine.*) **157.** Despues de estas soledades deshabitadas, entrámos en lo poblado y culto de la ciudad, que reconocida por dentro no correspondia á la hermosura exterior; porque en muchas cosas era aparente y fingida, levantadas algunas fábricas sobre falsos fundamentos, ocupados sus habitadores en fabricar con mas vanidad que juicio obras nuevas, con las ruinas de unas, y con los materiales de otras; en que toda aquella ciudad andaba revuelta y embarazada, con mas confusion que fruto de su vana fatiga, que renovaba, y no engrandecia la república, ántes la defraudaba de aquel lustre y aumentos que tuviera, si sus hijos entre sí compitiesen en buscar nuevas trazas y materias de palacios, y otras obras públicas.

158. Los ciudadanos estaban melancólicos, macilentos, y desaliñados. Entre ellos habia poca union, y mucha emulacion y envidia. Allí eran nobles los aventajados en las artes y ciencias, de cuya excelencia recibian lustre y estimacion; y los demas hacian número de plebe, aplicándose cada uno al oficio que mas frisaba con su profesion : y así los gramáticos eran berceros y fruteros, que de unas tiendas á otras, con verbosidad y arrogancia, se deshonraban unos á otros, motejando tambien á los que pasaban á vista de ellos, sin tener respeto á ninguno.

159. A Platon llamaban confuso; á Aristóteles, tenebroso, que entre oscuridades celaba sus conceptos; á Virgilio, ladron de versos de Homero; á Ciceron, tímido y superfluo en las repeticiones, frio en las gracias, lento en los principios, ocioso en las digresiones, pocas veces inflamado, y fuera de tiempo vehemente; á Plinio, rio turbio, acumulador de cuanto encontraba; á Ovidio, fácil y vanamente fecundo; á Aulo-Gelio, derramado; á Salustio, afectado; y á Séneca, cal sin arena.

160. Los críticos eran remendones, ropavejeros, y zapateros de viejo. Los retóricos, saltimbancos, que vendian quintas esencias, y acreditaban con gran copia de palabras algunos secretos medicinales. Los historiadores, casamenteros, por las noticias que tienen de los linages y de los intereses ajenos. Los poetas vendian por las calles jaulas de grillos, ramilletes de flores, melcochas y mantequillas, chochos y muñecas. Los médicos eran carniceros, enterradores, y ejecutores de justicia; y porque aquella república como tan discreta, no admitia boticas, se aplicaban los boticarios á forjar armas, y fundir piezas de artillería; y en lugar de ellos, Dioscórides vendía yerbas y otras drogas ó simples por las calles.

161. Los astrólogos se aplicaban á la navegacion y agricultura. Los perspectivos eran mercaderes, que sabian disponer la luz á sus tiendas, para hacer mas hermosas sus telas. Los lógicos eran corredores, mohatreros y regatones. Los juristas, lenceros y de otros oficios de vara. Los inclinados á juntar centones y sentencias ajenas, y á componer de ellos una obra, se daban á hacer escritorios de taracea y mesas de diversas piedras engastadas en mármol; y los que hacian repertorios á los libros, eran ganapanes que trabajaban para los demas.

162. En esta república, como en la de los egipcios y lacedemonios, se tenia por virtud el hurtar con pretexto de imitacion : y así los oficiales unos á otros se hacian grandes robos, y cada dia se veian levantadas nuevas tiendas con mercancías ajenas. Los que mas se aprovechaban de esta licencia eran los letrados y poetas; aquellos con la variedad de libros, y escritos de que se valen : y estos porque como entraban á vender sus juguetes por las casas, hurtaban de ellas las mejores alhajas.

163. Gobernaban esta ciudad diversos senadores autorizados por su ancianidad y experiencia, entre los cuales estaba dividido el cuidado público. Plutarco, Tito Livio, Dion y Apiano, gobernaban las cosas del pueblo ; Julio César, Veleyo, Amiano y Polibio, las militares ; Tácito, las políticas.

164. Censores eran Diódoro, Mela y Estrabon : y porque ningun cuerpo de reino ó república se puede mantener sano (aunque su cabeza sea de buen consejo, y esten perfectamente organizados sus miembros) si el estómago, que es el secretario, no fuere tan robusto que sin indigestiones de despachos cueza bien las materias, y con práctica y conocimiento político suministre á cada una de las partes la sustancia que ha menester; se servia esta república de Suetonio Tranquilo, varon grande, criado en negocios, versado entre naciones, celoso, prudente y secreto.

(Saavedra, *República literaria.*)

[N. 1584.—M. 1648.]

El sol y la luna.

165. Es el sol la criatura que mas ostentosamente retrata la majestuosa grandeza del criador. Llámase sol, porque en su presencia todas las demas lumbreras se retiran, él solo campea. Está en medio de los celestes orbes como en su centro, corazon del lucimiento, y manantial perenne de la luz; es indefectible, siempre el mismo; único en belleza; el que hace se vean todas las cosas y no permite ser visto; influye, y concurre con las demas causas á dar el ser á todas las cosas, hasta al hombre mismo.

166. Es comunicativo de su luz y de su alegria, esparciéndose por todas partes, y penetrando hasta las mismas entrañas de la tierra; todo lo baña, alegra, ilustra, fecunda, é influye. Es igual, pues nace para todos; á nadie ha menester de sí abajo.... Él es, al fin, criador de ostentacion, el mas luciente espejo, en quien las divinas grandezas se representan....

167. La luna es segunda presidente del tiempo: tiene á medias el mando con el sol: si él hace el dia, ella la noche; si el sol cumple los años, ella los meses; calienta el sol, y seca de dia la tierra; la luna de noche la refresca y humedece; el sol gobierna los campos, la luna rije los mares; de suerte que son las dos balanzas del tiempo.

168. Pero lo mas digno de notar es, que así como el sol es claro espejo de Dios, y de sus divinos atributos, la luna lo es del hombre, y de sus humanas imperfecciones: ya nace, ya crece, ya mengua, ya muere; ya está en su lleno, ya en su nada, nunca permaneciendo en un estado; no tiene luz de sí, participa la del sol; eclípsala la tierra, cuando se la interpone; muestra mas sus manchas, cuando está mas lucida; es la ínfima de los planetas en el puesto y en el ser; puede mas en la tierra que en el cielo: de modo que es mudable, defectuosa, manchada, inferior, pobre, triste, y todo se le origina de la vecindad con la tierra.

(Gracian, *Criticon.*)
[N. 1545.—M. 1614.]

El monte de la virtud.

(*15e Semaine.*) **169.** El monte excelso de la virtud está formado al revés de todos los demas montes. En los montes materiales son amenas las faldas, y ásperas las cimas; así como se va subiendo por ellos, se va disminuyendo la amenidad, y creciendo la aspereza. El monte de la virtud tiene desabrida la falda, y graciosa la eminencia.

170. El que quiere arribarle, á los primeros pasos no encuentra sino piedras, espinas y abrojos: así como se va adelantando el curso, se va disminuyendo la aspereza, y se va descubriendo la amenidad; hasta que enfin, en la cumbre no se encuentran sino hermosas flores, regaladas plantas, y cristalinas fuentes.

171. El primer tránsito es sumamente trabajoso y resbaladizo. Llamanle al recien convertido, desde el mar del mundo, los cantos de las sirenas; aterranle por la parte del monte los rugidos de los leones: mira con ternura la llanura del valle que deja; contempla con pavor el ceño de la montaña á que aspira. Libre de la cárcel del pecado, aun lleva en sus pasiones las cadenas, cuya pesadumbre conspira con la arduidad del camino, para hacer tardo y congojoso el movimiento.

172. Oye á las espaldas los blandos clamores de los deleites, que le dicen : « ¿ Es posible que nos abandones ? ¿ Es posible que te despidas y ausentes de nosotros para siempre ? » No obstante camina afligido un poco, tal vez interrumpiendo el paso algun tropiezo.

173. Ya va hallando ménos áspera la senda : ya los clamores de las delicias terrenas hacen ménos impresion, porque se oyen de mas léjos : adelantando algun paso mas, ya se va descubriendo algo llano el camino; y aunque una ú otra vez representa la antigua costumbre los gozados placeres, y la dificultad de vivir sin ellos, es tan lánguidamente y con tanta tibieza, que no hace fuerza alguna.

174. Arriba en fin á la parte superior del monte, donde ve una llanura hermosa y apacible. El dolor y lágrimas con que regó la falda, fructifican en la cumbre; y aquí logra en abundantes mieses, cuanto acullá cultivó en prolijos afanes. Esto está oculto á los ojos del mundo, el cual, ántes bien al considerarle retirado, le juzga metido en una arduidad inaccesible. Piensa que aquel hombre no puede tener instante de reposo, imaginando que el sitio que habita es un campo donde batallan con la mayor furia los elementos, y á donde se arroja con mayor fuerza el rigor de las tempestades.

175. Pero á él le sucede lo mismo que al que escaló la cumbre del Olimpo, donde se goza siempre sereno el cielo; donde no inquieta con la mas leve agitacion el aire, en tanto grado, que se conservan años enteros los caractéres impresos de las cenizas: donde los nublados se miran siempre debajo, de modo que fulminan en la falda, sin tocar jamas en la eminencia; y entre tanto los que caminan por los valles vecinos, si la noticia ó la experiencia no los han desengañado, piensan que aquella cumbre está toda oscurecida de nieblas, y abrasada de rayos.

176. Ni mas ni ménos, las incomodidades de la vida, las borrascas de la fortuna llueven sobre los que habitan los humildes valles del mundo, no sobre aquel que ha ascendido el monte de Dios, y monte pingüe como le llamaba David. ¿Pues qué la enfermedad, el dolor, la pérdida de hacienda no son comunes á los justos con los demas hombres? ¿A esto no se les agrega en particular el silencio, el retiro, la vigilia, la oracion, la disciplina, el ayuno, con otras penalidades? Todo es cierto. Esos son nublados que se ven de la parte de afuera, pero que no suben á la cumbre del Olimpo; esto es, no llegan á turbar la parte superior del alma.

(Feijóo, *Teatro crítico universal.*)
[N. 1676.—M: 1764.]

Reflexiones sobre el matrimonio.

177. En estas materias tan delicadas, los padres que tienen juicio no mandan. Insinúan, proponen, aconsejan: eso sí, todo eso sí: ¡pero mandar!... ¿Y quien ha de evitar despues las resultas funestas de lo que mandáron?.. ¡Pues cuantas veces vemos matrimonios infelices, uniones monstruosas, verificadas solamente porque un padre tonto se metió á mandar lo que no debiera?... ¿Cuantas veces una desdichada mujer halla anticipada la muerte en el encierro de un claustro, porque su madre ó su tio se empeñáron en regalar á Dios lo que Dios no queria?... ¡Eh! No señor, eso no va bien....

178. Mire usted, doña Paquita, yo no soy de aquellos hombres que se disimulan los defectos. Yo sé que ni mi figura, ni mi edad, son para enamorar perdidamente á nadie; pero tampoco he creido imposible que una muchacha de juicio y bien criada llegase á quererme, con aquel amor tranquilo y constante que tanto se parece á la amistad, y es el único que puede hacer los matrimonios felices. Para conseguirlo, no he ido á buscar ninguna hija de familia, de estas que viven en una decente libertad... Decente, que yo no culpo lo que no se opone al ejercicio de la virtud.

179. Pero, ¿cual seria entre todas ellas la que no estuviese ya prevenida en favor de otro amante mas apetecible que yo? ¡Y en Madrid! Figúrese usted, en un Madrid!... Lleno de estas ideas, me pareció que tal vez hallaria en usted todo cuanto deseaba... Yo me hago cargo, querida Paquita, de lo que habran influido en una niña tan bien inclinada como usted las santas costumbres que ha visto practicar en aquel inocente asilo de la devocion y la virtud; pero si á pesar de todo esto, la imaginacion acalorada, las circunstancias imprevistas, la hubiesen hecho elegir sujeto mas digno, sepa usted que yo no quiero nada con violencia. Yo soy ingenuo: mi corazon y mi lengua no se contradicen jamas.

180. Esto mismo le pido á usted, Paquita : sinceridad. El cariño que á usted la tengo no la debe hacer infeliz... Su madre de usted no es capaz de querer una injusticia, y sabe muy bien que á nadie se le hace dichoso por fuerza. Si usted no halla en mí prendas que la inclinen, si siente algun otro cuidadillo en su corazon, creame usted, la menor disimulacion en esto nos daria á todos muchísimo que sentir.

(Moratin, *El sí de las niñas.*)
[N. 1760.—M. 1827.]

De la delacion en los pleitos de la inquisicion.

(*16e Semaine.*) **181.** Muerto el primer inquisidor general Torquemada en 1498, propusiéron los reyes (1) al papa para sucesor suyo, á don fray Diego Deza, religioso dominicano, maestro del príncipe de Asturias (2) Don Juan, y obispo que era entónces de Jaen, habiéndolo ya sido de Zamora y de Salamanca ; poco tiempo despues lo fué de Palencia, y no muy tarde arzobispo de Sevilla. El papa expidió las bulas en su favor en primero de diciembre de 1498, concediendo facultades de inquisidor general para la corona de Castilla : el electo se creyó desairado de no tenerlas para la de Aragon, pues

---

(1) Se entiende por *los reyes* el rey y la reina.
(2) Es el título que se da en España al heredero presuntivo de la corona.

las gozaban don Martin Ponce de Leon, arzobispo de Mesina, y don Alfonso Suarez de Fuentelsaz, obispo ya de Lugo por traslacion desde Mondoñedo, á pesar de que estos dos eran adjuntos; por lo cual no aceptó el empleo hasta que le diéron las facultades para las dos coronas, en nueva bula de 1º de setiembre de 1499, á cuyo tiempo ya el citado obispo de Lugo fué nombrado de Palencia.

182. Posteriormente Alejandro VI libró en 25 de noviembre de 1501 un breve declarando que se debian entender concedidas á Deza todas las facultades que habia tenido Torquemada. En 15 de mayo de 1502, otro para que conociera de todas las causas en que hubiese recusacion de inquisidores; y en 31 de agosto, para que pudiese hacerlo por medio de subdelegados.

183. No fué Deza menos rigoroso que Torquemada: los alumnos del órden dominicano se creian tanto mas justos y santificados cuanto mas imitaban la conducta de su fundador en la Galia narbonense, condados de Tolosa, Bezieres y territorios comarcanos. Los efectos, correspondiéron á su rigor, como verémos; pero ántes de manifestarlos por menor, considero conveniente dar á conocer el tribunal en todas las partes de sus procesos, porque habiendo sido obra de Torquemada y de las constituciones formadas por él, pertenecen á su época. La noticia servirá de base para que no cause admiracion la multitud de sucesos terribles que el modo de proceder produjo en todos tiempos, aun sin excluir los modernos, en que algunos creen con equivocacion que ya el Santo Oficio se ocupaba solo en servir á la política del gobierno español.

184. Los procesos comienzan por delacion, ó noticia

equivalente á ella, cual es la que da por incidencia una persona que hace declaracion jurada en el santo oficio con motivo diferente. Si los inquisidores no hicieran caso de las delaciones anónimas, y si á los que las hacen con firma se les intimasen las penas del falso calumniador, no habria la centésima parte de procesos : pero de todas se hace aprecio.

185. Cuando la delacion tiene firma, se recibe al delator declaracion jurada en que se le hace manifestar todas las personas de quienes sepa ó presuma que pueden tener noticia ; se les examina, y las declaraciones de aquel y estas forman lo que se llama *informacion sumaria*. ¿No es injusto hacer caso de una delacion anónima? Alguna vez lo dije á los inquisidores del tribunal de la corte de Madrid, siendo yo secretario ; pero quedaban muy tranquilos en su conciencia, porque solo procedian á tomar informes reservados sobre la conducta y opiniones religiosas del delatado, y no examinaban testigos, sino cuando el comisario informante decia que el delatado estaba tenido en concepto de *muy libre* en su modo de pensar. De positivo se hacia trabajar y se ocupaba el tiempo que deberia ser empleado en dar curso á las causas de presos para despacharlas pronto con preferencia.

186. Y cuando la informacion sumaria daba motivos de proceder adelante, ¿quien quedaba responsable de calumnia si el procesado probaba en plenario haber ella intervenido? Nadie : pues aun en las delaciones firmadas no se intimaba al delator el peligro de la responsabilidad.

187. Las delaciones se multiplicaban en la temporada

del cumplimiento de los preceptos de confesar y comulgar por la pascua de resurreccion, á causa de que los confesores imponian esta obligacion á los que decian : « Haber oido, visto ú entendido cosa que fuese ó pare- « ciera ser contra la fé católica ó contra el libre y recto « ejercicio del tribunal de la inquisicion. » Esto era consiguiente á los edictos que se publicaban en dos domingos de cuaresma, el uno intimando la obligacion de delatar dentro de seis dias, bajo la pena de pecado mortal y de excomunion mayor en que incurririan por el hecho de dejar pasar los seis dias sin cumplir el mandato ; y el otro declarando incursos en ella á cualesquiera que se hallasen en el caso, contra los cuales se pronunciaban horribles anatemas, en mi concepto indignas del templo, como ajenas de la caridad cristiana.

188. Muchos oyentes pusilánimes é ignorantes entraban en escrúpulo de haber callado algunas cosas que graduaban de sospechosas contra la fé á causa de su ignorancia ; comunicaban su escrúpulo al confesor, y este salia del paso fácilmente prefiriendo al extremo de mandar la delacion. Si el confesado sabia escribir, la hacia por sí mismo ; y sino, el confesor la ejecutaba en su nombre. No se exceptuaban de la obligacion los parientes mas inmediatos. ¿ Cabe mayor crueldad que delatar el padre al hijo, este á aquel ; el marido á su muger, y esta á su esposo ? Pues el confesor no absolvia si no se le prometia ejecutarlo dentro de seis dias : tanto era el fanatismo, tanta la supersticion !

(Antonio Llorente, *Hist. de la inquisicion de España.*)

[N. 1756.—M. 1823.]

Muerte de Raquel; dolor de Alfonso VIII.

189. El alboroto avisó á Raquel de su riesgo, cuando luego vió entrar armada una multitud impetuosa, embarazadas con los puñales las mismas manos que ántes la regalaban con memoriales. Raquel que miró en la ira de los rostros el de sus tormentos, quedó turbada, quedó airada y llorosa, y fué la primera vez que no persuadiéron sus lágrimas. Y viendo que su ruego pasaba á ser desaire, compuso el traje, serenó el semblante y descansó el aliento, y fiando su seguridad en su razon, pudo solo decirles brevemente: « ¿Vosotros me quereis matar por-« que amo á Alfonso, ó porque él me ama?

190. « Si porque le amo, no es delito; si porque « me ama, no es delito mio. Diréis que á esto os obliga el « amor de vasallos; y siendo en vosotros razon que el amor « os disculpe; la podrá haber para que á mí me mate? Si « correspondo á sus cariños, ¿no los debo obedecer como « preceptos? Y si no los correspondo, ¿es justo achacarme « una ceguedad que él se labró sin mi permiso? Pero, ¿para « qué me valgo de la duda? Yo le quiero, yo le amo, yo « soy la mitad de su vida; matadme, pues, matadme, y « mataréis á entrambos: que este lazo que á mí me ilustra, « mas fácil es romperle que desatarle; mas ay! que si « me matais para que Alfonso me olvide, no es buen me-« dio que me vea morir de enamorada. »

191. En fin murió Raquel, muerte provechosa al pueblo, y culpable á los ejecutores, que evitáron un delito con otro delito: abominable especie de remedio es deber la salud á la enfermedad. Vuelve Alfonso á Palacio : ¡ ó infeliz jóven ! Pregunta por Raquel ; nadie responde : búscala despavorido , y encuéntrala difunta.

192. No conoce su desgracia en su palidez, que es tambien el color de los amantes ; no la conoce tampoco en verla desmayada, porque un pesar es sobrado cuchillo en la fragilidad de una belleza ; conoce sí, que estaba sin aliento en que le recibia sin agrado, y hállala desgreñado el cabello, sirviendo mas para lazo que para adorno..... Aquí es preciso correr la cortina al suceso , porque seria falta de respeto permitir á la consideracion comun un rey afligido y lastimado.

(Conde de Cervellon, *Vida de Alfonso VIII.*)

Grandeza y decadencia de la España.

(*17e Semaine.*) **193.** España es pais para todo , y tambien los españoles. España produce todas las materias necesarias para la vida, no solo las de primera necesidad, sino aun las útiles y de delicia. España es, entre los descubiertos, el único reino que pudiera vivir con solos sus frutos, sin mendigar género alguno extranjero : pan, vino, legumbres, aceites, agrios, frutas, miel, cera, pescados, carnes, aves, caza, lana, seda, linos, cáñamos y minerales de todas especies. Estas son sus mas abundantes producciones ; y se hallan debajo de un clima sano, delicioso, de aguas muy saludables, y de rios en gran número, y rodeados de dos mares.

194. España tiene en sus dominios todas las materias

simples, que necesitan sacar de nosotros los extrangeros; á ninguna nacion le sucede otro tanto. Y á España no le falta, en fin, ni ha faltado nunca, mas que ser conocida. El cielo hizo mucho por ella; nosotros lo deshacemos: á Dios le debe infinito; á nosotros muy poco. Doscientos años hace que comenzáron flamencos, ingleses y franceses á aprender de nosotros el arte de las fábricas, á sacarlas, tomarlas y llevarlas de España á sus paises; y esta fué la época en que dió principio nuestra decadencia.

195. En el siglo diez y seis daban nuestras fábricas la ley en las tres partes del mundo. En todas ellas tenian factorías nuestros comerciantes españoles. El increible número de telares que contaba España, es cosa repetida en muchos escritos antiguos y modernos. Pero lo mas notable es, que con todo el esmero de su exquisita aplicacion, aun no han llegado todavía estas industriosas naciones á dar á los bordados, telas de seda, tisúes, y tejidos de oro y plata, aquella perfeccion, permanencia, solidez y hermosura, que despues de doscientos años todavía se admira hoy en los nuestros.

196. Los ornamentos de altar que Felipe II donó á la sacristía del Escorial, fabricados en Sevilla etc., y que se conservan en ella, expuestos á disposicion de quien quiera verlos, responden de esta verdad. ¿Y España no es pais para fábricas? ¿Puede oirse esto sin compasion? Qué Lóndres, qué Paris, qué Nimes, ni qué Leon han igualado á las fábricas antiguas de Toledo, Granada, Sevilla y Segovia? Si exceden hoy á las actuales (en que no hay controversia) ya se ha indicado el motivo en que consiste: y se dirá mas todavía para que en pocos años se queden muy atrás, si se practicáre lo que yo propondré en estos apuntes.

197. Damascos ha hecho la piedad del rey fabricar en Talavera para adornar una capilla del Escorial, que no pueden ceder á ninguno de Europa. ¿ Pero qué ha de sucedernos, si cuando mas hacemos, quitamos un par de grillos de los pies del comerciante, labrador, fabricante ó navegante, y en el mismo acto le amarramos por la cintura con una cadena mucho mas fuerte? Y no obstante decimos : camina adelante, que ya tienes sueltos los pies. El no da paso, ni puede ; y luego se dice : ven vmds. que España no es pais para esto!

198. La nacion española es nacion de mucho honor, dócil, fiel, obediente y amantísima de sus soberanos. Su carácter es vivo, pronto, esforzado, constante, especulativo y penetrante. Por la senda del honor se la conduce hasta lo sumo. Puesta en tiro es capaz de todas las empresas mayores de la tierra (translado á las de Cortés y á las del Gran Capitan) y bien conducida, jamas cedió, ni pudo ceder á ninguna otra. Dos siglos vivió sin ser batida de nadie. Brios no faltan ; caudillos ha menester, y conocerla es necesario. Hasta los cartagineses y antiguos romanos la temiéron.

199. En igualdad de fuerzas siempre batió á sus enemigos, y los batiera sin duda hoy tambien, siempre que mandasen Vivares, Carpios, Córdobas, Toledos, Corteses y Leibas, etc. Cada soberano la encontró en lo que la buscó. Los reyes católicos y el famoso Jimenez (por no volver mas atrás) que quisiéron teólogos, jurisconsultos, capitanes, estadistas y políticos, todos los halláron con superioridad á las demas naciones. Sus obras doy por garantes.

200. Cárlos V deseó capitanes y estadistas : jamas vió la Europa un consejo de estado como el suyo, y nunca hubo príncipe que tuviese tanto número de generales insignes. Felipe II anheló toda suerte de hombres sobresalientes en todas líneas, y en todas se aventajáron sus vasallos. El concilio de Trento lo dirá. Felipe III quiso santos y los altares se pobláron. Felipe IV amó poetas, y el Parnaso se declaró español. La débil complexion de Cárlos II no le permitió pensar en nada, y en España nada hubo.

201. El rey Felipe quiso capitanes y eruditos, y en un instante se formáron de la nada : no digo hasta lo sumo ; pero digo hasta mas allá de aquel punto que permiten los instantes. ¿ Si probarán estas expresiones que todas las cosas penden de los Gobiernos ?..... Cuando las Castillas solas ponian cómodamente cuarenta mil caballos bizarros en campaña, no habia las ordenanzas que hoy; pero habia libertad, labranza y crianza. Tampoco habia caballería andaluza; esta era batida por la castellana. Los ejércitos de nuestros antiguos y augustos soberanos no se sirviéron de caballos andaluces hasta el reinado de Don Juan el II.

202. Alonso VIII, rey solo de las dos Castillas, para coronarse de laureles en las navas de Tolosa, revistó en Toledo cuarenta mil caballos castellanos, pagados á cinco reales cada uno : ciento treinta mil infantes á tres, sin contar algunos tercios de infantería, que aun no habian llegado : y sesenta mil carros de provisiones, equipajes y bagages, que ocuparian á los menos ciento cuarenta mil caballerías; y algunas irian de carga, aunque la historia no lo dice. A este respecto no seria mucho creer que la España de entónces, considerada en toda la extension que domina hoy la corona de Castilla, podia poner en campaña desahogadamente ciento veinte mil caballos, con cuatrocientos mil infantes, y doscientos diez mil carros. Y al presente costaria buen trabajo sacar de las Castillas seis mil caballos, con cincuenta mil infantes efectivos, y veinte mil carros.

203. Esta cuenta gira sobre el supuesto de que las dos Castillas compongan una tercera parte de las Españas unidas hoy, que no la componen. Y para que nadie se admire de esta diferencia de fuerza, sepan todos que, mucho mas inmediato á nosotros, en el año de 1563 en la feria de Medina del Campo solamente se traficáron y giráron en letras de cambio mas de ciento cincuenta millones de escudos. En los años anteriores habia sido mayor el tráfico.

204. Las ferias consímiles que entónces se celebraban por todo el reino, eran muchas, y muchos los millones de millones que se comerciaban cada año; cotéjense con las contrataciones de hoy. Y añádase á esto, para convencimiento general de las cosas, tanto de mar cuanto de tierra, el número increible que á todos consta de las embarcaciones mercantiles que habia en solo el puerto de Pontevedra, reducido hoy á cuatro tristes pescadores, y de los millones de fanegas de pan que se cogian en España, y resulta de las tazmías eclesiásticas. Sueños parecen estas realidades...

(*18e Semaine.*) **205.** Dos siglos ha que está bajando

España, y dos siglos ha que estan subiendo sobre nuestras caidas, errores y desaciertos, primero Holanda, luego Inglaterra, y despues Francia. ¿ Como, pues, no han de haber ascendido ellas á la cumbre de la felicidad, y descendido nosotros al abismo de las desdichas ? Á la verdad, han sabido aprovecharse bien de las ocasiones que les hemos presentado ; y en esto merecen elogio... La verdadera y física riqueza de España consiste en la abundancia interior de todo género de frutos nacionales ; el oro y la plata americana no es buena, sino se hace servir de instrumento para mejorar esta felicidad natural del pais. El dinero en sí no es mas que señal, representacion ó ficcion de ella.

106. España en general está pobre desde que le vino de Indias mas dinero ; y no es culpa de las Indias. ¿ Pues que es ? Es que yendo á las Américas en busca de esta señal de riqueza, abandonámos mas la riqueza física y real, que teniamos dentro de casa. ¿ De qué sirve labrar y traer mucho dinero de las Indias, si no le labramos y traemos para nosotros ? Nosotros nos fuímos á buscar tesoros en América, y las naciones cultas se viniéron á sacarnoslos de nuestra casa con la venta de los frutos de su industria. Conquistámos á las Indias, es verdad, pero nos hicímos tributarios voluntarios de Inglaterra, Francia, Holanda, Génova, Venecia, Hamburgo, etc. Mas tributo pagamos á estas naciones, que al rey. De todas las producciones de España y Américas no nos queda mas que el vano y fastoso honor de tener las naciones ocupadas en servirnos ; quiero decir, en chuparnos la sustancia, y despojarnos del comercio, artes, fábricas, manufacturas é industrias.

207. Ya he dicho (y diré mil veces) que las riquezas americanas solo son útiles, haciéndolas servir para florecimiento de las producciones naturales de España. Este uso es el que hasta aquí no hémos hecho, y este uso es el que necesitamos hacer, si queremos que vuelva España á su antigua felicidad, esplendor y abundancia. Y veis aquí descubierto aquel misterio oscuro, que tiene confusos á muchos hombres muy hábiles, sin acertar á comprender como floreciéron Holanda, Inglaterra y Francia, desde que comenzáron á poseer las Indias, y como decayó España desde que tuvo Américas.

208. Estas tres ilustres potencias se valiéron de aquellas riquezas de señal, para fomentar la riqueza real de sus dominios europeos; y España al contrario se tiró inconsideradamente á las mismas riquezas representativas, abandonando su labranza, su pastoría, sus artes, sus fábricas, sus manufacturas y sus industrias, que formaban la sustancia real y esencial del estado : esta fué la desgracia, y este el efecto, contrario al suceso de nuestros vecinos. Mas claro os lo diré. Los gobiernos holandeses, ingleses y franceses miráron siempre sus patrias como parte principal, y sus Indias como parte accesoria, que debia hacer la felicidad de sus estados hereditarios; nosotros, al reves, por falta de buenas medidas, venímos en el efecto á mirar las Américas como parte principal de nuestras riquezas, y descuidando los intereses sólidos de la madre, la hicímos como accesorio de sus hijos.

209. Y lo peor es que por un tal camino venimos á

infelicitar á nuestra España, sin haber hecho felices á nuestras Américas: ellas nos arrastran, y habiamos nosotros de haberlas arrastrado á España. La codicia inconsiderada del oro y plata americana empobreció la riqueza natural de España: oro y plata la despobláron: oro y plata la convirtiéron de industriosa en ociosa: oro y plata destruyéron su labranza, crianza, fábricas, artes é industrias: oro y plata trasmutáron en esterilidad su abundancia, y en carestía la baratez de sus víveres: oro y plata extraidos del reino la hiciéron pobre.

210. De la pobreza de los particulares resultó la indigencia universal y las necesidades del erario: de esta, la ruina de los vasallos y pueblos: de sus atrasos, el general de la monarquía: de este, el de los miembros. Una á otra se dió la mano. Creciéron los gastos, el lujo y las obligaciones de la corona, cuando eran menores los medios de asistirla, fomentarla y auxiliarla. De esta misma indigencia se derivó el aumento de tributos, impuestos y arbitrios, que fué redoblar y remachar el mal. Una carga superior á las fuerzas concluyó en desmayo, abandono y holgazanería. Y de estos antecedentes resultó (y necesitó resultar por consecuencia necesaria) toda la actual que padecemos en todas líneas. En una palabra, nosotros bajamos por aquel principio mismo que hizo subir á los demas, y todo ha provenido de una conducta contraria á la naturaleza del bien: de sistemas, digo, opuestos á la conveniencia del estado.

211. El carácter de la nacion en general no es holgazan; si fuese este su genio y su temperamento, ¿como habia de haber sido la mas industriosa hasta el reinado de

Felipe III? Aquel mal es adquirido. Hoy mismo no se me señalarán en toda la Europa cinco naciones que amen el trabajo tanto como los catalanes, gallegos, vizcainos, guipuzcuanos y montañeses : ímprobas son sus fatigas!.. Puertas abiertas y puertas cerradas, digo que han sido las dos fuentes de todas nuestras desgracias. Abriéronse las que debiéron cerrarse, y cerráronse las que debian abrirse. Veis aquí ya el trastorno de toda España.

212. Esta, en la realidad, ha sido, es y será siempre que no se remedie, la surgente de los males políticos que han arruinado el estado. Carcóma silenciosa, que insensiblemente ha ido royendo hasta el corazon. Todas nuestras decadencias son hijas de esta lima sorda...

213. Para restituir la monarquía á su antiguo y debido esplendor, es preciso mudar de estilo. Volver el cuadro al revés : abrir, digo, lo cerrado, y cerrar lo abierto. Veis aquí ya los dos polos de la felicidad pública Este es el sistema necesario : ni el bien tiene mas entrada, ni los males otra cura. Y nada es mas conforme al derecho natural, que distribuirse y consumirse los productos dentro de la nacion misma que los contribuye. Por aquí ha de comenzar sus operaciones el héroe que se propusiere el plan de remerdiarla.

214. No hay que equivocarse : todo lo demas será pérdida de tiempo, y acaso complemento de la destruccion. Crecerá el mal cada dia : bajarán las rentas reales : se empeñará el real erario : irán los pueblos á ménos, y á mas la dificultad. ¡ Ojalá sea yo mal profeta !

215. Cierrense pues en España las puertas abiertas; ábranse las cerradas : pónganse diques á los rios de oro y plata que desaguan fuera del reino : piénsese, búsquese, y tórnese por primera diligencia un temperamento equitativo que sirva de equivalente, y aun de grande aumento al real erario : rómpanse las cadenas que embarazan los progresos : repruébense los estorbos : quítense á la nacion los grillos que se han fabricado de los yerros de dos siglos : derríbense las murallas que quedan señaladas : mírese la libertad del comercio como único fundamento de la felicidad pública : fórmese y dése sistema fijo á todas las partes y ramos de la monarquía, que vive, ó mejo diré, muere sin él.

216. Un sistema, digo, sabio, prudente, justo y equitativo ; un sistema libertador ; un sistema combinatorio, que abrace desde el interes y parte mas alta del estado, hasta el ramo y partecilla mas mínima de la monarquía : un sistema auxiliador, reformador ; en una palabra, un sistema sencillo y perfecto, obra ilustre de un rey grandi qué sujete á un centro de union todas las ideas del gobierno ; que reduzca á un punto de vista todos los intereses de la autoridad real, del pueblo y del erario ; que enlace íntimamente la gloria de la majestad con la abundancia y felicidad pública ; de tal modo, que unido, estrechamente estos dos objetos (que siempre deben caminar á paso igual) se haga imposible la ventaja del uno sin la mejora del otro, el adelantamiento de este sin el florecimiento de aquel ; y en fin, un sistema dichoso y perpétuo que lleve á la inmortalidad el glorioso nombre del rey, restablezca la opulencia en España y haga respetable el crédito de la nacion.

(Gándara, *Apuntes sobre el bien y el mal de España.*)

La Fortuna.

(*19e Semaine*) **217.** Pésame que te quejes de la fortuna : cá la fortuna como es conocida de tantos, no sufre ser infamada por uno ; y con la fortuna mas vale pensar como te has de remediar, que como te has de quejar : porque hay muchos hombres que en pregonar sus trabajos son muy solícitos, y en buscar su remedio son muy perezosos, ¡ O inocente de tí ! Despues que estás tan desacordado, ¿ acuerdas ahora quejarte de la fortuna? ¿ Con la fortuna que todos hacen treguas, osas tú desafiarla? ¿ Nostros desarmamos las ballestas, y descuelgas tú las lanzas? ¿ Aun no sabes qué cosa es guerra, y quieres gozar de la victoria ? Estando todos entrampados, quieres tú pasar seguro ? ¿ Qué mas quieres te diga, pues te veo tomar con la fortuna?

218. ¿ Y tu no sabes que esta es la que los muros altos combate, y los carcomidos defiende ; la que puebla los inhabitables desiertos, y despuebla los pueblos poblados ; la que á los vencedores vence ; la que de traidores hace fieles, y de fieles sospechosos ? Finalmente, quiero que sepas que la fortuna es la que revuelve los reinos, desbarata los ejércitos, abate á los reyes, sublíma á los tiranos, da vida á los muertos, entierra á los vivos. ¿ No te acuerdas del mote que tenia el segundo rey de los lacedemonios encima de sus puertas, que decia estas palabras : « Esta es la casa do el hombre hace lo que puede, y la fortuna lo que quiere? »

(F. Antonio Guevara, *Reloj de Principes.*)

[M. 1544.]

El Palacio.

219. Es presuntuoso y vario. Por instantes muda colores como el cameleon; segun se le ofrece delante la fortuna próspera ó adversa. Aunque su lenguaje es comun á todos, no todos lo entienden. Adora al príncipe que nace, y no se cura del que trasmonta. Espia y murmura sus acciones. Se acomoda á sus costumbres, y remeda sus faltas. Siempre anda á caza de su gracia con las redes de la lisonja y adulacion, atento á la ambicion y al interes. Se alimenta con la mentira y aborrece la verdad.

220. Con facilidad cree lo malo, con dificultad lo bueno. Desea las mudanzas y novedades. Todo lo teme, y de todo desconfía; soberbio en mandar, y humilde en obedecer. Envidioso de sí mismo y de los de afuera. Gran artífice en disimular, y celar sus designios, encubre el odio con la risa y las ceremonias. En público alaba, y en secreto murmura. Es enemigo de sí mismo: vano en las apariencias y ligero en las ofertas.

(Saavedra, *Empres. polit.*)

Historia de un francés.

221. Yo presencié, año 1791, un caso escandaloso, que llenó de amargura mi corazon compasivo, y que merece ser contado. El marsellés de quien tengo hecha mencion, cuyo nombre fué M. Miguel Maffre des Rieux, dijo constantemente desde su audiencia primera que él habia sido educado en la religion católica, y permanecido en ella hasta cinco años ántes de su prision, en que por lectura de las obras de Rousseau, Voltaire y otros filósofos, habia formado concepto de que solo era cosa segura la religion natural, siendo invenciones falibles de los hombres las demas; pero que todo esto habia sido de buena fé por seguir la opinion que le parecia verdadera: por lo cual en su consecuencia estaba pronto á abrazar de nuevo la religion católica si alguno le convencia de su verdad.

[illegible]. Lo intentó en varias conferencias el maestro Magi, religioso mercenario (que despues ha muerto obispo de Almeria): consiguió persuadirle utilidad y aun en parte necesidad de una revelacion; en seguida le hizo creer haber sido reveladas las religiones de Moises y Jesus, y le trajo por fin al estado de darse por vencido, ó «porque vmd. decia, tenga razon, ó porque su ciencia exceda la mia.» En su consecuencia el francés estuvo durante todo el curso de su proceso pronto á reconciliarse con la Iglesia católica; pero añadia que seria esto con tal que se le sacase libre de la cárcel para su casa, porque no solo no se reconocia delincuente y reo de crímen en haber abandonado la religion cristiana y abrazado la natural, sino que habia contraido un verdadero mérito ante Dios, siguiendo el camino que su razon le dictaba para buscar la felicidad de la segunda vida; del mismo modo y por los mismos principios que ahora volviendo á su primitivo estado de católico por habersele convencido de que caminaba errado: que no le hacia fuerza la práctica ordinaria de la inquisicion, porque solo era relativa á los criminales que sin esta buena fé abrazasen la heregia.

223. Es estilo del tribunal prometer en cada audiencia que se usará de piedad y misericordia con el preso si se conociere que confiesa todo con sinceridad. El marsellés la tenía tan grande que no se podia dudar de ella por mil pruebas indirectas, y porque manifestó su sistema de que la mentira era uno de los mayores pecados contra la religion natural, y asi no solo no negó jamas cosa que se le preguntase, siendo cierta aun que fuese contra sí, sino que se firmaba, en lugar de su nombre propio, *el hombre natural.* Vivia, pues, confiado en que se le reconciliaria en secreto, sin penitencia ó por lo ménos con alguna leve y secreta, capaz de poderla cumplir por sí mismo sin que nadie lo supiese, y de modo que pudiera decir á todas las personas de su trato que habia salido bien de su proceso, y con tanto honor como ántes para que nada obstase á la pretension que habia dejado pendiente y muy avanzada de una plaza de guardia de corps del rey en la compañía flamenca.

224. Una mañana se halla visitado por el alcaide de la cárcel, y seis ó siete familiares *del Santo-oficio*, que le intiman desnudarse de la casaca, calzones y medias, y ponerse una chaqueta y otros calzones de color de paño de lana parda y medias burdas de lo mismo, con un grande y feo escapulario del *sambenito* (1), una soga de

(1) Voz derivada de *saco-bendito*, de que despues se hizo *sac-benito*, luego *sambenito*. Era un escapulario amarillo con una cruz que ponia la inquisicion á los reos.

esparto al cuello, y una vela de cera verde apagada, para que así vestido vaya á la sala de audiencias á oir la sentencia de su causa. Él se asustó, enojó, y enfureció por lo que sucedia; pero como no podia nada contra tantos, se conformó despues de mil contestaciones. El infeliz, aun viendo todo este aparato, creia que cuando llegase á la sala de audiencias hallaria solamente á los inquisidores y otros dependientes del Santo-Oficio que tienen jurado secreto. Pero apénas estuvo en la puerta vió el concurso mas numeroso que cabe de caballeros, señoras, y otras gentes que noticiosos de haber *autillo*, esto es, auto particular de fé, de reconciliacion dentro de las casas del tribunal á puertas abiertas, habian concurrido por satisfacer su curiosidad.

225. Se sorprendió y montó en cólera tanto que prorumpió en mil execraciones contra la barbarie, inhumanidad y astucias engañosas de los inquisidores, y entre otras cosas dijo : « Si de veras manda esto la religion ca-
« tólica la vuelvo á detestar porque no puede ser buena
« la que deshonra los hombres sencillos. »

226. Hubo tales ocurencias que fué necesario conducirle de nuevo por fuerza á su cárcel, donde se negó á comer y beber en treinta horas, diciendo que queria lo condujesen pronto á morir en las llamas, y que sino, él se quitaria la vida, como lo hizo por fin al quinto dia por mas cautelas que se tomáron para evitarlo, pues se ahorcó con el cordel de la cama dejando caer el peso de su cuerpo, despues de haber puesto nudo corredizo en su garganta, y metidose un pañuelo blanco en la boca que le impidiese la respiracion. Habia pedido papel y tintero el dia anterior y dejó escritos unos versos duodecasílabos en francés que contenian una deprecacion cuya sustancia era de este modo :

227. « Dios, autor de la naturaleza humana, ser purísimo que amas la sencillez de las almas! Recibid la « mia que vuelve á unirse con vuestra divinidad de que « habia emanado : la devuelvo, Señor, ántes de tiempo « por abandonar la mansion de las fieras que usurpan el « título de hombres. Recibidla propicio ; pues veis la pu- « reza de los sentimientos que siempre me han animado ; « y quitad de la tierra el horrible monstruo de un tribu- « nal que deshonra á la humanidad, y aun á vos mismo « en cuanto lo permitis. *El hombre natural.* »

228. Omito hacer reflexiones sobre este caso, y solo añado que no me pude contener sin decir al inquisidor decano que se habia de hacer cargo en el tribunal de Dios á todos los que habian negado la solicitud de aquel infeliz, porque mucho mas fuertes condiciones habian puesto en su oferta de reconciliacion los obispos herejes donatistas, y se aceptáron partiendo cada obispado en dos durante su vida, y alaba el hecho san Agustin, diciendo que por la caridad se debe abandonar el rigor de la disciplina canónica.

(Antonio Llorente, *Hist. de la inquis. de España.*)

Venida de Osiris á España : guerra contra Gerion.

(*20e Semaine.*) **229.** Este Osiris Dionisio fué mucho mas aventajado y antiguo que todos ; y allende de su gran esfuerzo, mostrabase tan enemigo de los malhechores y tiranos, que donde quiera los buscaba con extraña solicitud... Sabiendo, pues, Gerion la llegada de este capitan egipciano con ejércitos victoriosos y valientes, y la voluntad que traia de lo destruir si pudiese, comenzó tambien él á juntar sus aficionados y parientes para le resistir, ó matar. Poco despues, buscándose los unos á los otros, acompañados de cuanta pujanza poseian, viniéron á se topar en el campo de los españoles tartesios, moradores cercanos á la boca del estrecho que hace nuestro mar entre las tierras africanas y españolas, junto con la villa de Tarifa: desde la cual discurriendo los años y siglos, creció tanto su generacion, que bastáron á tomar aquellas marinas comarcanas.

230. Llegadas aquí las compañias de los dos príncipes Osiris y Gerion, ordenadas sus haces, en el concierto que pudo saber y tener un tiempo tan inocente, rompiéron su batalla valerosamente, la cual fué cruelísima, reñida con demasiadas bravezas; y así, pasada mucha terribilidad y fiereza de ambas partes, Gerion y todo lo principal de sus valedores quedáron allí sin remedio vencidos, muertos y destrozados.

231. Esta se certifica ser la primera batalla campal ó reencuentro poderoso de guerra que sepamos en las Españas. Engrandecenla muy mucho los autores peregrinos, por haber acontecido dentro de tiempos antiquísimos; tanto que nuestros poetas la llaman batalla de los dioses contra los gigantes, á causa que segun confiesan las historias este Gerion fué gigante.

232. Su competidor Osiris que lo venció, fué reverenciado como dios entre los gentiles despues de muerto, mayormente por las tierras y comarcas egipcianas donde tuvo señorío; porque tal era la costumbre de los venerables antiguos, reputar y tener por sus dioses á las personas perfectamente virtuosas, y no ménos á quien procurase provechos universales y comunes para todos, cual Osiris y cuantos le seguian á la contina procuraban; y tambien á quien sacase nuevas invenciones, ingenios, herramientas ó destrezas, ayudadoras á negociar y hacer obras artificiales con ménos dificultad en esta vida mortal, donde por diversos caminos todos trabajámos.

233. Cosa prolija sería contar la continuada peregrinacion y conquista de este singular capitan Osiris, por diversas partes del mundo. Caminaba con ejército muy pujante, sin pretender otra cosa mas de castigar tiranos, quitar forzadores y ladrones, y destruir todo género de maldad, en que venció batallas terribles, y dió fin á hazañas mucho valerosas.

234. Nunca rehusó trabajos ni fatigas, cuantos en tal caso le pudieran recrecer: donde se muestra claro, que bien así como los malos huelgan con el mal, así tambien los virtuosos toman extremado placer en las obras de bondad; las cuales, aunque sean difíciles de conseguir, tienen consigo tanto bien, que sin adherente ninguno son ellas mismas galardon suficiente de su trabajo, como se vió por aquella batalla de Gerion, en que siendo totalmente deshecho, muerta su persona, destruida su potencia, llevó pago bastante de su perversidad, y Osiris alcanzó gloria perpetua de tan señalado vencimiento. Mas el tal Osiris, que ni por aquello cupo jamas en su pensamiento demasía ni soberbia, mostróse clemente, gracioso y magnífico.

(Florian de Ocampo, *Crónica general de España.*)

El P. Isla á su hermana.

235. Hija mia : hasta que descargue esta primera furia de cartas, habréis de tener paciencia, si es que la necesitais para sufrir mi brevedad, mas que mi laxitud. De las enfermas y de las sanas será lo que Dios quisiere, y lo mismo sucederá de tu curacion, que siempre será barata (1), como sea buena. Dicenme que el tal Barata no es médico, sino cirujano; cúrete él, y mas que sea carpintero.

236. Si Fr. Gerundio te ha agradado á tí, poco se me dará de que los Gerundios espiriten de cólera. En el capítulo primero del libro tercero, no tuve intencion mas torcida que en todos los demas. Burléme un poco de los escritores archimetódicos, que miden con un compas las divisiones de sus obras, y pasé adelante con la mia... Á madre y niñas mil ternuras, y adios, hijas. —Tu amante Pepe, Margarita mia.

(P. Isla, *Cartas.*)

[N. 1714.—M. 1783.]

---

(1) Aquí juega el autor con el nombre del médico, que, segun se va á ver, se llama Barato.

El mismo á la misma.

237. Mujer de tu marido: has dado en la manía, de algunas semanas á esta parte, de que te pierdo el respeto, sin que yo acierte á concebir, cómo se puede perder lo que jamas se ha tenido. Pero tú eres una pequeña diablesa, y sabes mas que Merlin; por lo que te estimaré me comuniques este secreto, que puede importar para mas de dos ocasiones. Hallar una cosa ántes de perderse, es habilidad que á cada paso la usan los ladrones; pero perderse lo que jamás se poseyó, no lo habia tenido por posible, hasta que tú me aseguras que es cosa evidente.

238. Al fin, si te he perdido el respeto, fijaré cedulones en las esquinas de los correos (porque has de saber que los correos tienen esquinas) para que cualquiera persona que haya hallado un respeto que se perdió, acuda á tí, á quien pertenece, que se le pagará el hallazgo; y por lo que toca á mí, doy palabra tambien, el primero que te tenga, que no solo no se pueda perder, pero que ninguno me le pueda encontrar. Ahora vete á pasear, que yo voy á escribir otras cartas. — Señora, B. S. P. el mas atento capellan de tí, Yo. — Ella.

(P. Isla, *Cartas.*)

El P. Isla á un amigo, hablándole de la ciudad de Bolonia.

239. Amigo y señor: estoy vivo, robusto, alegre, flaco y viejo. Voy á entrar en los setenta años. No me morí á tres jornadas de Turin, llamado del rey de Cerdeña, segun dijéron en Bilbao, no sé para qué. Nada tengo y nada me falta, porque estoy mas contento con mi nada, que cuando me sobraba todo. He tenido gran consuelo en saber de Vms. dos, ó de Vm. uno. Este pais no puede ser mas delicioso, ni la ciudad mas magnífica, ni la gente noble mas tratable. Limpieza, policía y cultura : expresiones, cuantas Vm. quisiere; mas no se hable de otra cosa. Los templos y edificios soberbios, palacios suntuosos, muebles especiales, calles espaciosas, carrozas, tabernáculos, caballos frisones (salvo que son de azabache), literatos á pasto, academias como paja, plaza abundantísima, comercio grande y bullicioso, hombres que corren, damas que vuelan y frailes que bailan.

240. Este es el pueblo en donde vivo, las campañas, jardines, palacios, bosques, huertas, arroyos, rios, pozos, fuentes : y en una misma pieza, viña, monte, tierra y huerta. Los caminos públicos, como las calles de los jardines reales de Aranjuez y San Ildefonso; los alimentos de bella apariencia, pero de poca sustancia. El vino es la mitad agua, pero sabe á vino. Las damas mas damas lo beben como allá se bebe la orchata. Puede hacer hidrópicos, pero no borrachos; hablo del vino venal. Está Vm. obedecido en la descripcion que me pide de esta region, y lo estará siempre en todo lo que dependiere de mí. Lo mismo digo al otro Vm. porque de entrambos soy uno : y lo rubrico.

(P. Isla, *Cartas.*)

Consejos de buen gobierno.

(21e Semaine.) **241.** Primeramente, ó hijo, has de temer á Dios : porque en el temerle está la sabiduría, y siendo sabio no podrás errar en nada. Lo segundo, has de poner los ojos en quien eres, procurando conocerte á tí mismo que es el mas difícil conocimiento que puede imaginarse. Del conocerte, saldrá el no hincharte como la rana, que quiso igualarse con el buey; que si esto haces, vendrá á ser feos pies de la rueda de tu locura, la consideracion de haber guardado puercos en tu tierra... Los no de principios nobles deben acompañar la gravedad del cargo que ejercitan con una blanda suavidad, que guiada por la prudencia, les libre de la murmuracion maliciosa, de quien no hay estado que se escape. Haz gala, Sancho, de la humildad de tu linaje, y no te desprecies de decir que vienes de labradores; porque viendo que no te corres, ninguno se pondrá á correrte : y preciate mas de ser humilde virtuoso que pecador soberbio.

242. Innumerables son aquellos que de baja estirpe nacidos, han subido á la suma dignidad pontificia ó imperatoria, y de esta verdad te podria traer tantos ejemplos que te cansarian. Mira, Sancho, si tomas por medio á la virtud, y te precias de hacer hechos virtuosos, no hay para que tener envidia á los príncipes y señores, porque la sangre se hereda y la virtud se aquista, y la virtud vale por sí sola lo que la sangre no vale. Siendo esto así, como lo es, si acaso viniere á verte, cuando estés en tu Insula, alguno de tus parientes, no le deseches, ni le afrentes; ántes le has de acoger, agasajar y regalar : que con esto satisfarás al cielo, que gusta que nadie se desprecie de lo que él hizo, y corresponderás á lo que debes á la naturaleza bien concertada.

243. Si trujeres á tu mujer contigo (porque no es bien que los que asisten á gobiernos de mucho tiempo estén sin las propias) enséñala, doctrínala y desbástela de su natural rudeza; porque todo lo que suela adquirir un gobernador discreto, suele perder y derramar una mujer rústica y tonta. — Si acaso enviudares (cosa que puede suceder) y con el cargo mejorares de consorte, no la tomes tal que te sirva de anzuelo y de caña de pescar, porque en verdad te digo que de todo aquello que la mujer del juez recibiere ha de dar cuenta el marido en la residencia universal, donde pagará con el cuatro tanto en la muerte, las partidas de que no se hubiere hecho cargo en la vida. —Nunca te guies por la ley del encaje, que suele tener mucha cabida con los ignorantes que presumen de agudos. — Hallen en tí mas compasion las lágrimas del pobre; pero no mas justicia que las informaciones del rico. — Procura descubrir la verdad por entre las promesas y dádivas del rico, como por entre los sollozos é importunidades del pobre. — Cuando pudiere y debiere tener lugar la equidad, no cargues todo el rigor de la ley al delincuente, que no es mejor la fama del juez riguroso que la del compasivo.

244. Si acaso doblares la vara de la justicia, no sea con el peso de la dádiva, sino con el de la misericordia. — Cuando te sucediere juzgar algun pleito de algun tu enemigo, aparta las mientes de tu injuria, y pónlas en la

verdad del caso. — No te ciegue la pasion propia en la causa ajena, que los yerros que en ella hicieres, las mas veces serán sin remedio; y si la tuviesen, será á costa de tu crédito, y aun de tu hacienda. — Si alguna mujer hermosa viniere á pedirte justicia, quita los ojos de sus lágrimas, y los oidos de sus gemidos, y considera despacio la sustancia de lo que pide, si no quieres que se anegue tu corazon en su llanto, y tu bondad en sus suspiros.

245. Al que has de castigar con obras, no trates mal con palabras, pues le basta al desdichado la pena del suplicio, sin la añadidura de las malas razones. — Al culpado que cayese debajo de tu jurisdiccion, considérale hombre miserable sujeto á las condiciones de la depravada naturaleza nuestra, y en cuanto fuese de tu parte, sin hacer agravio á la contraria, muéstratele piadoso y clemente: porque, aunque los atributos de Dios son todos iguales, mas resplandece y campea á nuestro ver el de la misericordia, que el de la justicia. — Si estos preceptos y estas reglas sigues, Sancho, serán luengos tus dias, tu fama será eterna, tus premios colmados, tu felicidad indecible, casarás tus hijos como quisieres, títulos tendrán ellos y tus nietos, vivirás en paz y beneplácito de las gentes, y en los últimos pasos de la vida, te alcanzará el de la muerte en vejez suave y madura, y cerrarán tus ojos las tiernas y delicadas manos de tus terceros nietezuelos.

(Cervántes, *Quijote.*)

[N. 1547. — M. 1616.]

Batalla de Antonio Galban, capitan portugués en Ternate, contra Dayalo, nuevo rey de las islas Molucas.

246. Entre tanto Galban, habiendo prendido un tidore y obligádole á guiarles, partió en la cuarta vigilia de la noche con los suyos por sendas léjos de la ciudad, silvestres é incultas, y con el mayor silencio que pudo, llegó á la cumbre del monte. Habian andado los portugueses la mayor parte de su camino con la primera luz del alba; y descansando algo del trabajo descubriéron los morriones y plumas del enemigo que resplandecian. Galban entónces dando una voz, y aclamando, todos dijéron: *Al arma! al arma!*

247. Los coligados con alaridos horrendos que herian en los peñascos y espesura de los bosques, venciendo su turbacion se apercibiéron; pero luego conociéron que habian de ser presa de los nuestros. Comenzáron á pelear, y ante todos el rey Dayalo por la rabia de verse despojado, acudió con algunas compañías á ocupar los pasos, y salió á encontrar á los portugueses en un llano. Veíase Dayalo, armada la cabeza con celada resplandeciente, adornada de varias y altas plumas, y el cuerpo de coraza escamada de acero, blandiendo y jugando á dos manos una lanza como antena, cerrar con ímpetu desesperado. Pero arrojándose entre nuestras picas y arcabuces sin tiento, recibió algunas heridas por todas partes, y cayó rabiando. Era dotado de robustísimas fuerzas, y con ellas se levantó de presto. Pudo disimular las heridas y el dolor; y por no poner miedo á los suyos, proseguir la batalla delante de las primeras banderas.

248. Pelcó buen rato, pero como no le curáron, y el ejercicio hizo que la sangre manase mas aprisa, faltándole ya la vista, volvió á caer segunda vez, solo habló con los de su guarda, diciendo : «Apartaos de aquí lo mas presto « que pudiéredes, y llevadme con cuidado, porque los « canes (este nombre daba á los portugueses) no se gozen « de despedazar mi cuerpo. » Hiciéronlo así sus soldados y no sin notable peligro ; poco despues él, escapado de la batalla, rindió aquella ánima soberbia.

(Bartolomé Argensola, *Hist. de la conq. de las islas Molucas.*)
[N. 1566.—M. 1631.]

La Amistad.

249. Ya sé las obligaciones que tienen los amigos ; yo sé la fidelidad que deben á los que lo son verdaderos ; yo sé que el amigo es un refugio contra la infelicidad, una dicha que no falta, y un nombre que se desea mucho, y apénas se consigue con perfeccion ; sé que es tanta la fuerza de la amistad, y que excede tanto á nuestra naturaleza, que el verdadero amigo, para serlo, ha de pasar los límites de humano. Sin duda que vos ignorais sus leyes, pues no veis que se há de anteponer á todas las cosas del siglo, de donde infiero justamente, que hasta ahora no habeis sabido serlo. Mas porque de aquí adelante lo sepais, atendiendo á lo que ya granjeo en serlo vuestro, oíd estos preceptos, y aunque os parezcan de mi boca, pensád que los ois á Séneca, Tulio y Quintiliano, cuyos son en su orígen.

250. La muchedumbre suele engendrar cansancio; y así procuraré en la brevedad excusar el digusto que en él pudieran adquirir vuestros sentidos, reduciéndolos á dos solos; los cuales como firmísimos polos, sustentan, tienen y conservan la amistád. La primera y mas importante observancia que ha de tener el amigo, es no pedir á su amigo cosas injustas, ni hacerlas aunque se las haya pedido; porque no es disculpa en hombre cuerdo el decir : « Este yerro cometí por mi amigo, » principalmente cuando la prudencia da lugar á la prevencion para remediarle, ó á lo ménos para conocerle.... La segunda observancia ó precepto es, que el amigo desee para su amigo lo que para sí parece apetecible, y á su ser, á su estado, ó su salud conveniente....

251. Esta es la mas alta fineza de la amistad, en esto muestra su caudal y su fuerza; la cual moderada con la prudencia que en el primer precepto advertimos, hace las cosas prósperas mas grandes, y las adversas mas leves. ¿Qué cosa hay tan dulce como tener un hombre á un amigo con quien puede hablar como consigo mismo? ¿Qué cosa se puede imaginar tan feliz, como tener con quien atreverse á todo, de quien recibirlo (siendo justo) todo, y á quien negar (prevista la misma circunstancia) nada? ¿Qué cosa hay mas fuerte contra las penas? ¿Qué auxilio mas cierto contra la adversa fortuna? ¿Qué ayuda mas segura en las adversidades? ¿Qué consuelo mas cuerdo en las aflicciones? ¿Qué prevencion mas alentada en los riesgos? ¿Qué defensa mas útil en los daños?

252. Y últimamente, ¿ qué auxilio, qué ayuda, qué aliento, qué prevencion, qué defensa en la adversidad, en la afliccion, en el riesgo, en el daño, ni en el peligro, mas fuerte, mas segura, mas cierta, mas alentada, ni mas útil que la amistad ? pues que como la sangre en el cuerpo, hace parentesco en los ánimos. Siendo todo esto así, y siendo la amistad sangre del alma (permítase esta tosca locucion por la singular semejanza) culpada queda la vuestra en pedirme lo que no os ha de estar bien, y disculpada la mia, en no hacer lo que pedis cuando la ha de estar tan mal.

(Quintana, *Hipólito y Aminta.*)

D. Antonio Solis á D. Antonio Carnero.

(*22e Semaine.*) **253.** Señor y amigo : me dejan las cartas de Vm. igualmente gustoso y favorecido ; pero no puedo negar que perdonará la de hoy, por el daño que pudo hacer á la fluxion de la boca el ejercicio de la cabeza Déjame cuidadoso este accidente, que para mí no hay achaques leves en lo que tanto me importa, como la salud de Vd ; la mia se conserva en estado que puede resistir un invierno muy riguroso, á costa de algun cuidado en mirar prolíjamente por el individuo. Todos se quejan de los grandes frios, é yo me doy por desentendido de la vejez, cuando veo que los mozos andan atezados, y se llegan al brasero, y echan al tiempo que hace, la culpa que yo pudiera achacar al que se tiene. Muy consolado me deja la noticia que Vm me da, de que mi señora doña N. queda con la mejoría de no hallarse peor de sus achaques; porque á lo ménos logrará su señoría el alivio de no curarse, y vivirá lejos de médicos. Yo hago lo que me mandan, cuando los he menester; pero sé que mandan á Dios y á ventura, y estoy con inteligencia de que hay muchos quemados, que obráron ménos contra la naturaleza.

254. Mi libro (1) está ya acabado, y he encargado cómo han de encaminarse los dos que han de pasar á Flándes: uno para Vm. y otro para su excelencia, cuya censura temo, no tanto por su grandeza, como por aquella misma discrecion que hace amable su compañía y mal acondicionado su paladar; no hay sino entrar en el oficio de lector con aquel género de benignidad que se demanda en los prólogos, y si se hallare alguna bobería, acudir primero á las erratas, y despues al errador. Mi familia me pide envie á Vm. sus memorias, y todos se alegran cuando ven carta de Vm; no sé si saben que me lisonjean. Yo me pongo á los piés de mi señora doña N. con aquella veneracion que debo. 4 de Enero 1685.

(Solís, *Cartas.*)

La invencion de la tinta.

255. Entrámos en la ciudad por una puerta coronada de una media esfera, donde trabadas las manos se veian las siete artes liberales; la gramática, dialéctica, retórica,

---

(1) La *Historia de la conquista de Méjico.*

aritmética, música, geometría y astronomía. Las puertas eran de aquel bronce ó metal corintio que tanto celebró la antigüedad, gravadas con tan hermosos relieves de figuras, que me obligó á preguntar á Pilodoro, quien era el artífice, y qué historia contenian?

256. En esta puerta, me dijo, está gravada la invencion de la tinta por mano de un gran artífice florentin, cuyo ingenio y sútil buril, dilata su fama por los confines de la tierra.

257. ¿No ves (me explicaba levantando el brazo, y tendida la mano) aquella turba de hombres, que con grave y severo semblante, despreciador de todos los sentimientos y comodidades humanas, mira con desestimacion á aquella doncella, que con una corona de oro en la cabeza y un clarin en la mano, da muestras de huir, corrida de sus baldones y desprecios, queriendo volar sobre aquel áspero monte?

258. Esta, pues, es la gloria, y aquellos son filósofos estoicos, que se burlan de ella, excluyéndola del número de los verdaderos bienes del hombre; como á felicidad ajena del ánimo, y fuera de su potestad, nacida de la opinion ajena; de lo cual afrentada, levanta el vuelo, y seguida de algunos espíritus alentados, llega á la cima del monte, y postrada á los piés de la virtud su madre, que vive entre aquellas soledades, acompañada de la vigilancia, de la fatiga, y del arte, damas que siempre la asisten, le refiere los agravios y desestimaciones de los filósofos.

259. La virtud la consuela representándole los efectos de su fama en los hechos de los varones pasados, y de aquellos que en los siglos venideros han de abrir por el océano nuevos rumbos y caminos, hasta descubrir otros mundos, siendo estrecho á sus ánimos el que hoy se conoce.

260. « Con lo mismo, le responde la gloria, que procuras, madre mia, consolarme, acrecentas la causa de mi llanto : porque, si bien es grande esta fama, tú sabes que es vana y caduca, pendiente de los labios ajenos, y formada de palabras ligeras, hijas del viento de quien nacen y en quien luego mueren, dejando triunfante al olvido mi mayor enemigo. »

261. Estas palabras de la gloria, acompañadas de lágrimas, como lo descubre su semblante, obligan á la virtud á ordenar al arte, que es aquella doncella en cuyos hombros tiene puesta la mano, que procure el remedio con que pueda perpetuarse la fama.

262. Obedece el arte, y mas adelante le verás consultar el remedio con la noche, representada en aquella doncella, cuyo manto sembrado de estrellas le cubre la mitad del rostro.

263. Esta le dice, que así como en lo oscuro de su manto escribió el gran arquitecto de los orbes sus eternos decretos con carácteres de luz, así sobre blanca carta se podian delinear con tinta negra los conceptos del ánimo, dándoles cuerpo, y fijando, á pesar del olvido, las palabras, con la misma oscuridad en que él procuraba ocultar ó sepultar á la fama.

264. El arbitrio de la noche agradó al arte, y queriendo disponerse á hacer la tinta, los dioses que entre aquellas nubes están atentos al caso, anteviendo que con tal invencion habia la gloria de llegar á ser diosa, procuran anticiparse á lisonjear su voluntad; y para perfeccion de la obra que intenta, Baco le suministra el vino, Júpiter las agallas de encina, Pomona la goma arábiga, Vesta el vitriolo, Febo el calor: del cual y de aquellos materiales resulta la tinta, que está en aquellas redomas, y has visto en esos fosos; que es la que hace inmortal á la gloria, y por quien se conserva esta república.

(Saavedra, *República literaria.*)

Navegacion en el mar Glacial.

(*23e Semaine.*) **265.** Sucedió, pues, que un porfiado viento nos salteó una noche, que sin dar lugar á que amainásemos algun tanto ó templásemos las velas, en aquel término que las halló, las tendió y acosó de modo, que, como he dicho, mas de un mes navegámos por una misma derrota; tanto que tomando mi piloto la altura del polo donde nos tomó el viento, y tanteando las aguas que haciamos por hora y los dias que habiamos navegado, hallámos ser cuatrocientas leguas poco mas ó ménos.

266. Volvió el piloto á tomar la altura y vió que estaba debajo del norte en el paraje de Noruega, y con voz grande y mayor tristeza dijo: « Desdichados de nosotros « que si el viento no nos concede dar la vuelta para seguir « otro camino, en este se acabará el de nuestra vida, por- « que estamos en el mar glacial, digo en el mar helado, « y si aquí nos saltea el hielo, quedarémos empedrados « en estas aguas. »

267. Apénas hubo dicho esto, cuando sentímos que el

navío tocaba por los lados y por la quilla, como en movibles peñas, por donde se conoció que ya el mar se comenzaba á helar; cuyos montes de hielo, que por de dentro se formaban, impedian el movimiento del navío : amainámos de golpe, porque topando en ellos no se abriese, y en todo aquel dia y aquella noche se congeláron las aguas tan duramente, y se apretáron de modo, que cogiéndonos en medio, dejáron el navío engastado en ellas, como lo suele estar la piedra en el anillo.

268. Casi como en un instante comenzó el hielo á entumecer los cuerpos, y á entristecer nuestras almas, y haciendo el miedo su oficio, considerando el manifiesto peligro, no nos dímos mas dias de vida, que los que pudiese sustentar el bastimento; desde aquel punto se puso tasa, y se repartió por órden, tan miserable y estrechamente, que desde luego comenzó á matarnos la hambre.

269. Tendímos la vista por todas partes, y no topámos con ella en cosa que pudiese alentar nuestra esperanza, si no fué con un bulto negro que á nuestro parecer estaria de nosotros seis ú ocho millas; pero luego imaginámos que debia de ser algun navío, á quien la comun desgracia del hielo tenia aprisionado : este peligro sobrepuja y se adelanta á los infinitos en que de perder la vida me he visto, porque un miedo dilatado y un temor no vencido fatiga mas el alma, que una repentina muerte : que en el acabar súbito se ahorran los miedos y los temores que la muerte trae consigo, que suelen ser tan malos como la misma muerte.

270. Esta, pues, que nos amenazaba tan hambrienta como larga, nos hizo tomar una resolucion, si no desesperada, temeraria por lo ménos, y fué que considerámos que si los bastimentos se nos acababan, el morir de hambre era la mas rabiosa muerte que puede caber en la imaginacion humana, y así determinámos de salirnos del navío, y caminar por encima del hielo, y ir á ver si en el que se parecia, habria alguna cosa de que aprovecharnos, ó ya de grado ó ya por fuerza : púsose en obra nuestro pensamiento y en un instante viéron las aguas sobre sí formado con piés enjutos un escuadron pequeño, pero de valentísimos soldados, y siendo yo la guia, resbalando, cayendo, levantando, llegámos al otro navío, que lo era casi tan grande como el nuestro.

271. Habia gente en él, que puesta sobre el borde, adivinando la intencion de nuestra venida, á voces comenzó uno á decirnos : « ¿ Á qué venis, gente desespe-« rada? ¿ que buscais? ¿ venis por ventura á apresurar « nuestra muerte, y á morir con nosotros? Volveos á vues-« tro navío, y si os faltan bastimentos, roed las jarcias y « encerrad en vuestros estómagos los embreados leños si « es posible, porque pensar que os hémos de dar acogida, « será pensamiento vano, y contra los preceptos de la ca-» ridad que ha de comenzar de sí mismo : dos meses di-« cen que suele durar este hielo que nos detiene; para » quince dias tenemos sustento ; si es bien que lo repar-« tamos con vosotros, á vuestra consideracion lo dejo. » Á lo que yo le respondí : » En los apretados peligros » toda razon se atropella : no hay respeto que valga, ni » buen término que se guarde ; acogednos en vuestro » navío de grado, y juntarémos el bastimento que en el « nuestro queda, y comámoslo amigablemente, ántes que

» la precisa necesidad nos haga mover las armas y usar » de la fuerza. »

272. Esto le respondí yo, creyendo no decian verdad en la cantidad del bastimento que señalaban; pero ellos, viéndose superiores y aventajados en el puesto, no temiéron nuestras amenazas, ni admitiéron nuestros ruegos; ántes arremetiéron á las armas y se pusiéron en órden de defenderse. Los nuestros, á quien la desesperacion, de valientes hizo valentísimos, añadiendo á la temeridad nuevos brios, arremetiéron al navío, y casi sin recibir herida, le entráron y le ganáron, y alzóse una voz entre nosotros, que á todos les quitásemos la vida para ahorrar de bocas y de estómagos, por donde se fuese el bastimento que en el navío hallásemos. Yo fuí de parecer contrario, y quizá por tenerle bueno en esto, nos socorrió el cielo como despues diré.

(Cervántes, *Pérsiles y Sigismunda.*)

La Gitana vieja.

273. Lo primero con que encontré en el camino fué con una escuadra de gitanos. Mirad que gente para reducirme, y alivio para enmendarme. Como era muchacho de razonable brio, y de sazonado despejo, me llegué á ellos, commencé á hablarles con mi natural donaire, y gustáron de que caminase en su compañía, y los siguiese.

274. Iba entre la cuadrilla una vieja, que hasta hoy no acabo de desengañarme si era demonio ó gitana, porque tan fiero rostro no parece que podia ser humano.

275. Tenia la frente llena de encontradas arrugas; la

cabeza vestida de una sucia toca, y desnuda de cabellos; los ojos tan hundidos que se avecindaban mas al célebro que á las cejas; solo tenian de bueno que siempre hacian sombra á sus niñas dos nubes de razonable tamaño; la nariz, se habia torcido á un lado como tapia vieja, y las mejillas cansadas de tenerla, se le habian hundido horriblemente; en la boca habian quedado tres dientes, tan largos, que no servian mas que de apuntalar las encías, y tan limpios, que yo los tuve por de hierro, y otros los juzgaban de alquimía.

226. La barba era del tamaño de la nariz, y á porfía (puede ser que de vergüenza) procuraban que no pareciese la boca, pues tal vez las ví ofenderse por demasiado vecinas. Bien sé que no es posible pintarla con toda verdad, y así os suplico que pase este retrato por bosquejo de su extraña y desigual figura. Empezó á inclinárseme de suerte, que siempre la hallaba junto á mí, llamábame hijo con una voz tan desconforme, que quisiera mas oir contra mí á un trompeta comenzando á aprender y siendo mi vecino.

(Quintana, *Hipólito y Aminta.*)

El cuerdo presumido de discreto.

(21e Semaine.) **227.** En la casa de locos de Sevilla, estaba un hombre á quien sus parientes habian puesto allí por falta de juicio. Era graduado en cánones por Osuna; pero aunque lo fuera por Salamanca, segun opinion de muchos no dejára de ser loco. Este tal graduado, al cabo de algunos años de recogimiento se dió á enten-

der que estaba cuerdo y en su entero juicio, y con esta imaginacion escribió al arzobispo, suplicándole encarecidamente y con muy concertadas razones, le mandase sacar de aquella miseria en que vivia, pues por la misericordia de Dios habia ya cobrado juicio perdido; pero que sus parientes, por gozar de la parte de su hacienda, le tenian allí, y á pesar de la verdad querian que fuese loco hasta la muerte.

228. El arzobispo, persuadido por sus muchos billetes concertados y discretos, mandó á un capellan suyo se informase del rector de la casa si era verdad lo que aquel licenciado le escribia, y que así mismo hablase con el loco, y que, si le pareciese que tenia juicio, le sacase y pusiese en libertad. Hízolo así el capellan, y el rector le dijo que aquel hombre aun estaba loco, que puesto que hablaba muchas veces como persona de gran entendimiento, al cabo disparaba con tantas necedades, que en muchas y en grandes igualaban á sus primeras discreciones, como se podia hacer la experiencia hablándole.

229. Quiso hacerla el capellan, y poniéndose con el loco, habló con él una hora y mas, y en todo aquel tiempo jamás el loco dijo razon torcida ni disparatada; ántes habló tan acertadamente, que el capellan fué forzado á creer que el loco ya estaba cuerdo; y entre otras cosas que el loco le dijo, fué que el rector le tenia ojeriza, por no perder los regalos que sus parientes le hacian, porque dijese que aun estaba loco y con lúcidos intervalos; y que el mayor contrario que en su desgracia tenia era su mucha hacienda, pues por gozar de ella sus enemigos ponian dolo, y dudaban de la merced que nuestro señor le habia hecho de volverle de bestia en hombre. Finalmente él habló de tal manera, que hizo sospechoso al rector, codiciosos y desalmados á sus parientes, y á él tan discreto, que el capellan se determinó á llevarle consigo á que el arzobispo le viese, y tocase con la mano la verdad de aquel negocio.

280. Con esta buena fé el buen capellan pidió al rector mandase dar los vestidos con que allí habia entrado el licenciado; volvió á decir el rector que mirase lo que hacia, porque sin duda alguna el licenciado aun se estaba loco. No sirviéron de nada para con el capellan las prevenciones y advertimientos del rector para que dejase de llevarle : obedeció el rector viendo ser órden del arzobispo : pusiéron al licenciado sus vestidos, que eran nuevos y decentes; y como él se vió vestido de cuerdo y desnudo de loco, suplicó al capellan que por caridad le diese licencia para ir á despedirse de sus compañeros los locos. El capellan dijo que él le queria acompañar y ver los locos que en la casa habia. Subiéron en efecto, y con ellos algunos que se halláron presentes; y llegado el licenciado á una jaula adonde estaba un loco furioso, aunque entónces sosegado y quieto, le dijo :

281. « Hermano mio, mire si me manda algo, que « me voy á mi casa, que ya Dios ha sido servido por su « infinita bondad y misericordia, sin yo merecerla, de « volverme mi juicio : ya estoy sano y cuerdo, que acerca « del poder de Dios ninguna cosa es imposible. Tenga « grande esperanza y confianza en él, que pues á mí me « ha vuelto á mi primer estado, tambien le volverá á él, si « en él confia; yo tendré cuidado de enviarle algunos re« galos que coma, y cómalos en todo caso, que le hago

« saber que imagino, como quien ha pasado por ello, que « todas nuestras locuras proceden de tener los estómagos « vacíos, y los célebros llenos de aire : esfuércese, esfuér- « cese, que el descaecimiento en los infortunios apoca la « salud y acarrea la muerte. »

282. Todas estas razones del licenciado escuchó otro loco, que estaba en otra jaula frontero de la del furioso, y levantándose de una estera vieja donde estaba echado y desnudo en cueros, preguntó á grandes voces quien era el que iba sano y cuerdo. El licenciado respondió : « Yo soy, hermano, el que me voy, que ya no tengo ne- « cesidad de estar mas aquí, por lo que doy infinitas gra- « cias á los cielos, que tan grande merced me han hecho. « — Mirad lo que decis, licenciado, no os engañe el dia- « blo replicó el loco ; sosegad el pié y estaos quedito « en vuestra casa, y ahorrareis la vuelta. — Yo sé que « estoy bueno, replicó el licenciado, y no habrá para que « tornar á andar estaciones. »

283. « ¿ Vos bueno? dijo el loco : ahora bien andad « con Dios ; pero yo os voto á Júpiter, cuya majestad yo « represento en la tierra, que por solo este pecado, que « hoy comete Sevilla en sacaros desta casa y en teneros « por cuerdo, tengo de hacer un tal castigo en ella, que « quede memoria de él por todos los siglos de los siglos, « amen... ¿ No sabes tú, licenciadillo menguado, que le « podré hacer, pues, como digo, soy Júpiter tonante, que « tengo en mis manos los rayos abrasadores, con que puedo « y suelo amenazar, y destruir el mundo? Pero con sola « una cosa quiero castigar á este ignorante pueblo, y es « con no llover en él ni en todo su distrito y contorno por

« tres años, que se han de contar desde el dia y punto en « que ha sido hecha esta amenaza en adelante... ¿Tú libre, « tú sano, tú cuerdo; y yo enfermo, y yo atado? Así « pienso llover, como pienso ahorcarme. »

284. Á las voces y á las razones del loco estuviéron los circunstantes atentos; pero nuestro licenciado volviéndose á nuestro capellan, y asiéndole de las manos, le dijo: « No tenga vuestra merced pena, señor mio, ni haga caso « de lo que este loco ha dicho, que si él es Júpiter, y no « quisiere llover, yo que soy Neptuno el padre y el dios de « las aguas, lloveré todas las veces que me antojare y fuere « menester. » — Á lo que respondió el capellán: « Con todo « eso, señor Neptuno, no será bien enojar al señor Júpiter: « vuesa merced se quede en su casa, que otro dia, cuando « haya mas comodidad y mas espacio volverémos por « vuesa merced. » Rióse el rector y los presentes, por cuya risa se medio corrió el capellan. Desnudáron al licenciado, quedóse en casa, y loco se quedó con la presuncion de discreto.

(Cervántes, *Don Quijote.*)

Antonio Perez al rey Enrique IV.

285. El pintor que deja ver sus obras á todas luces no desea engañar. Ya V. M. me ha visto privadamente. Si los que poco valen por sí ó por su fortuna se suelen no echar de ver, ni ser objeto de ningun sentido, ya no solo me ha visto V. M. como pintura (cuales se presentan todos, y de los mejores colores que cada uno puede, ante los reyes, al contrario de como se presentan ante Dios), pero algunas veces le he abierto estas entrañas: las imperfecciones y afectos naturales, digo, de ignorancia, de dolor, de desconsuelo, de desconfianza, de quejas miserables, perdidas y aun peligrosas, en los oidos de reyes, si no son hombres ó Dios.

286. Agora verá V. M. ó mándese referir esa parte de los manantiales de mis persecuciones y fortuna; que no le doy su nombre, porque aun está por ver si es buena ó mala; que muchas veces un accidente, al parecer peligroso, libra de algun grave daño, como el salir de un navío por algun tal caso, de no perecer en él, y aun ser el medio de bienes imaginables. Quizá le será á V. M. de algun advertimiento el oir la suma de esta historia: porque los grandes maestros y artífices suelen aprender mas de un error de otro, grande en su profesion, que de sus acertamientos; como los grandes marineros del escarmiento de un encuentro desconcertado de otro marinero en un escollo.

287. Y ningun peñasco, señor, mas peligroso para dar al través navíos grandes, que la pasion. Pues, ¿qué será, si á todas velas del poder absoluto? No suele quedar raja entera del navío. No van estas razones, señor, con miedo de que puedan ofender, pues el natural y obras de V. M. son todo al contrario de lo que digo; tales, digo, que ha de venir á ser el jeroglífico de la piedad y justicia el nombre de Enrique IV de Borbon. Señor, esta carta tenia escrita para enviar á V. M. de mi mano en compañía de este libro.

288. Despues he resuelto que guien al libro donde quiera que fuere, y que topen con ella primero en todas partes, para que si ese nombre de Antonio Perez, por ir solo, no hallare acojida ni gracia en los vasallos del respeto humano, la halle por el respeto á tal príncipe, con el nombre de criado de V. M.; si no fuere mas fuerte en algunos ánimos el respeto al enojo y persecucion de un príncipe, que al respeto y piedad de otro. Pero cuándo tal fuere, la fortuna misma, enemiga de cobardes, les dará el pago natural á la adulacion, con la nota de la cobardía y con la pérdida de la gloria de no haber seguido el bando mas noble y excelente de todas las cosas naturales. En las obras de Dios, sabemos que sobrepujan las de la piedad á todas las otras, que la piedad fué la mayor obra que hizo Dios, y de que él mas se honra.

(Antonio Perez, *Cartas.*)
[N. 1539.—M. 1611.]

Fr. Luis de Leon y Fr. Luis de Granada.

(25e *Semaine.*) **289.** Considerando en general las calidades oratorias de los escritos de Fr. Luis de Leon, el lenguaje es grave y subido, con un sabor de antigüedad lleno de majestad y grandeza, y la diccion es pura y propia. Es profundo y propio en su raciocinio; y aunque su profundidad daña alguna vez á la claridad, su solidez siempre es animada y elocuente. En medio de la desigualdad y cierto desórden de estilo, se le caen de la pluma algunos pensamientos sublimes, que así sueltos y separados, reciben mas brillo y realce. Otras veces junta y amontona nobilísimas expresiones, que derrama con magnífica profusion, y cierta negligencia propia de la misma abundancia. Parece que solo él poseyó el secreto de la lengua castellana, que manejada por su pluma, descubre cierta seriedad anciana y altiva, y cierta índole dura pero valiente. Su elocucion es mas nerviosa que dulce y mas suave que elegante.

290. Cria algunas veces locuciones que son todas suyas, cuando lo son sus pensamientos. Verdad es que él fué, como si dijésemos, el primero que hizo esclava á la lengua de su pluma, para darle número é intonacion; aunque tambien este número le sujetó algunas veces á quebrantar el órden de las ideas con la invencion violenta de las palabras. En algunas partes, á las cosas comunes realza hasta donde raya su imaginacion. En otras, junta una expresion familiar con un pensamiento magnífico; y entónces admira mas, porque es grande sin parecerlo. Su estilo que parece lo formó sobre el gusto oriental, en fuerza de su inteligencia en la lengua santa, está animado de pinturas. Todas sus imágenes son vivísimas y naturales, tomadas de los objetos mas magníficos ó admirables, y casi siempre de objetos en movimiento. Esto se manifiesta mas claramente en su exposicion de Job, cuya diccion es, á mi juicio, la mas escogida, rica y enérgica de todos los demas escritos suyos de prosa castellana, y donde relampaguean rasgos de la mas sublime y animada elocuencia, que hasta hoy puedan presentarse en ninguna lengua vulgar.

291. Como entre el mérito de Fr. Luis de Leon y de Fr. Luis de Granada están vacilantes las opiniones, y la palma de la elocuencia, algunos apasionados al primero, la disputan, ó, á lo ménos, con repugnancia la conceden al segundo, convendria que aquí siguiésemos un paralelo entre estos dos insignes escritores, que seria el modo mas fácil de sentenciar mejor el valor intrínseco y extrínseco que los distingue á entrambos. Si fuesen semejantes en el género y en la materia en que escribiéron, y la cantidad de los escritos de ambos fuese en igual proporcion, entónces seria mas exacto el cotejo, y mas decisivo en favor del uno ó del otro. Pero por lo que puedo juzgar en general de la prosa del maestro Leon, hallo que sus pensamientos son ménos vagos y comunes que los del maestro Granada, y ciertamente mas poéticos. Sus símiles tambien son mas propios y expresivos, las comparaciones mas nobles y adecuadas, y los contrastes estriban mas en las ideas que en las palabras. En la elocucion tiene mas nervio y originalidad que Granada; pero tiene ménos redondez, grandiosidad y dulzura. Sus pinceladas tienen mas colorido y sombras mas fuertes; bien que no tanta correccion y asiento. En la grandeza y alteza de las ideas, son iguales; pero Leon respira mas fuego y ménos artificio retórico.

292. Sublime es tambien este como Granada; pero mas en las imágenes que en los sentimientos. Y como Granada exhortaba, persuadia y reprendia en sus escritos, por esto va derecho al corazon del lector: y esta es la causa de tener mas uncion, sobre todo en lo patético, que no pertenecia al género de escribir ni á los asuntos de Leon. Este podia no sentir tanto como Granada; pero pintaba con mas vigor lo que sentia; y así hablaba mas á los sentidos, porque se servia de su imaginacion rica y fecunda. Por último he advertido que la pluma de Granada era mas suelta, mas ejercitada, y su estilo mas fácil y suave; pero el esmero particular que confiesa el mismo Leon que puso en la medida, peso y exámen de cada palabra, se habia de sentir despues. Sin embargo, á pesar de este cuidado, únicamente consiguió dar cierto número y colorido á las frases; porque solo Granada fué criador de la armonía y elegancia castellana. Pero los pensamientos de Leon son tan profundos, y la expresion tan nueva, ó con mas propiedad, tan suya, que su mismo estilo ha venido á ser su retrato y su divisa, que le distingue, le caracteriza, y le ha hecho hasta ahora inimitable. Es una librea con que no puede disfrazarse ningun otro escritor.

(Capmany, *Disc. sobre la elocuencia española.*)

[M. 1810.]

Consejo tenido por los catalanes y los aragoneses sitiados en Galipoli.

293. Habia entre los capitanes de Galipoli diversas opiniones sobre el modo de hacer la guerra; y así convino que las principales cabezas se juntasen en consejo para resolverse. Berenguer de Entenza dijo: « Si el valor y esfuerzo de hombres que naciéron como nosotros, amigos y compañeros, en algun trabajo y desdicha pudiera faltar, pienso sin duda que fuera en la que hoy padecemos, por ser la mayor y mas cruel con que la variedad humana suele afligir los mortales, el ser perseguidos, maltratados y muertos, por los que debiéramos ser amparados y defendidos. ¿ De qué sirviéron las victorias, tanta sangre derramada, tantas provincias adquiridas, si al tiempo que se esperaba justa recompensa, debida á tantos servicios, con bárbara crueldad se ejecuta contra nosotros lo que vemos, y apénas damos crédito?

294. «Por mayor suerte juzgo la de nuestros compañeros que muriéron sin sentir el agravio, que la nuestra que habemos de perecer con tan vivo sentimiento; porque dejar de tomar satisfaccion de tantas ofensas, y retirarnos á la patria, fuera indigno de nuestro nombre, y de la fama que por largos años habemos conservado; ni los deudos, ni amigos nos recibieran en la patria, ni ella nos conociera por hijos, si, muertos nuestros compañeros alevosamente, no se intentara la venganza, y se borrara con sangre enemiga nuestra afrenta. Las pocas fuerzas que nos quedan, avivadas con el agravio, al mayor poder se podrian oponer, y mas favorecidas de la razon que tan claramente está de nuestra parte. Vuestro ánimo invencible en la dificultad cobra valor, y en el mayor peligro, mayor esfuerzo.

295. «El Asia quedó libre de la sujecion de los turcos por nuestras armas, nuestra reputacion y fama tambien lo ha de quedar por ellas; y si la Grecia se admira de tantas victorias, hoy sentirá el rigor de nuestras espadas que no supo conservar en su favor y defensa. Todos nos deben tener por perdidos, ó por lo ménos navegando la vuelta de Sicilia con los navíos y galeras que nos quedan; pero su daño les desengañará, que ni el ánimo nos acobardó, ni el agravio ántes de su venganza permitió nuestra vuelta. Defender á Galipoli, es lo que ahora nos importa, por estar á la entrada del estrecho, de donde se puede impedir la navegacion y trato de estos mares, siempre que no corrieren por ellas armadas superiores á la nuestra, y así es forzoso buscar bastimentos y dinero para sustentarle.

296. « Los socorros tenemos léjos, tardes y quizá dudosos, porque á nuestros reyes ocupan otros cuidados mas vecinos. Todos los príncipes y naciones que nos rodean son enemigos, no hay que esperar otro socorro sino el que estos navíos y galeras que nos quedan podrán alcanzar de nuestros contrarios. Con esto harémos dos cosas importantes, buscar el sustento que nos va ya faltando y divertir al enemigo del sitio que tanto nos aprieta; y puesto que la guerra se debe hacer como ya está determinado, es bien que sea en parte donde los enemigos no esten tan superiores, y se pueda mas fácilmente alcanzar alguna victoria, para que el crédito y reputacion de nuestras armas vuelva á su debido lugar y estimacion. Las costas de estas provincias vecinas viven sin recelo, pareciéndole que nuestras fuerzas no son bastantes á defendernos en Galipoli, y en tanto que el sitio durare no dejarémos estas murallas. Este descuido parece que nos ofrece una ocasion cierta de hacerles mucho daño, si con nuestras galeras y navíos acometemos estas islas y costas de su imperio; y pues soy autor del consejo, lo seré de la ejecucion. »

297. A las últimas palabras de Berenguer de Entenza, Rocafort se levantó con semblante y voz alterada, señales de su ánimo ocupado de la ira y venganza, y dijo : « El sentimiento y pasion con que me hallo por la muerte de Roger, y de nuestros capitanes y amigos, no es mucho que turbe la voz y semblante, pues enciende el ánimo para una honrada y justa satisfaccion. Por el rigor de nuestro agravio, mas que por la razon, debiéramos hoy de tomar resolucion; porque en cosas semejantes la presteza y poca consideracion suelen ser útiles, cuando de las consultas salen dificultades. Retirarnos á la patria mengua y afrenta de nuestro nombre seria, hasta que nuestra venganza sea tan señalada y atroz como la fué la alevosía y traicion de los griegos, y así en este punto siento con Berenguer de Entenza; pero en lo que toca al modo de hacer la guerra opuestamente debo contradecirle, porque paréceme yerro notable dividir nuestras fuerzas, que juntas son pequeñas y desiguales al poder del enemigo que nos sitia.

298. « Yo doy por cierto y constante que Berenguer robe, destruya y abrase las costas vecinas como él ofrece; ¿ pero quien nos asegura que al tiempo que él estuviere corriendo los mares, los pocos que quedaren en Galipoli no sean perdidos? ¿ Y entónces Berenguer á donde pondrá su armada, donde las despojas de su victoria? No le queda puerto ni lugar seguro hasta Sicilia; pues yo por mas cierto tengo el perderse Galipoli si él sacare la gente que está en su defensa para guarnecer la armada, que seguro de su victoria.

299. « Todos los capitanes famosos ponen su mayor cuidado en socorrer una plaza que el enemigo tiene sitiada, y para esto aventuran no solo lo mejor y mas entero de su campo, pero todas sus fuerzas : ¿ y Berenguer estando dentro se ha de salir ? ¿ quien asegura al soldado que su ida ha de ser para volver ? El miedo y recelo comun no se puede quitar, aunque su sangre y hechos claros son seguras prendas para los que naciéron como él. Nuestra venganza, ya no pide remedios tan cautos y dudosos, ni á nosotros nos conviene el dilatar la guerra por ser pocos ántes de ser ménos; ejecutemos la ira, aventúrese en un trance y peligro nuestra vida; y así mi último parecer es de que salgamos en campaña, y demos la batalla á los que tenemos delante.

300. « Y aunque por la muchedumbre del ejército enemigo se puede tener la muerte por mas cierta que la victoria, la causa justa que mueve nuestras armas, y el mismo valor que venció á los turcos, vencedores de los griegos, tambien puede darnos confianza de romper sus copiosos escuadrones, y abatir sus águilas como se abatiéron sus lunas; y cuando en esta batalla estuviere determinado nuestro fin, será digno de nuestra gloria que el último término de la vida nos halle con la espada en la mano, y ocupados en la ruina y daños de tan pérfida gente. » Prevalió este último parecer en los votos de los que se consultaban por ser el mas pronto, aunque de mas peligro, y de mas gallardía; pero el poder de Berenguer de Entenza, mayor entónces que el de Rocafort, no dió lugar á que la ejecucion fuese la que determinó la mayor parte. Y Ramon Montañer (1) dice que las razones y ruegos de muchos no le pudiéron hacer mudar de parecer.

(Moncada, *Expedic. de los catalanes y aragoneses.*)

[N. 1586.—M. 1635.]

---

(1) Historiador español de aquel tiempo.

Toma de la Goleta por Cárlos V.

(*26e Semaine.*) **301.** Ibase cada dia ganando tierra con los alojamientos hácia la Goleta, llevando delante sus trincheras y reparos para seguridad: trabajaban todos en hacerlas, porque siempre andaba S. M. entre los gastadores, que no le faltaba mas de tomar el hazadon. Cada dia se trababan escaramuzas bien reñidas con los cosarios que salian de la Goleta.

302. Un dia salió Saleco con buena parte de su gente, y dió en un bastion donde tenia su estancia el conde Sarno con sus italianos. Salióle al encuentro el conde, y el turco por engañarle y desviarle de su gente, fingió que huia; y cuando le tuvo cerca de una emboscada, revolvió sobre el conde con tanta furia, que le mató á él, y á cuantos con él se halláron, que apénas quedó ninguno; y si alguno huyó, tampoco pudo escapar, porque los turcos siguiéron su alcance hasta volver á nuestro campo, y los españoles, segun se dice, aunque pudieran, no los quisiéron socorrer, porque tenian desabrimiento de que los italianos hubiesen tomado aquel lugar por mas peligroso y honrado, en competencia de los mismos españoles.

303. Llevó Saleco á Barbaroja la cabeza y la mano derecha del conde, é hiciéron con ella gran fiesta los turcos; de que S. M. sintió grandísimo dolor, que el conde era buen caballero. No se gozáron mucho los españoles, si acaso les plugo con la desgracia de los italianos, porque luego otro dia salió de la Goleta Tabaques, y dió tan repentinamente en el cuartel de los españoles, que mató muchos en la trinchera y en el foso; y ganó una bandera de D. Francisco Sarmiento, y mató al capitan Mendez, que de muy grueso no pudo huir. Fué tanto el peligro en que se viéron, que hubo de acudir S. M. á remediarlo, y á castigar de palabra el descuido que habian tenido.

304. Holgáronse mucho de este desman los italianos; y como por la mayor parte todos eran bisoños, y los españoles soldados viejos, dábanles grita burlando de ellos, porque siendo tan cursados en la guerra se habian tanto descuidado, sabiendo que lo habian con gente arrebatada, y que no peleaba sino como ladrones de sobresalto. Riñó muy de veras el marques á los capitanes y sargentos españoles este daño, y rogóles que procurasen con alguna hazaña notable enmendar el avieso, y cobrar la reputacion como quien ellos eran. Prometiéronselo todos, y cumpliéronlo muy bien; porque otro dia, saliendo Jafer con sus genízaros, y gran multitud de alárabes y moros, en medio del dia subió con grandísima osadía sobre las trincheras, y comenzó á disparar de sus arcabuces con tanta destreza, que sino estuvieran los nuestros sobre aviso les hiciera mucho daño. Acudió de presto el marqués con arcabuceros á pié y á caballo, puso los escuadrones en órden, y comenzóse una muy hermosa escaramuza, la cual duró grandísimo rato en peso, hasta que Jafer cayó muerto, y los suyos comenzáron á huir.

305. Siguióse el alcance hasta las puertas de la Goleta con tanto ímpetu, que no tuviéron los que huian tiempo de entrar por la puerta principal. Muchos se quedáron fuera, y otros se escapáron por caminos secretos.

Al retirar de este alcance se tuvo grandísimo trabajo, porque Sinan el judío disparó muchas piezas de artillería desde la Goleta, con que mató muchos de los nuestros, y principalmente al alférez Diego de Avila; y Rodrigo de Ripalta salió mal herido. Con este próspero suceso cobráron los españoles nuevo ánimo, y los enemigos se comenzáron á encoger.

306. S. M. que no queria gastar el tiempo en cosas de poca importancia, como vió que los suyos estàban contentos y con buena gana de pelear, determinó dar una batería fuerte á la Goleta, temiendo no les viniese á los cercados algun socorro, ó recreciese en los suyos alguna enfermedad, porque de dia hacia excesivo calor, y de noche frigidísimas rociadas. Batióse la Goleta por mar y por tierra con grandísima furia en doce dias del mes de julio del año de mil y quinientos y treinta y cinco.

307. Duró la batería desde la mañana hasta pasado mediodia : parecia que se hundia el cielo y la tierra, tanto, que del gran ruido se alteró la mar, que parecia estaba en tormenta : pusiéron por tierra una torre con sus barbacanas : todas las troneras donde los turcos tenian su artillería viniéron al suelo con los mismos artilleros, y quedó tan abierto el muro, que fácilmente se pudo dar el asalto. Cuando hubiéron de arremeter, salió delante un fraile con un crucifijo en las manos, animando á los soldados á la pelea, y lo mismo hacia S. M., que andaba de uno en otro esforzando á todos. Fué tan animoso el acometimiento, que Sinan y los suyos no osáron esperar y se saliéron huyendo por una puerta trasera, y se fuéron á meter en la ciudad.

308. Ganóse con esto fácilmente la Goleta, y juntamente se ganáron casi todas las galeras de Barbaroja, que las habia puesto en seco. Fué increible el contentamiento del emperador, cuando vió que al tirano se le habian quitado los instrumentos de sus latrocinios ; y por el contrario quedó desesperado Barbaroja, de verse sin galeras : dijo á Sinan muchas palabras injuriosas, porque se habia venido huyendo ; y respondióle con mucha paciencia : « Yo « te digo, señor, que si yo hubiera de pelear con hom« bres, que no huyera ; más no me pareció cordura to« marme con Satanas, y por esto me quise guardar para « mejor tiempo. » Con esto se asosegó Barbaroja un poco, y comenzó á dar órden en aparejar todas las cosas necesarias para sufrir el cerco que esperaba.

(Gonzalo de Illescas, *Jornada de Túnez.*)

El Agradecimiento.

309. Esta virtud es en la que más liberal ha andado la naturaleza, pues aun á las fieras no se la negó. Honra á todos los animales con el vulto y armas de alguna virtud, que pudiese acordar al hombre de su obligacion.

310. En el delfin dibujó la misericordia : en el paguro estampó la prudencia : en el elefante pintó la religion : en el perro retrató la lealtad : en la termure esculpió la justicia : en el caballo marcó la obediencia : en la cigüeña representó la piedad : en el leon copió la fortaleza : en el pelícano gravó la caridad : en la tórtola figuró la continencia : en el buey señaló la paciencia : en el porfirion iluminó el amor á la castidad: en algunos peces remedó la virginidad; mas en todos esmaltó algun agradecimiento.

311. La satisfaccion y restitucion del agradecimiento no es tan solo volver al liberal lo que dió; porque la paga del beneficio no es graciosa y voluntaria, sino noble modo de obligacion. Lo voluntario está en deberle de gana, por lo cual es poco agradecido el que es deudor sin gusto de serlo.... No está reñido el gusto con la virtud, ántes la acompaña con gusto, digamoslo así, y se honra con ella. La diferencia que va del agradecido al ingrato es que este solo se huelga con el beneficio una vez; aquel, muchas, cuantas le celebra en el corazon y boca.

312. Hay esta diferencia entre deudas de justicia y de agradecimiento, que aquellas, hay obligacion de pagarlas lo mas presto que se pueda; estas no: así pueden dilatarse.... Quien se apresura en volver luego el beneficio, desagradecido es, porque no le debe con gusto. El ánimo grato y noble de mejor gana vuelve el beneficio, que le recibe, con mayor gusto le debe, que le deseó. El bienhechor no da para que le vuelvan luego lo que acaba de dar: fuera impertinente voluntad, pues pudiera retener su don atajando el haberle dado. Así cuanto mas tarde se desempeñare del beneficio quien lo recibió, mas ganancias y usuras tiene el que le dió.

(P. Juan Eusebio Nieremberg, *Obras y Dias.*)

[N. 1595.—M. 1658.]

Exordio del elogio del marques de Santa Cruz.

(27e *Semaine.*) **313.** Breve, muy breve, un momento es la aparicion del hombre en la tierra; su duracion es la de un relámpago que brilla y ya pasó, cuando alzamos la vista para mirarlo; sus fuerzas son flacas; instables y aéreos sus propósitos; sus obras montoncillos deleznables de arena; sus grandezas, polvo, nada. Sin embargo de esta miseria de esta caducidad, que en todo y por todas partes le rodea, ¿ lo creeriamos si la experiencia continua no nos diese los testimonios mas evidentes de ello? la desmedida arrogancia de sus pensamientos, el desenfreno temerario de sus deseos, ni caben en la inmensidad del espacio, ni en la eternidad del tiempo. Los mas, señoreados por la sed terrible de gloria, por la sangrienta pasion de dominar, por la rabiosa locura de ensalzarse sobre su especie, por todos los delirios de un amor propio tiránicamente exclusivo, emplean este soplo de vida en afligir á sus hermanos, en hacerles una guerra perpetua, en alterar la paz de las naciones, y en agobiar el mundo con el insoportable peso de su existencia desastrada.

314. Y cuando, despues de haber corrido entre amarguras y remordimientos el cortísimo espacio que separa su cuna de su féretro, llegan al término de su carrera; sus semejantes, ó no vuelven los ojos para mirar su sepulcro, ó si lo hacen, es para que retiemble con las maldiciones que les arranca la memoria de las maldades que allí se encierran. Los héroes mismos, aquellos invencibles conquistadores á cuya fama parece que viene estrecho el ámbito de la tierra y de los siglos, ¿ no se han inmortalizado como las erupciones de los volcanes, que duran eternas en los anales de la historia por la enormidad de los estragos que ocasionáron? Y la muerte de los Gengis y de los Tímures ¿no es para la tierra una época tan dichosamente memorable, como aquella en que, cesando el diluvio, empezó la tierra á salir de las aguas que la anegáron?

315. El hombre de bien, el que dedicándose al ejercicio de la beneficencia, fué protector, amigo, hermano de los hombres; este sí que es amado en vida con el amor mas verdadero y mas tierno, y llorado en la muerte por tantos como librabau en él su fortuna, y las de sus familias desamparadas. Estas lágrimas dolorosas, estos suspiros acongojados, que del fondo de los corazones vuelan en pos de la pompa fúnebre del bueno, y acompañan noche y dia la soledad de su sepulcro, son monumentos mas gloriosos mil veces, que los mausoleos de mármol y bronce, que las pirámides colosales, que tal vez levantó la mano envilecida de la adulacion, para inmortalizar magníficamente la depravacion y la ignominia del género humano. Y si al amor de la virtud hermanáron estos varones de paz la aficion á las letras, son mas dignos de vivir en la memoria de la posteridad, y de que la verdad pronuncie su elogio en el templo de las musas, para ejemplo de los que profesan su culto, y para desahogo del sentimiento que causa una pérdida tan irreparable.

316. ¿ Hay por ventura otro medio de vengarnos de la muerte salvando de su olvido las reliquias de los vi tuosos, que el de entregar sus virtudes á la elocuencia y á la historia, para que, sobre los hombros del tiempo, levanten en su honor un monumento que sirva de leccion y de consuelo á las generaciones venideras? Los que pasen despues por el campo de la vida, cuando revolviendo las ruinas de lo pasado, vean estos recuerdos preciosos, no podrán menos de entrar dentro de sí mismos; é inflamados con una emulacion generosa, pagarán á la virtud su tributo de admiracion, de amor y de respeto. En sus almas enternecidas, se moverán afectos semejantes á los que siente el viajero solitario, que pasando por los despoblados escombros donde yace la antigua Grecia, encuentra sepultados entre cenagosas inmundicias, uno de aquellos modelos en que las artes humanas compiten con la naturaleza. Le vé, suspende su camino; se sienta á contemplarle despacio; y en tanto que sus ojos atónitos no se hartan de admirarle, su corazon se penetra de una tierna melancolía, las lágrimas se desprenden involuntariamente de sus ojos, caen, y riegan los destrozados portentos de los Fidias y de los Prasíteles.

(D. Nicasio Alvarez de Cienfuegos.)
[N. 1657.—M. 1739.]

Derrota del ejército castellano bajo los muros de Monjuich.

317. Habia llegado ya aquella última hora que la divina providencia decretára para castigo, nó solo del ejército, mas de toda la monarquía de España, cuyas ruinas allí se declaráron : así, dejando obrar las causas de su perdicion, se fuéron sucediendo unos á otros los acontecimientos, de tal suerte que aquel suceso, en que todos viniéron á conformarse, ya parecia cosa ántes necesaria que contingente. Pendia del menor desórden la última desesperacion de los reales : no se hallaba entre ellos alguno que no desease interiormente cualquiera ocasion honesta de escapar la vida.

318. Á este tiempo, podemos decir que arrebatado de superior fuerza, un ayudante catalan, cuyo nombre ignoramos, y aun lo callan sus relaciones, á quien siguió un sargento frances, comenzó á dar improvisas voces, convidando los suyos á la victoria del enemigo, y clamando, aun entónces no acontecida, la fuga de los españoles : acudiéron á su clamor hasta cuarenta de los ménos cuerdos que se hallában en el fuerte y sin otro discurso ó disciplina mas que la obediencia de su ímpetu, se descolgáron de la muralla á la campaña por la misma parte donde los escuadrones tenian la frente.

319. Llevábalos tan intrépidos el furor, como les miraba temeroso el recelo de los reales, que sin esperar otro aviso ó espanto mas que la dudosa informacion de los ojos averiguada del temor, y creyendo bajaba sobre ellos todo el poder contrario, paloteando las picas y revolviendo los escuadrones entre sí, manifiesta señal de su ruina, comenzáron á bajar corriendo hácia la falda de la montaña, alzando un espantoso bramido y queja universal. Los que primero se desordenáron fuéron los que estaban mas al pié de la muralla enemiga, tan presto el mayor valor se corrompe en afrenta; otros con ciego espanto cargaban sobre los otros del tropel, y llenos de furia rompian sus primeros escuadrones y estos á los otros; y de la misma suerte que sucede á un arroyo, que con el caudal de otras aguas que se le van entrando va cobrando cada vez mayores fuerzas para llevar delante cuanto se le opone, así el corriente de los que comenzaban á bajar, atropellando y trayéndose los mas vecinos, llegaba ya con dobladas fuerzas á los otros, por la cual los que se hallaban mas léjos, lleváron el mayor golpe.

320. Unos se caian, otros se embarazaban, cuales atropellaban á estos y eran despues hollados de otros. Algunas veces en confusos y varios remolinos, pensaban que iban adelante, y volvian atras, ó caminaban siempre en un lugar mismo : todos lloraban ; los gritos y clamores no tenian número ni fin ; todos pedian sin saber lo que pedian ; todos mandaban sin saber lo que mandaban ; los oficiales mayores llenos de afan y vergüenza los incitaban á que se detuviesen ; pero ninguno entónces conocia otra voz que la de su miedo ó antojo, que le hablaba al oido. Algun maestre de campo procuró detener los suyos y con la espada en la mano, así como se hallaba, fué arrebatado del torbellino de gente : pero dejando el espíritu adonde la obligacion, el cuerpo seguia el mismo descamino que llevaba la furia de los otros; ni el valor, ni la autoridad tenia fuerza; niguno obedecia mas que al deseo de escapar la vida.

321. Á este primer desconcierto esforzó luego la saña de los vencedores, arrojándose tras de los primeros algunos otros, que hizo atrevidos la cobardía de los contrarios : tales con las espadas, tales con las picas ó chuzos, algunos con hachas y alfanjes, no de otra suerte que los segadores por los campos bajaban cortando los miserables castellanos.

322. Mirábanse disformes cuchilladas, profundísimos golpes é inhumanas heridas: los dichosos eran los que se morian primero; tal era el rigor y crueldad que ni los muertos se escapaban: podia llamarse piadoso el que solo atravesaba el corazon de su contrario. Algunos bárbaros, aunque advertidamente, no querian acabar de matarlos, porque tuviese todavía en que cebarse el furor de los que llegaban despues: corria la sangre como rio y en otras partes se detenia camo lago, horrible á la vista y peligroso aun á la vida de alguno que escapado del hierro del contrario, vino á ahogarse en la sangre del amigo. Los mas, sin escoger otra senda que la que miraban mas breve, se despeñaban por aquellas zanjas y ribazos, donde quedáron para siempre; otros enlazados en las zarzas y malezas se prendian hasta llegar el golpe; muchos precipitados sobre sus propias armas morian castigados de su misma mano; las picas y mosquetes cruzados y revueltos por toda la campaña eran el mayor embarazo de su fuga y ocasion de su caida y muerte.

323. No se niega que entre la multitud de los que vergonzosamente se retiráron, se halláron muchos hombres de valor desdichada é inútilmente; algunos que muriéron con gallardía por la reputacion de sus armas, y otros que lo deseáron por no perderla; singular dicha y virtud han menester los hombres para salir con honra de los casos donde todos la pierden, porque el suceso comun ahoga los famosos hechos de un particular; todavía esta razon no desobliga á los honrados, bien que los aflige.

324. El maestre de campo don Gonzalo Fajardo salió herido considerablemente ; con todo era su mayor riesgo la muerte del hijo único que dejaba en tierra. Don Luis Gerónimo de Contréras, don Barnabé de Salazar y el Isinguien, todos iguales en puestos al Fajardo, sacáron mas que ordinarias heridas con otros muchos oficiales y caballeros, que no pretendemos no sean acreedores de su gloria, si ella no pudo adquirirse en tan siniestro dia para su nacion. — Las banderas de Castilla, poco ántes desplegadas al viento en señal de su victoria, andaban caidas y holladas de los piés de sus enemigos, donde muchos ni para trofeos y adornos del triunfo las alzaban, á tanta desestimacion viéron reducirse. Las armas perdidas por toda la campaña erán ya en tanto número, que pudiéron servir mejór entónces de defensa que en las manos de sus dueños por la dificultad que causaban al camino : solo la muerte y la venganza, lisonjeadas en la tragedia española, parece se deleitaban en aquella horrible representacion.

(Manuel de Melo, *Guerra de Cataluña.*)
[N. 1611.—M. 1667.]

El hombre nació para vivir en paz.

(*28e Semaine.*) **325.** Los animales solamente atienden á la conservacion de sus individuos, y si tal vez ofenden, es en órden á ella, llevados de la ferocidad natural, que no reconoce el imperio de la razon. El hombre al contrario, altivo con la llama celestial que le anima y hace señor de todos y de todas las cosas, suele persuadirse que no nació para solo vivir, sino para gozarlas fuera de aquellos límites que le prescribe la razon; y engañada su imaginacion con falsas apariencias de bien, le busca en diversos objetos, constituyendo en ellos su felicidad.

326. Unos hombres piensan que consiste en las riquezas, y otros en las delicias; otros en dominar á los demas hombres; y cada uno en tan varias cosas como son los errores del apetito y de la fantasía; y para alcanzarlas y ser felices aplican los medios que les dicta el discurso vago é inquieto, aunque sean injustos. De donde nacen los homicidios, los robos y las tiranías, y el ser el hombre el mas injusto de los animales; con que no estando seguros unos hombres de otros, se inventáron las armas, para repeler la malicia con la fuerza, y conservar la inocencia y libertad, y se introdujo en el mundo la guerra.

327. Este nacimiento tuvo, si ya no nació del infierno despues de la soberbia de aquellas primeras luces intelectuales. Tan odiosa es la guerra á Dios, que con ser David tan justo, no quiso que le edificase él el templo, porque habia derramado mucha sangre. Los príncipes prudentes y moderados la aborrecen, conociendo la variedad de sus accidentes, sucesos y fines. Con ella se descompone el órden y armonía de la república; la religion se muda, la justicia se perturba, las leyes no se obedecen, la amistad y el parentesco se confunden, las artes se olvidan, la cultura se pierde, el comercio se retira, las ciudades se destruyen, y los dominios se alteran.

328. El rey don Alonso la llamó: «Extrañamiento

« de paz, ó movimiento de las cosas quedas, é destrui-« miento de las compuestas. » Si es interior la guerra, es fiebre ardiente que abrasa el estado; si exterior, le abre las venas, por donde se vierte la sangre de las riquezas, y se exhalan las fuerzas y los espíritus. Es la guerra una violencia opuesta á la razon, á la naturaleza, y al fin del hombre, á quien crió Dios á su semejanza, y sustituyó su poder sobre las cosas, no para que las destruyese con la guerra, sino para que las conservase.

329. No le crió para la guerra, sino para la paz; no para el furor, sino para la mansedumbre; no para la injuria, sino para la beneficencia; y así nació desnudo sin armas con que herir, ni piel dura con que defenderse; tan necesitado de la asistencia, gobierno y enseñanza de otro, que aun ya crecido y adulto, no puede vivir por sí mismo sin la industria ajena.

330. Con esta necesidad le obligó á la compañía y amistad civil, donde se hallasen juntas con el trabajo todas las comodidades de la vida, y donde esta felicidad política los uniese con estrechos vínculos de amistad y buena correspondencia; y porque soberbia una provincia con sus bienes internos, no despreciase la comunicacion de las demas, los repartió en diversas :

331. El trigo en Sicilia, el vino en Creta, la púrpura en Tiro, la seda en Calabria, las aromas en Arabia, el oro y plata en España y en las Indias occidentales; en las orientales los diamantes, las perlas, y las especias; procurando así que la codicia y necesidad de estas riquezas y regalos abriesen el comercio, y comunicándose as naciones, fuese el mundo una casa familiar y comun á todos; y para que se entendiesen en esta comunicacion, y se descubriesen los afectos internos de amor y benevolencia, le dió la voz articulada, blanda y suave, con que explicase su fé y liberalidad; y la rodilla, su obediencia: todas señales de un animal civil, benigno y pacífico.

332. Pero aquellos animales que quiso la naturaleza que fuesen belicosos, los crió dispuestos para la guerra con armas ofensivas y defensivas. Al leon con garras, al águila con presas, al elefante con trompa, al toro con cuernos, al javalí con colmillos, al espin con puas. Hizo formidables con el veneno los áspides y las víboras, consistiendo su defensa en nuestro peligro, y su valentía en nuestro temor.

333. Á casi todos estos animales armó de duras pieles para la defensa: al cocodrilo de corazas, á las serpientes de malla, á los cangrejos de glebas. En todos puso un aspecto sañudo, y una voz horrible y espantosa. Sea pues para ellos lo irracional de la guerra: no para el hombre, en quien la razon tiene arbitrio sobre la ira. En las entrañas de la tierra escondió la naturaleza el hierro, el acero, la plata y el oro, porque el hombre no usase mal de ellos; y allí los halló y sacó la venganza y la injusticia, unos para instrumento, y otros para precio de las muertes.

334. Gran abuso de los hombres es consumir en daño de la vida la plata y el oro, concedidos para el sustento y adorno de ella. Pero porque en muchos hombres, no ménos fieros é intratables que los animales, como hémos dicho, es mas poderosa la voluntad y ambicion, que la razon, y quieren sin justa causa oprimir y dominar á los demas, fué necesaria la guerra para la defensa natural; porque habiendo dos modos de tratar los agravios, uno por tela de juicio, el cual es propio de los hombres, y otro por la fuerza, que es comun á los animales, si no se puede usar de aquel, es menester usar de este, cuando interviniese causa justa, y fuese tambien justa la intencion y legítima la autoridad del príncipe, en que no debe resolverse sin gran consulta de hombres doctos.

335. Así lo hacian los atenienses, consultando á sus oradores y filósofos para justificar sus guerras; porque está en nuestro poder el empezarlas, pero no el acabarlas. Quien con presteza las emprende, despacio las llora.

336. « Mover guerra, dijo el rey Don Alonso, es « cosa en que deben mucho parar mientes los que la quie« ren facer, ántes que la comienzen, porque la fagan con « razon é con derecho. Ca de esto vienen grandes tres bie« nes. El primero, que ayuda Dios mas por ende á los « que así la facen. El segundo, porque ellos se esfuerzan « mas en sí mismo por el derecho que tienen. El tercero, « porque los que lo oyen, si son amigos, ayúdanlos de « mejor voluntad; é si enemigos, recélanse mas dellos. »

(Saavedra, *Empres. Polític.*)

D. Francisco de Quevedo á una señora sobre las calidades de un matrimonio.

(*29e Semaine.*) **337.** Lo que debo desear en una mujer para mi quietud, honra y salvacion, es que haya crecido sirviendo á V. E. en su casa; que si ha sabido obedecer á V. E., no hay dote temporal ni espiritual que no traiga para mí en solo el nombre de criada de V. E. Y para si el mandato de V. E. se extiende á mas, por lograr mi obediencia, diré las partes que deseo en la mujer que Dios, por merced de V. E. y del conde duque mi señor, me encaminare. Esto hago mas por entretener, que por informar á V. E.

338. Yo, señora, no soy otra cosa, sino lo que el conde mi señor ha hecho en mí; puesto que lo que yo era, me tenia sin crédito y acabado, y si hoy soy algo, es por lo que he dejado de ser, gracias á Dios nuestro Señor y á S. E. He sido malo por muchos caminos, y habiendo dejado de ser malo, no soy bueno, porque he dejado el mal de cansado, y no de arrepentido. Esto no tiene otra cosa buena, sino asegurar que ningun género de travesura me engañará, porque todas me tienen, ó escarmentado ó advertido.

339. Yo soy hombre bien nacido en la provincia, frase que entenderá S. E.; soy señor de mi casa en la montaña, hijo de padres que me honran con su memoria, aunque yo los mortifico con la mia. El caudal y los años siempre los referiré de manera, que despues la hacienda sea mas, y la edad menos.

340. Mi persona no es aborrecible ni enfadosa, y ya que no solicito alabanzas, no acuerdo de las maldiciones y de la risa á los que me ven. Ahora que he confesado quien soy, diré como quiero que sea la mujer que Dios me diere en suerte. Yo confieso, que á no mandármelo V. E. fuera atrevimiento decir como quiere la mujer un hombre tal, que no habrá mujer que le quiera, como yo soy.

341. Desearé precisamente que sea noble, virtuosa y entendida; porque necia, no sabrá conservar ni usar estas dos cosas, que en la nobleza quiero : la igualdad, la virtud. Que sea mujer casada, y no de hermitaño, ni beata, ni religiosa; su coro y su oratorio ha de ser su obligacion y su marido ; y si hubiese de ser entendida con resabios de catedrático, mas la quiero necia, que es mas fácil sufrir lo que no sabe, que padecer lo que presume.

342. No la quiero fea, ni hermosa. Estos extremos pone en paz un semblante agradable : medio que hace bienquisto lo lindo, y muestra seguro lo donairoso. Fea no es compañía, sino susto : hermosa, no es regalo, sino cuidado : mas si hubiere de ser una de las dos cosas, la quiero hermosa, no fea, porque es mejor tener cuidado, que miedo, y tener que guardar, que de quien huir.

343. No la quiero rica, ni pobre, sino con hacienda, que ni ella me compra á mí, ni yo á ella. La hacienda, donde hubiere virtud y nobleza, no se ha de echar ménos, pues teniéndola, quien la deja por pobre, es vilmente rico, y no la teniendo, quien la codicia por rica, es vilmente pobre.

344. De alegre ó triste, mas la quiero alegre, que en lo cotidiano y en lo propio, no nos faltará tristeza á los dos, y eso templa la condicion suave y regocijada con ocasion decente; porque tener una muger pesadumbre, mas arrinconada que la telaraña... es juntarse con un pésame de por vida. Ha de ser galana para mi gusto, no para el aplauso de los ociosos, y ha de vestir lo que le fuere decente, no lo que la vanidad de otras mujeres inventare. No ha de hacer lo que algunas hacen, sino lo que todas deben hacer.

345. Mas la quiero miserable que pródiga, porque de lo uno se debe tener miedo, y de lo otro se puede esperar utilidad. Sumo bien seria hallarla liberal. En que sea blanca ó morena, pelinegra ó rubia, no pongo gusto ni estimacion; solo quiero que, si fuere morena, no se haga blanca; que de la mentira es fuerza andar mas sospechoso, que enamorado. En chica ó grande, no reparo, que los chapines son el afeite de las estaturas, y la muerte de los talles, que todo lo igualan. Gorda ó flaca, es de advertir, que si no puede ser entreverada, la quiero flaca, y no gorda.

346. No la quiero niña ni vieja, que son cuna ó ataud, porque ya se me han olvidado los arrullos, y aun no he aprendido los responsos; bástame muger hecha, y estaré muy contento con que sea moza. Desearia mucho que no tuviese con extremo lindas manos, y ojos y boca, porque con estas tres cosas buenas en toda perfeccion, es fuerza que no la pueda sufrir nadie: pues las manotadas, porque la vean las manos, y los visajes y dormideras, por aprovechar los ojos, enfadarán al mundo; pues ver á una mujer con los dientes de par en par, porque los vean, no es cosa sufrible. El cuidado borra las perfecciones, y el descuido disimula las faltas.

347. No la quiero huérfana por ahorrar conmemoraciones de difuntos, ni tampoco con parentela cabal. Padre y madre deseo, porque no soy temeroso de suegros. Las tias tomaré en el purgatorio, y daré misas de mas á mas. Daria muchas gracias á Dios, si fuese sorda y tartamuda, partes que amohinan las conversaciones, y dificultan las visitas... Y lo mas importante seria, si consintiese que en casa viviésemos sin dueña, y si mas no se pudiese, que se contentase con que entre los dos tuviésemos media dueña, una viejecita que empezase en tocas, y acabase en enaguas, porque la vista descansase de dueña, ántes de salir de su vision...

348. Y por acabar con veras y verdad, como empecé, digo á V. E. que estimaré en mucho la mujer que fuere, como yo la deseo, y sabré sufrir la que fuere como yo la merezco, porque yo bien puedo ser casado sin dicha, pero no mal casado. Dé Dios á V. E. muchos y bienaventurados años, en vida del conde duque mi señor, con la sucesion que su casa y grandeza ha menester.

(Quevedo, *Cartas.*)

Batalla de Otumba.

(*30e Semaine.*) **349.** Hiciéronse despues otras dos marchas, entrando en terreno de mayor aspereza y esterilidad, todavia fuera del camino, y con alguna incertidumbre del acierto en los que guiaban. No se halló cubierto donde pasar la noche, ni cesaba la persecucion de aquellos indios, que anduviéron siempre á la vista; si ya no fuéron otros que iban saliendo con la primera órden á correr su distrito. Pero sobre todo se dejó sentir en aquellos tránsitos la hambre y la sed, que llegó á términos de congoja y desaliento. Animabánse unos á otros los soldados y los capitanes, y hacia sus esfuerzos la paciencia, como ambiciosa de parecer valor. Llegáronse á comer las yerbas y raices del campo, sin atender al recelo de que fuesen venenosas, aunque los mas advertidos gobernaban su eleccion por el conocimiento de los tlascaltecas. Murió uno de los caballos heridos, y se olvidó con alegre facilidad la falta que hacia en el ejército, porque se repartió, como regalo particular, entre los mas necesitados, y estos celebráron la fiesta convidando á sus amigos, banquete sazonado entónces, en que cediéron á la necesidad los escrúpulos del apetito.

350. Termináron estas dos marchas en un lugar pequeño, cuyos vecinos franqueáron la entrada, sin retirarse como los demas, ni dejar de asistir con agrado y solicitud á cuanto se les ordenaba: puntualidad y agasajo que fué nuevo ardid de los mejicanos, para que sus enemigos se acercasen ménos cuidadosos al lazo que tenian prevenido. Manifestáron sin violencia los víveres de su provision, y trajéron de otros lugares cercanos lo que bastó para que se olvidase lo padecido. Por la mañana se dispuso el ejército para subir la cuesta, que por la otra parte declina en el valle de Otumba, donde se habia de caer necesariamente para tomar el camino de Tláscala. Reconocióse novedad en los indios que venian siguiendo la marcha, porque sus gritos y sus irrisiones tenian mas de contento que de indignacion. Reparó doña Marina en que decian muchas veces: « Andad, tiranos, que presto « llegareis donde perezcais. » Y diéron que discurrir estas voces, porque se repetian mucho para no tener algun motivo particular.

351. Hubo quien llegase á dudar si aquellos indios, confinantes ya con los términos de Tlascala, festejarian el peligro á que iban encaminados los españoles, con noticia de que hubiese alguna mudanza en la fidelidad ó en el afecto de aquella nacion; pero Hernan Cortés y los de mejor conocimiento miráron esta novedad como indicio de alguna celada mas vecina, porque no faltaban experiencias de la sencillez ó facilidad con que solian publicar lo mismo que procuraban encubrir.

352. Íbase continuando la marcha, prevenidos ya y dispuestos los ánimos para entrar en nueva ocasion, cuando volviéron los batidores con noticia de que tenian ocupado los enemigos todo el valle que se descubria desde la cumbre, cerrando el camino que se buscaba con formidable número de guerreros. Era el ejército mismo de los mejicanos, que se dejó en el paraje del primer adoratorio, reforzados con nuevas tropas y nuevos capitanes.

353. Reconociéron por la mañana (segun la presuncion que se ajusta mas con las circunstancias del suceso) la retirada intempestiva de los españoles; y aunque no desconfiáron de conseguir el alcance, temiéron advertidamente, con la experiencia de aquella noche, que no seria posible acabar con ellos ántes que saliesen á tierra de Tlascala, si se iban asegurando en los puestos ventajosos de la montaña; y despacháron á Méjico para que se tomase con mayores veras lo que tanto importaba; cuya proposicion fué tan bien admitida en la ciudad, que partió luego toda la nobleza con el resto de las milicias, que tenian convocadas, á incorporarse con su ejército; y en el breve plazo de tres ó cuatro dias se dividiéron por caminos diferentes, marchando al abrigo de los montes con tanta celeridad, que se adelántaron á los españoles, y ocupáron el llano de Otumba, campaña espaciosa, donde podian pelear sin embarazarse, y esperar encubiertos: notables advertencias en lo discurrido, y rara ejecucion de lo resuelto, que uno y otro se pudiera envidiar en cabos de mayor experiencia, y en gente de ménos bárbara disciplina.

354. No se llegó á recelar entónces que fuesen los mejicanos, ántes se iba creyendo, al subir la cuesta, que se habrian juntado aquellas tropas que andaban esparcidas para defender algun paso, con la inconstancia y flojedad que solian; pero al vencer la cumbre, se descubrió un ejército poderoso, de ménos confusa ordenanza que los pasados, cuya frente llenaba todo el espacio del valle, pasando el fondo los términos de la vista: último esfuerzo del poder mejicano, que se componia de varias naciones, como lo denotaban la diversidad y separacion de insignias y colores. Dejábase conocer en el centro de la multitud el capitan general del imperio, en unas andas vistosamente adornadas, que sobre los hombros de los suyos le mantenian superior á todos, para que se temiese, al obedecer sus órdenes, la presencia de los ojos.

355. Traia levantado sobre la cuja el estandarte real, que no fiaba de otra mano, y solamente se podia sacar en las ocasiones de mayor empeño; su forma, una red de oro macizo, pendiente de una pica, y en el remate muchas plumas de varios tintes; que uno y otro contendria su misterio de superioridad sobre los otros jeroglíficos de las insignias menores: vistosa confusion de armas y penachos, en que tenian su hermosura los horrores. Reconocida por todo el ejército la nueva dificultad á que debian preparar el ánimo y las fuerzas, volvió Hernan Cortés á examinar los semblantes de los suyos, con aquel brio natural que hablaba sin voz á los corazones; y hallándolos mas cerca de la ira que de la turbacion : « Llegó el caso, « dijo, de morir ó vencer : la causa de nuestro Dios mi- « lita por nosotros. » Y no pudo proseguir, porque los mismos soldados le interrumpiéron clamando por la órden de acometer, con que solo se detuvo en prevenirlos de algunas advertencias que pedia la ocasion. Apellidando, como solia, unas veces á Santiago, y otras á san Pedro, avanzó, prolongada la frente del ejército con las alas de la caballería, que iba señalada para defender los costados y asegurar las espaldas.

[illegible]. Dióse tan á tiempo la primera carga de arcabuces y ballestas, que apénas tuvo lugar el enemigo para servirse de las armas arrojadizas. Hiciéron mayor daño las espadas y las picas, cuidando al mismo tiempo los caballos de romper y desbaratar las tropas que se inclinaban á pasar de la otra banda, para sitiar por todas partes el ejército. Ganóse alguna tierra de este primer avance. Los españoles no daban golpe sin herida, ni herida que necesitase de segundo golpe. Los tlascaltecas se arrojaban al conflicto con sed rabiosa de la sangre mejicana, y todos tan dueños de su cólera, que mataban con eleccion, buscando primero á los que parecian capitanes. Pero los indios peleaban con obstinacion, acudiendo ménos unidos que apretados á llenar el puesto de los que morian; y el mismo estrago de los suyos era nueva dificultad para los españoles, porque se iba cebando la batalla con gente de refresco. Retirábase, al parecer, todo el ejército cuando cerraban los caballos, ó salian á la vanguardia las bocas de fuego, y volvia con nuevo impulso á cobrar el terreno perdido, moviéndose á una parte y otra la muchedumbre, con tanta velocidad, que parecia un mar proceloso de gente la campaña, y no lo desmentian los flujos y reflujos.

357. Peleaba Hernan Cortés á caballo, socorriendo con su tropa los mayores aprietos, y llevando en su lanza el terror y el estrago del enemigo; pero le traia sumamente cuidadoso la porfiada resistencia de los indios, porque no era posible que se dejasen de apurar las fuerzas de los suyos en aquel género de continua operacion, y discurriendo en los partidos que podria tomar para mejorarse ó salir al camino, le socorrió en esta congoja una observacion de las que solia depositar en su cuidado, para servirse de ellas en la ocasion. Acordóse de haber oido referir á los mejicanos, que toda la suma de sus batallas consistia en el estandarte real, cuya pérdida ó ganancia decidia sus victorias ó las de sus enemigos; y fiado en lo que se turbaba y descomponia el enemigo al acometer de los caballos, tomó resolucion de hacer un esfuerzo extraordinario para ganar aquella insignia sobresaliente que ya conocia.

358. Llamó á los capitanes Gonzalo de Sandoval, Pedro de Alvarado, Cristóval de Olid, y Alonso Dávila, para que le siguiesen y guardasen las espaldas, con los demas que asistian á su persona; y haciéndoles una breve advertencia de lo que debian obrar para conseguir el in-

tento, embistiéron, á poco mas de media rienda, por la parte que parecia mas flaca ó ménos distante del centro. Retiráronse los indios, temiendo, como solian, el choque de los caballos, y ántes que se cobrasen al segundo movimiento, se arrojáron á la multitud confusa y desordenada, con tanto ardimiento y desembarazo, que rompiendo y atropellando escuadrones enteros, pudiéron llegar, sin detenerse, al paraje donde asistia el estandarte del imperio con todos los nobles de su guardia; y entretanto que los capitanes se desembarazaban de aquella numerosa comitiva, dió de los piés á su caballo, Hernan Cortés, y cerró con el capitan general de los mejicanos, que al primer bote de su lanza cayó mal herido por la otra parte de las andas.

259. Habianle ya desamparado los suyos, y hallándose cerca un soldado particular, que se llamaba Juan de Salamanca, saltó de su caballo, y le acabó de quitar la poca vida que le quedaba, con el estandarte que puso luego en manos de Cortés. Era este soldado persona de calidad, y por haber perficionado entónces la hazaña de su capitan, le hizo algunas mercedes el emperador, y quedó por timbre de sus armas el penacho del estandarte. Apénas le viéron aquellos bárbaros en poder de los españoles, cuando abatiéron las demas insignias, y arrojando las armas, se declaró por todas partes la fuga del ejército. Corriéron despavoridos á guarecerse de los bosques y maizales; y cubriéronse de tropas amedrentadas los montes vecinos, y en breve rato quedó por los españoles la campaña. Siguióse la victoria con todo el rigor de la guerra, y se hizo sangriento destrozo en los fugitivos. Importaba deshacerlos, para que no se volviesen á juntar, y mandaba la irritacion lo que aconsejaba la conveniencia. Hubo algunos heridos entre los de Cortés, de los cuales muriéron en Tlascala dos ó tres españoles; y el mismo Cortés salió con un golpe de piedra en la cabeza, tan violento, que abollando las armas le rompió la primera túnica del celebro, y fué mayor el daño de la contusion.

360. Dejóse á los soldados el despojo, y fué considerable, porque los mejicanos venian prevenidos de galas y joyas para el triunfo. Dice la historia que muriéron veinte mil en esta batalla: siempre se habla por mayor en semejantes casos, y quien se persuadiere á que pasaba de dos cientos mil hombres el ejército vencido, hallará ménos disonancia en la disproporcion del primer número. Todos los escritores nuestros y extraños refieren esta victoria como una de las mayores que se consiguiéron en las dos Américas. Y si fuese cierto que peleó Santiago en el aire por sus españoles, como lo afirmaban algunos prisioneros, quedará mas creible ó ménos encarecido el estrago de aquella gente; aunque no era necesario recurrir al milagro visible, donde se conoció con tanta evidencia la mano de Dios.

(Solis, *Hist. de la conquista de Méjico.*)

Fernando el Católico.

(31e Semaine.) **361.** Las niñeces de este gran rey fuéron adultas y varoniles. Lo que en él no pudo perficionar el arte y el estudio, perficionó la experiencia, en

pleada su juventud en los ejercicios militares. Su ociosidad era negocio; y su divertimiento, atencion. Fué señor de sus afectos, gobernándose mas por dictámenes políticos que por inclinaciones naturales. Reconoció de Dios su grandeza, y su gloria de las acciones propias, no de las heredadas. Tuvo el reinar mas por oficio que por sucesion. Sosegó su corona con la celeridad y la presencia; levantó la monarquía con el valor y la prudencia; la afirmó con la religion y la justicia; la conservó con el amor y el respeto; la adornó con las artes; la enriqueció con la cultura y el comercio, y la dejó perpetua con fundamentos é institutos verdaderamente políticos.

262. Fué rey de su palacio, como de sus reinos, y tan ecónomo en él, como en ellos. Mezcló la liberalidad con la parcimonia, la benignidad con el respeto, la modestia con la gravedad, y la clemencia con la justicia. Amenazó con el castigo de pocos á muchos, y con el premio de algunos cebó las esperanzas de todos. Perdonó las ofensas hechas á la persona, pero no á la dignidad real. Vengó como propias las injurias de sus vasallos, siendo padre de ellos. Ántes aventuró el estado, que el decoro. Ni le ensoberbeció la fortuna próspera, ni le humilló la adversa. En aquella se prevenia para esta, y en esta se industriaba para volver á aquella. Sirvióse del tiempo, no el tiempo de él. Obedeció á la necesidad, y se valió de ella, reduciéndola á su conveniencia. Se hizo amar y temer. Fué fácil en las audiencias. Oia para saber, y preguntaba para ser informado. No se fiaba de sus enemigos, y se recataba de sus amigos.

263. Su amistad era conveniencia; su parentesco,

razon de estado; su confianza, cuidadosa; su difidencia, advertida; su cautela, conocimiento; su recelo, circunspeccion; su malicia, defensa, y su disimulacion, reparo. No engañaba, pero se engañaban otros en lo equívoco de sus palabras y tratados, haciéndolos de suerte, cuando convenia vencer la malicia con la advertencia, que pudiese desempeñarse sin faltar á la fé pública. Ni á su majestad se atrevió la mentira, ni á su conocimiento propio la lisonja. Se valió sin valimiento de sus ministros. De ellos se dejaba aconsejar, pero no gobernar. Lo que pudo obrar por sí, no fiaba de otros. Consultaba despacio, y ejecutaba de prisa. En sus resoluciones ántes se veian los efectos que las causas. Encubria á sus embajadores sus designios, cuando queria que, engañados, persuadiesen mejor lo contrario. Supo gobernar á medias con la reina, y obedecer á su yerno. Impuso tributos para la necesidad, no para la codicia ó el lujo. Lo que quitó á las iglesias obligado por la necesidad, restituyó cuando se vió sin ella. Respetó la jurisdiccion eclesiástica, y conservó la real.

364. No tuvo corte fija, girando como el sol por los orbes de sus reinos. Trató la paz con la templanza y entereza, y la guerra, con la fuerza y la astucia. Ni afectó esta, ni rehusó aquella. Lo que ocupó el pié, mantuvo el brazo y el ingenio, quedando mas poderoso con los despojos. Lo que pudo vencer con el arte, no remitió á la espada. Ponia en esta la ostentacion de su grandeza, y su gala en lo feroz de los escuadrones. En las guerras dentro de su reino, se halló siempre presente. Obraba lo mismo que ordenaba. Se confederaba para quedar árbitro, no sujeto. Ni victorioso se ensoberbeció, ni desespero vencido. Firmó las paces debajo del escudo. Vivió para todos, y murió para sí, quedando presente en la memoria de los hombres, para ejemplo de los príncipes, y eterno en el deseo de sus reinos.

(Saavedra, *Empres. polit.*)

La ribera del Tajo.

365. Admirado Timbrio de ver la frescura y la belleza del claro Tajo por do caminaba, vuelto á Elicio que al lado le venia, le dijo : « No poca maravilla me causa, « Elicio, la incomparable belleza de estas frescas riberas ; « y no sin razon, porque quien ha visto como yo las espa- « ciosas del nombrado Betis, y las que visten y adornan « al famoso Ebro, y al conocido Pisuerga ; y en las apar- « tadas tierras ha paseado el Tiber, y las amenas del Po, « sin dejar de haber rodeado las frescuras del apacible « Sibeto, grande ocasion habia de ser la que á la maravilla « me moviese de ver otras algunas. »

366. « No vas tan fuera de camino en lo que dices, « segun yo creo, discreto Timbrio, respondió Elicio, que « con los ojos no veas la razon, que de decirlo tienes, « porque sin duda puedes creer, que la amenidad y fres- « cura de las riberas de este rio hace notoria y conocida « ventaja á todas las que has nombrado, aunque entrasen « en ellas las del apartado Janto, y del conocido Anfriso, « y del enamorado Alfeo; porque tiene, y ha hecho cierto « la experiencia, que casi por derecha línea encima de la « mayor parte de estas riberas se muestra un cielo luciente

« y claro, que con un largo movimiento y con vivo res-
« plandor, parece convida á regocijo y gusto al corazon
« que de él está mas ajeno.

367. « Y si ello es verdad que las estrellas y el sol se « mantienen, como algunos dicen, de las aguas de acá « bajo, creo firmemente que las de este rio sean en gran « parte ocasion de causar la belleza del cielo que le cu- « bre, ó creeré que Dios por la misma razon que dicen « que mora en los cielos, en esta parte haga lo mas de su « habitacion.

368. « La tierra que lo abraza vestida de mil verdes « ornamentos, parece que hace fiestas, y se alegra de « poseer en sí un don tan raro y agradable, y el dorado « rio, como en cambio, en los abrazos de ella dulcemente « entretejiéndose, forma como de industria, mil entradas « y salidas, que á cualquiera que las mira llenan el alma « de placer maravilloso : de donde nace que aunque los « ojos tornen de nuevo muchas veces á mirarle, no por « eso dejan de hallar en él cosas que le causen nuevo pla- « cer y nueva maravilla.

369. « Vuelve, pues, los ojos, valeroso Timbrio, y « mira cuanto adornan sus riberas las muchas aldeas, y « ricas caserías, que por ella se ven fundadas. Aquí se vé « en cualquiera sazon del año andar la risueña primavera « con la hermosa Venus, en hábito sucinto, y al amoroso « Zéfiro que la acompaña, con la madre Flora delante, « esparciendo á manos llenas varias y odoríferas flores.

370. « Y la industria de sus moradores ha hecho « tanto, que la naturaleza incorporada con el arte, es « hecha artífice con natural del arte, y de entrambas á

« dos se ha hecho una tercia naturaleza, á la cual no sabré « dar nombre.

371. « De sus cultivados jardines, con quién los huertos Espérides y de Alcino pueden callar, de los espesos « bosques, de los pacíficos olivos, verdes laureles, y acopados mirtos; de sus abundosos pastos, alegres valles, y « vestidos collados, arroyos y fuentes, que en esta ribera « se hallan, no se espere que yo diga mas, sino que si en « alguna parte de la tierra los Campos Elíseos tienen « asiento, es sin duda en esta. ¿ Qué diré de la industria « de las altas ruedas, con cuyo movimiento continuo sacan las aguas del profundo rio, y humedecen abundosamente las eras que por largo espacio están apartadas ?

372. « Añádase á todo esto criarse en estas riberas « las mas hermosas y discretas pastoras, que en la redondez del mundo pueden hallarse : para cuyo testimonio, dejando á parte el que la experiencia nos muestra, « y lo que tú, Timbrio, ha que estás en ellas y has visto, « bastará traer por ejemplo aquella pastora que allí ves ; » y diciendo esto, señaló con el cayado á Galatea.

(Cervántes, *Galatea*.)

Salen los españoles de Galipoli á pelear con los griegos, y alcanzan de ellos señaladísima victoria.

(*28e Semaine.*) **373.** El enemigo se venía llegando á las murallas de Galipoli, y estrechaba á los sitiados, y como en las ordinarias escaramuzas, aunque con mayor daño de los griegos, se perdia gente de nuestra parte, resolviéron de salir á pelear con todas sus fuerzas, y aventurar en un trance de una batalla su vida y libertad; consejo que le deben seguir los que no pueden largo tiempo conservar la guerra. No se halláron en Galipoli para salir á pelear entre infantes y caballeros mil y quinientos, puesto que Nicéforo dice fuéron tres mil; pero el autor escribió por relacion de los griegos á quien el temor pudo engañar, y parecer doblado el número de los enemigos.

374. Levantáron un estandarte ántes de salir á pelear, con la imágen de san Pedro; pusiéronle sobre la torre principal de Galipoli con grandes demostraciones de piedad, y puestos de rodillas, despues de haber hecho una breve oracion al santo, invocáron á la vírgen. Al tiempo que empezáron la salve con devotas aunque confusas voces, estando el cielo sereno les cubrió una nube, y llovió sobre ellos, hasta que acabáron, y luego de improviso se desvaneció.

375. Quedáron admirados de tan gran prodigio y sintiéron en sus corazones grandes afectos de piedad y religion, con que les creció el ánimo, y tuviéron por cierta la victoria, pues con tan claras señales el cielo les favorecia. Reposáron aquella noche, no con poco cuidado de que fuese la última de su vida. Sábado por la mañana, que fué el siguiente á los 21 de junio, saliéron de sus murallas y reparos. El enemigo, dejando por guarda de sus reales que estaban en Brachialo, dos millas de Galipoli, parte de su ejército, con ocho mil caballos y mayor número de infantes se adelantó á pelear.

376. Los nuestros echáron su caballería por el lado

izquierdo de su infantaría, abrigándose por el derecho del terreno algo quebrado. Guillen Perez de Caldés, caballero anciano de Cataluña, llevaba el estandarte del rey de Aragon ; Hernan Gori el de don Fadrique, rey de Sicilia ; que olvidados de sus príncipes, jamas olvidáron su memoria. El de san Jorge diéron á Jimeno de Alvaro, y Rocafort encomendó el suyo á Guillen de Jous. Las centinelas que estaban en lo alto de las torres de Galipoli diéron la señal de acometer, porque descubrian mejor el enemigo que venia mejorándose por los collados.

377. Cerráron de una y otra parte con gallardía, y fué tanta la furia del primer encuentro, que afirma Montañer que los que quedáron dentro de Galipoli les pareció que todo el lugar venia al suelo á semejanza de terremoto. No pudiéron los griegos contra los soldados tan pláticos y valientes, aunque con tanta desigualdad, salir con victoria. Diéron luego la vuelta hácia sus reales, donde pensáron rehacerse. Los que quedáron en su defensa, viendo su gente rota, saliéron á detener al enemigo que con furia y rigor increible venia ejecutando la victoria.

378. El nuevo socorro de gente descansada detuvo algo á los vencedores, porque era lo mejor del ejército ; pero repetido el nombre de san Jorge cerráron con igual ánimo ; y segunda vez venciéron á los griegos, ganándoles sus alojamientos. Volviéron las espaldas Umberto Palo, Barela y el grande etriarca. Siguióse el alcance veinte y cuatro millas hasta Monocastano, degollando siempre sin resistencia alguna, porque la huida les hizo dejar las armas con que apretados pudiesen defenderse de los nuestros, que esparcidos, cansados, pocos les seguian ; pero la vileza de

los griegos era tanta, qué refiere un autor, que por las heridas en el rostro no osaban volverle, aunque con solo este riesgo se pudieran defender; última misèria á que puede llegar un hombre cuando teme las heridas mas que la infamia.

379. La mayor parte de los griegos vencidos muriéron ahogados, porque seguidos de los catalanes, de quien no esperaban buena guerra sino afrenta y muerte, se arrojaban á los barcos y leños de la ribera, cargando en ellos más gente de lo que podian llevar, con cuyo peso y con la priesa de los que entraban venian al fondo y se abrian, ayudando á esta pérdida los propíos catalanes que, metidos en el agua, á cuchilladas, y asidos de los bordes de los barcos, los forzaban á echarse en el agua ó morir. Con la noche dejáron el alcance, y cerca de la media volviéron á Galipoli; sin haber reconocido los despojos que el enemigo les dejaba, juzgando por mayor ganancia quitar vidas, y derramar sangre de los que con tanta impiedad quitáron las de sus compañeros y amigos.

380. A la mañana saliéron á recoger la presa, y fué de manera que tardáron ocho dias en retirarla dentro de Galipoli: vestidos de seda y oro en aquel tiempo mas estimados por no ser tan comunes, en grand cantidad; armas lucidas, y joyas de mucho precio; tres mil caballos de servicio, y bastimentos de tanta abundancia, que en muchos dias no se pudiera temer en Galipoli falta de ellos. Muriéron de los vencidos veinte mil infantes y seis mil caballos, y de los nuestros un caballo y dos infantes: no me atreviera á referirlo por parecerme caso imposible, si autores de mucho crédito no refirieran semejantes acontecimientos, Paulo Onorio, escritor antiguo y cristiano, cuenta de Agátocles, que degolló con dos mil hombres treinta mil cartagineses con su general Annon, y él perdió solos dos hombres.

(Moncada, *Exped. de los catalanes y aragoneses.*)

Los Gitanos.

381. Nosotros guardamos inviolablemente la ley de la amistad. Ninguno solicita la prenda del otro; libres y exentos vivimos de la amarga pestilencia de los celos. Pocas cosas tenemos que no sean comunes á todos, excepto la mujer, que queremos que cada una sea del que le cupo en suerte. Entre nosotros así hace divorcio la vejez, como la muerte: el que quisiere puede dejar la mujer vieja, como él sea mozo, y escoger otra que corresponda al gusto de sus años. Con estas y con otras leyes y estatutos nos conservamos y vivimos alegres; y somos señores de los campos, de los sembrados, de las selvas, de los montes, de las fuentes y de los rios. Los montes nos ofrecen leña de balde, los árboles frutas, las viñas uvas, las huertas hortaliza, las fuentes aguas, los rios peces, y los vedados caza; sombra las peñas, aire fresco las quiebras, y casas las cuevas.

382. Para nosotros las inclemencias del cielo son oreos, refrigerio las nieves, baños las lluvias, músicas los truenos, y hachas los relámpagos. Para nosotros son los duros terrenos colchones de blandas plumas; el cuero curtido de nuestros cuerpos nos sirve de arnés impenetrable que nos defiende; á nuestra ligereza no la impiden grillos ni la detienen barrancos, ni la contrastan paredes; á nuestro ánimo no le tuercen cordeles, ni le menoscaban garruchas, ni le ahogan tocas, ni le doman potros; del NO al SÍ no hacemos diferencia cuando nos conviene; siempre nos preciamos mas de mártires que de confesores. Para nosotros se crian las bestias de carga en los campos, y se cortan las faltriqueras en las ciudades.

383. No hay águila ni ninguna otra ave de rapiña que mas presto se abalance á la presa que se le ofrece, que nosotros nos abalanzamos á las ocasiones que algun interes nos señalan, y finalmente, tenemos muchas habilidades que feliz fin nos prometen; porque en la cárcel cantamos, en el potro callamos, de dia trabajamos y de noche hurtamos, ó por mejor decir, avisamos que nadie viva descuidado de donde pone su hacienda. No nos fatiga el temor de perder la honra ni nos desvela la ambicion de acrecentarla; ni sustentamos bandos, ni madrugamos á dar memoriales, ni á acompañar magnates, ni á solicitar favores. Por dorados techos y suntuosos palacios estimamos estas barracas, y móviles ranchos; por cuadros, y paises de Flandes, los que nos dá la naturaleza en esos quebrantados riscos y nevadas peñas, tendidos prados y espesos bosques, que á cada paso á los ojos se nos muestran. Somos astrólogos rústicos, porque, como casi siempre dormimos al cielo descubierto, á todas horas sabemos las que son del dia y las que son de la noche.

384. Vemos como arrincona y barre la aurora las estrellas del cielo, y como ella sale con su compañera el alba, alegrando el aire, enfriando el agua, y humedeciendo la tierra; y luego tras ellas, el sol dorando cumbres (como dijo el otro poeta) y rizando montes. Ni tememos quedar helados por su ausencia, cuando nos hiere á soslayo con sus rayos, ni quedar abrasados cuando con ellos particularmente nos toca: un mismo rostro hacemos al sol que al hielo, á la esterilidad que á la abundancia. En conclusion, somos gentes que vivimos por nuestra industria y pico, y sin entremeternos con el antiguo refran: *Iglesia ó mar, ó casa real,* tenemos lo que queremos, pués nos contentamos con lo que tenemos.

(Cervántes, *Novelas ejemplares.*)

Aventura de los molinos de viento.

(*33e. Semaine.*) **385.** En esto descubriéron treinta ó cuarenta molinos de viento que hay en aquel campo, y así como Don Quijote los vió, dijo á su escudero: « La ventura va guiando nuestras cosas mejor de lo que acertáramos á desear; porqué ves allí, amigo Sancho Panza, dónde se descubren treinta ó pocos mas desaforados gigantes con quien pienso hacer batalla y quitarles á todos las vidas, con cuyos despojos comenzarémos á enriquecer: que esta es buena guerra y es gran servicio de Dios quitar tan mala simiente de sobre la faz de la tierra. » — « ¿Qué gigantes? dijo Sancho Panza. » — « Aquellos que allí ves, respondió su amo; de los brazos largos, que los suelen tener algunos de casi dos leguas. » — « Mire vuestra merced, respondió Sancho, que aquellos

« que allí se parecen no son gigantes, sino molinos de « viento, y lo que en ellos parecen brazos, son las aspas « que, volteadas al viento, hacen andar la piedra del mo- « lino. »

386. « Bien parece, respondió Don Quijote, que no « estás cursado en esto de las aventuras : ellos son gigan- « tes ; y si tienes miedo, quítate de ahí, y ponte en ora- « cion en el espacio que yo voy á entrar con ellos en fiera « y desigual batalla. » Y diciendo esto, dió de espuelas á su caballo Rocinante, sin atender á las voces que su escudero Sancho le daba, advirtiéndole que sin duda alguna eran molinos de viento, y no gigantes aquellos que iba á acometer. Pero él iba tan puesto en que eran gigantes, que ni oia las voces de su escudero Sancho, ni echaba de ver, aunque estaba bien cerca, lo que eran : ántes iba diciendo en voces altas : « No fugades, cobardes y viles cria- « turas, que un solo caballero es el que os acomete. »

387. Levantóse en esto un poco de viento, y las grandes aspas comenzáron á moverse, lo cual visto por Don Quijote, dijo : « Pues aunque movais mas brazos que los del gigan- « te Briareo me lo habeis de pagar. » Y en diciendo esto y encomendándose de todo corazon á su señora Dulcinea, pidiéndole que en tal trance le socorriese, bien cubierto de su rodela, con la lanza en el ristre, arremetió á todo el galope de Rocinante, y embistió con el primer molino que estaba delante ; y dándole una lanzada en el aspa, la volvió el viento con tanta furia, que hizo la lanza pedazos, llevando tras sí al caballo y al caballero que fué rodando muy mal trecho por el campo.—Acudió Sancho Panza á socorrerle á todo el correr de su asno, y cuando llegó, halló que no se podia menear, tal fué el golpe que dió con él Rocinante.

(Cervántes, *Don Quijote.*)

El racimo de uvas.

388. Acaeció que llegando á un lugar que llaman Almorox, al tiempo que cogian las uvas, un vendimiador dió á mi ciego un racimo de ellas en limosna; y como suelen ir los cestos maltratados, y tambien porque la uva en aquel tiempo está muy madura, desgranábasele el racimo en la mano. Para echarlo en el fardel, tornábase mosto; y de lo que á él se llegaba, acordó de hacer un banquete, así por no lo poder llevar, como por contentarme; que aquel dia me habia dado muchos rodillazos y golpes. Sentámonos en un valladar, y dijo: « Ahora quiero usar con- » tigo una liberalidad, y es que ambos comamos este racimo » de uvas, y que hayas de él tanta parte como yo. Partirlo » hémos de esta manera: tú picarás una vez, y yo otra, « con tal que me prometas no tomar cada vez mas que « una uva; y yo haré lo mismo hasta que le acabemos, « y de esta suerte no habrá engaño. » Hecho así el concierto, comenzámos; mas luego al segundo lance el traidor mudó propósito, y comenzó á tomar de dos en dos, considerando que yo deberia hacer lo mismo. Como ví que él quebraba la postura, no me contenté con ir á la par de él, mas aun pasaba adelante, dos á dos y tres á tres, y como podia las comia. Acabado el racimo, estuvo un poco

con el escobajo en la mano, y meneando la cabeza, dijo: « Lázaro, engañadome has: juraré yo á Dios que has tú « comido las uvas tres á tres. » « No comí, dije yo: « mas, ¿porqué sospechais eso? « Respondió el sagacísimo ciego: «Sabes, en que veo que las comiste tres á tres? en « que comia yo dos á dos, y callabas. »

(Hurtado de Mendoza, *Lazarillo de Tormes.*)

El equívoco ó el caso difícil.

389. Cuéntase de cierta viuda que fué á casa de su cura á pedirle consejo sobre si volveria á casar, porque decia que no podia estar sin alguno que la ayudase, y que tenia un criado muy bueno y muy inteligente en el oficio de su marido. Entónces la dijo el cura: « Pues bien cásate « con él. » Mas ella le decia: « pero está á pique, si me « caso con él, que se suba á mayores, y que de criado, se « haga amo mio. » Entónces el cura le dijo: « Pues bien no « te cases tal. » Pero ella le replicó: « No sé que me haga, « porque yo no puedo llevar sola todo el trabajo que tenia « mi marido, y he menester un compañero que me ayude « á llevarle. » Entónces le dijo el cura: « Bien, pues cá- » sate con ese mozo. » Mas ella le volvió á replicar: « ¿Y si sale malo, y quiere tratarme mal, y desperdiciar « mi hacienda? » Entónces el cura le dijo: « Bien, pues « no te cases. »

390. Y así la iba respondiendo siempre el cura, segun las proposiciones y las réplicas que la viuda le hacia. Pero al fin, conociendo el cura que la viuda en realidad tenia gana de casarse con aquel mozo, porque le tenia pasion, díjola que atendiese bien lo que le dijesen las campanas de la iglesia, y que hiciese según ellas le aconsejasen. Tocaron las campanas, y á ella le pareció que la decian según lo que tenia en su corazon : ca-sa-te-con-él, ca-sa-te-con-él. Casóse, y el marido la azotó y la dió de palos tan lindamente, pasando á ser esclava, la que ántes era ama. Entónces la viuda se fué al cura, quejándose del consejo que le habia dado, y echando mil maldiciones á la hora en que le habia creido. Entónces el cura le dijo : « Sin duda que nó oiste bien lo que decian las campanas. » Tocólas el cura, y á la viuda le pareció entónces que decian clara y distintamente : no-te-ca-ses-tal, no-te-ca-ses-tal; porque con la pena se ha bia hecho cuerda.

(P. Isla, *Fr. Gerundio de Campazas.*)

Antonio Perez á su hija.

381. Hija mia, á la Gregoria digo : que ya se sabe que cuando esto digo, á ella nombro. Á la que se quiere rematar y hacerse verdugo suyo y mio de nuestros enemigos; á la que quiere perder la corona del martirio, por morir de sus manos. Amiga, dejad hacer á Dios, que san Antonio de Padua se fué á Africa por ser mártir, y vivia sediento de morir tal, tanto que andaba buscando la muerte. Dios no queria, porque no quiere que nadie escoja la muerte de su mano, que es como hacerse Dios de sí mismo el tal. Mejor le ganaréis la voluntad, hija mia, con refrescaros con las persecuciones, con engordar con esos agravios. ¿ Pensais que os aconsejo mal ? ¿ Pensais que es esto solo de la fé y del alma ? No, hija mia, no es sino sentido, no es sino ganancia al ojo, y caminar á mí, á verme, á gozarnos, si es lo que os aflige. Porque Dios, como quien nos forjó, nos conoce, y traza que lo que es mérito con él sea nuestra conveniencia, y lo que es en su ofensa, sea en nuestra ruina.

392. Mirad cuan suave es su yugo, y si nos engañó cuando él afirmó esto. De suerte, hija, que por venir al punto : si vivís, si os esforzais, si animais á vuestra madre, y á ese Gonzalo, mi alma é hijo, que dicen que se consume con lágrimas por mí, ganaréis la corona del martirio, en que os deja ejercitar Dios, y nos verémos y gozarémos viviendo. Que revienten, que se abrasen con las llamas los atizadores del horno en que os tienen, y si os acabais, todo esto perderéis, y no me veréis, y me enterraréis en cargo de vuestra conciencia, por no habermc sustentado con vuestra vida, para ver el desagravio de todos vosotros. Ea pues, hijos mios, los mis mayores : vuelva el alma al cuerpo. Acordaos que no son medios ordinarios los de mi fortuna : estruendos, escándalos, cauterios fuertes ; no ensalmos, ni unturas de intercesiones, son los que nos han de sacar de estas tormentas ; una ola, y no ha de ser ordinaria (que alterarse tiene el mar) que como nos arrebató de la nave, nos torne á ella. Volved los ojos al discurso de mi vida, y veréis...

(Antonio Perez, *Cartas.*)

Aventura del jarro de vino.

393. Usaba poner cabe sí un jarrillo de vino cuando comiamos : yo muy de presto le ásia y daba un par de besos callados y tornábale á su lugar; mas duróme poco, que en los tragos conocia la falta: y por reservar su vino á salvo, nunca despues desamparaba el jarro, ántes lo tenia por el asa asido. Mas no habia piedra iman, que así trajese á sí, como yo con una paja larga de centeno que para aquel menester tenia hecha; la cual metiéndola en la boca del jarro, chupando el vino, le dejaba á buenas noches. Mas como fuese el traidor tan astuto, pienso que me sintió, y dende en adelante mudó de propósito, y asentaba su jarro entre las piernas y atapábale con la mano, y así bebia seguro.

394. Yo como estaba hecho al vino, moria por él, y viendo que aquel remedio de la paja no me aprovechaba ni valia, acordé en el suelo del jarro hacer una fuentecilla y agujero sutil, y delicadamente con una muy delgada tortilla de cera taparlo. Al tiempo de comer, fingiendo haber frio, entrábame entre las piernas del triste ciego á calentarme en la pobrecilla lumbre que teniamos; y á calor de ella, luego derretida la cera, por ser muy poca, comenzaba la fuentecilla á destilarme en la boca, la cual yo de tal manera ponia, que maldita la gota se perdia. Cuando el pobrete iba á beber, no hallaba nada : espantábase, maldecía, daba al diablo el jarro y el vino, no sabiendo que podia ser. « No diréis, tio, que os lo bebo yo, « decia, pues no le quitais de la mano. »

395. Tantas vueltas y tientos dió al jarro, que halló la fuente y cayó en la burla; mas así lo disimuló como si no lo hubiera sentido, y luego otro dia, teniendo yo rezumando mi jarro como solia, no pensando el daño que me estaba aparejado, ni que el mal ciego me sentia, sentéme como solia, estando recibiendo aquellos dulces tragos, mi cara puesta hácia el cielo, un poco cerrados los ojos por mejor gustar el sabroso licor. Sintió el desesperado ciego que ahora tenia tiempo de tomar de mí venganza, y con toda su fuerza alzando con dos manos aquel dulce y amargo jarro, le dejó caer sobre mi boca, ayudándose, como digo, con todo su poder; de manera que el pobre Lázaro que de nada de esto se guardaba, ántes, como otras veces, se estaba descuidado y gozoso, verdaderamente le pareció que el cielo con todo lo que en él hay, le habia caido encima.

396. Fué tal el golpecillo, que me desatinó y sacó de sentido, y el jarrazo tan grande que los pedazos de él se me metiéron por la cara, rompiéndomela por muchas partes, y me quebró los dientes, sin los cuales hasta hoy dia me quedé. Desde aquella hora quise mal al mal ciego, y aunque me queria y regalaba y me curaba, bien ví que se habia holgado del cruel castigo. Lavóme con vino las roturas que con los pedazos del jarro me habia hecho, y sonriéndose, decia: « ¿ Qué te parece, Lázaro ? lo que te enfermó te sana y dá salud : » y otros donaires que á mi gusto no lo eran. Ya que estuve medio bueno de mi negra trepa y cardenales, considerando que á pocos golpes tales el cruel ciego ahorraria de mí, quise yo ahorrar de él : mas no lo hice tan presto, por hacerlo mas á mi salvo y provecho.

(Hurtado de Mendoza, *Lazarillo de Tormes.*)

La vela de las armas. — Don Quijote queda armado caballero.

397. (*34e Semaine.*) Lo que mas le fatigaba, era el no verse armado caballero, por parecerle que no se podria poner legítimamente en aventura alguna sin recibir la órden de caballería; y así fatigado de este pensamiento, abrevió su venteril y limitada cena, la cual acabada, llamó al ventero, y encerrándose con él en la caballeriza, se hincó de rodillas ante él diciéndole : « No me levantaré jamas « de donde estoy, valeroso caballero, hasta que la vuestra « cortesía me otorgue un don que pedirle quiero, el cual « redundará en alabanza vuestra y en pro del género hu- « mano. » El ventero que vió á su huesped á sus piés y oyó semejantes razones, estaba confuso, mirándole sin saber que hacerse ni que decirle, y porfiaba con él que se levantase ; y jamas quiso hasta que le hubo de decir que él le otorgaba el don que le pedia.

398. « No esperaba ménos de la gran magnificencia « vuestra, señor mio, respondió Don Quijote ; y así os « digo que el don que os he pedido y de vuestra liberali- « dad me ha sido otorgado, es que mañana en aquel dia « me habeis de armar caballero, y esta noche, en la ca- « pilla de este vuestro castillo velaré las armas, y mañana

« como tengo dicho, se cumplirá lo que tanto deseo para « poder, como se debe, ir por todas las partes del mundo « buscando las aventuras en pro de los menesterosos, como « está á cargo de la caballería y de los caballeros andan- « tes, como yo soy, cuyo deseo á semejantes hazañas es « inclinado. » El ventero que era un poco socarron, y ya tenia algunos barruntos de la falta de juicio de su huesped, acabó de creerlo cuando acabó de oir semejantes razones; y por tener que reir aquella noche determinó de seguirle el humor.

399. Y así le dijo: que andaba muy acertado en lo que deseaba y pedia, y que tal propuesta era propio y natural de los caballeros tan principales como él parecia, y como su gallarda presencia mostraba; y que él así mismo, en los años de su mocedad, se habia dado á aquel honroso ejercicio, andando por diversas partes del mundo buscando sus aventuras, sin que hubiese dejado los percheles de Málaga, islas de Riaran, compas de Sevilla, azoguejo de Segovia, la olivera de Valencia, rondilla de Granada, plaza de San Lúcar, potro de Córdova, y las ventillas de Toledo, y otras diversas partes donde habia ejercitado la ligereza de sus piés y sutileza de sus manos, haciendo muchos tuertos, y dándose á conocer por cuantas audiencias y tribunales hay en casi toda España; y que á lo último se habia venido á recoger á aquel su castillo, donde vivia con su hacienda y con las agenas, recogiendo en él á todos los caballeros andantes, de cualquiera calidad y condicion que fuesen, solo por la mucha aficion que les tenia, y porque partiesen con él de sus haberes en pago de su buen deseo.

100. Díjole tambien que en aquel su castillo no habia capilla alguna donde poder velar las armas, porque estaba derribada para hacerla de nuevo; pero en caso de necesidad él sabia que se podian velar donde quiera, y que la noche las podria velar en un patio del castillo: que á la mañana, siendo de Dios servido, se harian las debidas ceremonias de manera que él quedase armado caballero, y tan caballero, que no pudiese ser mas en el mundo. . . . .

101. Prometióle Don Quijote de hacer lo que se le aconsejaba con toda puntualidad; y así se dió luego órden como velase las armas en un corral grande que á un lado de la venta estaba, y embrazando su adarga, asió de su lanza, y con gentil continente se comenzó á pasear delante de la pila, y cuando comenzó el paseo, comenzaba á cerrar la noche. Contó el ventero á todos cuantos estaban en la venta la locura de su huesped, la vela de las armas y la armazon de caballería que esperaba. Admirándose de tan extraño género de locura, fuéronselo á mirar desde lejos, y viéron que con sosegado ademan unas veces se paseaba, otras, arrimado á su lanza, ponia los ojos en las armas sin quitarlos por un buen espacio de ellas.

102. Acabó de cerrar la noche con tanta claridad de la luna que podia competir con el que se le prestaba, de manera que cuanto el novel caballero hacia era bien visto de todos. Antojósele en esto á uno de los arrieros que estaban en la venta, ir á dar agua á su recua, y fué menester quitar las armas de Don Quijote que estaban sobre la pila; el cual viéndole llegar, en voz alta le dijo: «O tú, « quien quiera que seas, atrevido caballero, que llegas á

» tocar las armas del mas valeroso andante que jamas se « ciñó espada, mira lo que haces, y no las toques sino « quieres dejar la vida en pago de tu atrevimiento. »

403. No se curó el arriero de estas razones (y fuera mejor que se curara, porque fuera curarse en salud): ántes, trabando de las correas, las arrojó gran trecho de sí. Lo cual visto por Don Quijote, alzó los ojos al cielo, y puesto el pensamiento (á lo que pareció) en su señora Dulcinea, dijo: « Acorredme, señora mia, en esta pri-« mera afrenta que á este vuestro avasallado pecho se le « ofrece: no me desfallezca en este primero trance vues-« tro favor y amparo. » Y diciendo estas y otras semejantes razones, soltando la adarga, alzó la lanza á dos manos y dió con ella tan gran golpe al arriero en la cabeza, que le derribó en el suelo tan mal trecho, que si segundara con otro, no tuviera necesidad de maestro que le curara. Hecho esto, recogió sus armas, y tornó á pasearse con el mismo reposo que primero.

404. Desde allí á poco, sin saberse lo que habia pasado (porque aun estaba aturdido el arriero), llegó otro con la misma intencion de dar agua á sus mulos, y llegando á quitar las armas para desambarazar la pila, sin hablar Don Quijote palabra, y sin pedir favor á nadie, soltó otra vez la adarga, y alzó otra vez la lanza, y sin hacerla pedazos, hizo mas de tres la cabeza del segundo arriero, porque se la abrió por cuatro. — Al ruido acudió toda la gente de la venta y entre ellos el ventero. Viendo esto Don Quijote embrazó su adarga, y puesta mano á su espada, dijo: « O señora de la hermosura, es-« fuerzo y vigor del debilitado corazon mio, ahora es

« tiempo que vuelvas los ojos de tu grandeza á este tu « cautivo caballero, que tamaña aventura está aten- « diendo. » Con esto cobró, al parecer, tanto ánimo, que si le acometieran todos los arrieros del mundo, no volviéra el pié atras.

105. Los compañeros de los heridos que tales los viéron, comenzáron desde lejos á llover piedras sobre Don Quijote, el cual, lo mejor que podia se reparaba con su adarga, y no se osaba apartar de la pila por no desamparar las armas. El ventero daba voces que le dejasen, porque ya les habia dicho como era loco, y que por loco se libraria, aunque los matase á todos. Tambien Don Quijote las daba mayores, llamándolos de alevosos y traidores, y que el señor del castillo era un follon y mal nacido caballero, pues de tal manera consentia que se tratasen los andantes caballeros; y que si él hubiese recibido la órden de caballeria, que él le diera á entender su alevosía : « Pero de « vosotros, soez y baja canalla, no hago caso ninguno; « tirad, llegad, venid, ofendedme en cuanto pudiéredes; « que vosotros veréis el pago que llevais de vuestra sandez « y demasía.»

106. Decia esto con tanto brio y denuedo, que infundió un terrible temor en los que le acometian; y así por esto como por las persuasiones del ventero, le dejáron de tirar, y él dejó retirar á los heridos, y tornó á la vela de sus armas con la misma quietud y sosiego que primero. —No le pareciéron bien al ventero las burlas de su huesped, y determinó abreviar y darle la negra órden de caballería luego, ántes que otra desgracia sucediese : y así, llegándose á él, se disculpó de la insolencia que aquella gente baja con él habia usado; sin que él supiese cosa alguna; pero que cbien astigados quedaban de su atrevimiento. Díjole, como ya le habia dicho, que en aquel castillo no habia capilla, y para lo que restaba de hacer tampoco era necesaria; que todo el toque de quedar armado caballero consistia en la pescozada y en el espaldarazo, segun él tenia noticia del ceremonial de la órden, y que aquello en mitad de un campo se podia hacer; y que ya habia cumplido con lo que tocaba al velar de las armas, que con solas dos horas de vela se cumplia, cuanto mas que él habia estado mas de cuatro.

407. Todo se lo creyó Don Quijote, y dijo que él estaba allí pronto para obedecerle, y que concluyese con la mayor brevedad que pudiese, porque si fuese otra vez acometido y se viese armado caballero, no pensaba dejar persona viva en el castillo, excepto aquellas que él el mandase, á *quien por su respeto dejaria.* Advertido y medroso de esto, el castellano trujo luego un libro donde asentaba la paja y cebada que daba á los arrieros; y con un cabo de vela que le traia un muchacho, y con dos doncellas, se vino adonde Don Quijote estaba, al cual mandó hincar de rodillas, y leyendo en su manual como que decia alguna devota oracion, en mitad de la leyenda, alzó la mano y dióle sobre el cuello un gran golpe, y tras él, con su misma espada, un gentil espaldarazo, siempre murmurando entre dientes como que rezaba. Hecho esto, mandó á una de aquellas damas que le ciñesen la espada, la cual lo hizo con muchísima desenvoltura y discrecion, porque no fué menester poca para no reventar de risa á cada punto de las ceremonias; pero las proezas que ya habian visto del nuevo caballero les tenia la risa á raya, ...

. . . .

408. Hechas pues de galope y apriesa las hasta allí nunca vistas ceremonias, no vió la hora Don Quijote de verse á caballo y salir buscando aventuras, y ensillando luego á Rocinante, subió en él; entónces abrazando á su huesped, le dijo cosas tan extrañas, agradeciéndole la merced de haberle armado caballero, que no es posible acertar á referirlas. El ventero, por verle fuera de la venta, con no ménos retóricas (aunque con mas breves palabras,) respondió á las suyas; y sin pedirle la costa de la posada, le dejó ir á la buena hora.

(Cervántes, *Quijote.*)

El hidalgo montañes.

(*35e Semaine*,) **409.** Yo iba caballero en el rucio de la Mancha, y bien deseoso de no topar á nadie, cuando desde lejos ví venir un hidalgo de portanto, con su capa puesta, espada ceñida, calzas atacadas y botas, y al parecer bien puesto; el cuello abierto, el sombrero de lado. Sospeché que era algun caballero que dejaba atras su coche, y así emparejando, le saludé. Miróme, y dijo : « Irá vuesa « merced, señor licenciado, en ese borrico con harto mas « descanso que yo con todo mi aparato. »

410. Yo que entendí que lo decia por coche y criados que dejaba atrás, dije : « En verdad, señor, que lo tengo « por mas apacible caminar que el de coche, porque « aunque vuesa merced vendrá en el que trae detrás,

« aquellos vuelcos que da inquietan. » — « ¿ Cual coche « detrás? » dijo él muy alborotado; y al volver atrás, como hizo fuerza, se le cayéron las calzas, porque se le rompió una agujeta que traía, la cual era tan sola, que tras verme tan muerto de risa de verle, me pidió una prestada.

111. Yo que ví que de la camisa no se veía sino una ceja, y que traia tapado el rabo de medio ojo, le dije : « Por Dios, señor, que si vuesa merced no aguarda á sus « criados, yo no puedo socorrerle, porque vengo atacado « únicamente. »

112. « Si hace vuestra merced burla, dijo él, vaya; por- « que no entiendo eso de los criados; » y aclaróseme tanto, en materia de ser pobre, que me confesó á media legua que anduvímos, que si no le hacia la merced de dejarle subir en el borrico un rato, no le era posible pasar á la corte, por ir cansado de caminar con las bragas en los puños; y movido á compasion me apeé; y como él no podia sacar las calzas, húbele yó de subir; y espantóme lo que descubrí en el tocamiento, porque por la parte de atrás que cubria la capa, traia las cuchilladas con entretelas de cuero puro.

113. Él, que sintió lo que habia visto, como discreto, se previno diciendo : « ¡ Señor licenciado! no es oro todo « lo que reluce..... Pues aun no ha visto nada vuesa mer- « ced, que hay tanto que ver en mí, como tengo, porque « nada cubro. »

114. Vême aquí vuestra merced un hidalgo hecho y derecho, de casa y solar montañes, y que si como sustento la nobleza, me sustentara, no hubiera mas que pedir;

pero ya, señor licenciado, sin pan ni carne no se sustenta buena sangre, y por la misericordia de Dios, todos la tienen colorada, y no puede ser hijodalgo el que no tiene nada. Ya he caido en la cuenta de ejecutorias, despues que hallándome en ayunas un dia, no quisiéron dar sobre ellas en un bodegon dos tajadas : ¿ Pues decir que no tienen letras de oro ? Pero mas valiera el oro en las píldoras, que en las letras, y de mas provecho es; y con todo hay muy pocas letras en oro.

415. « He vendido hasta mi sepultura, por no tener sobre que caer muerto ; que la hacienda de mi padre Toribio Rodriguez, Vallejo, Gomez de Ampuero (que todos estos nombres tenia) se perdió en una fianza : solo el *Don* me ha quedado por vender, y soy tan desgraciado, que no hallo nadie con necesidad de él ; pues quien no le tiene por ante, le tiene por postre, como el Remendon, Azadon, Pendon, Baldon, Bordon, y otros así. » — Confieso, que aunque iban mezcladas con risa las calamidades del dicho hidalgo, me entretuviéron.

416. Preguntéle como se llamaba, y adonde iba, y á qué. Dijo todos los nombres de su padre : « D. Toribio Rodriguez, Vallejo, Gomez de Ampuero y Jordan ; » no se vió jamas nombre tan campanudo, porque acababa en dan, y empezaba en don, como son de bajo. Trás esto dijo, que iba á la corte, porque un mayorazgo raido como él, en un pueblo corto, olia mal á dos dias, y no se podia sustentar, y que por eso se iba á la patria comun, á donde caben todos, y á donde hay mesas francas para estómagos aventureros ; y nunca cuando entro en ella, me faltan cien reales en la bolsa, cama, comer, y refocilo de lo vedado; porque la industria en la corte es piedra filosofal, que vuelve en oro cuanto toca.

(Quevedo, *Vida del Gran Tacaño.*)

Santa Teresa de Jesus á D. Diego Hurtado de Mendoza, que se hallaba en la corte retirado de sus altos cargos.

417. Yo digo á V. S. que no puedo entender la causa por qué yo y estas hermanas tan tiernamente nos hemos regalado y alegrado con la merced que V. S. nos hizo con su carta; porque, aunque haya muchas, y estamos tan acostumbradas á recibir mercedes y favores de personas de mucho valor, no nos hace esta operacion; con que alguna cosa hay secreta que no entendemos. Y es así que con advertencia lo he mirado en estas hermanas y en mí.

418. Sola una hora de término nos dan para responder, y dicen se va el mensajero; y á mi parecer ellas quisiéran muchas, porque andan cuidadosas de lo que V. S. les manda, y en su seso piensa su comadre de V. S. que han de hacer algo sus palabras. Si conforme á la voluntad con que ella las dice fuera el efecto, yo estuviera bien cierta aprovecharan; mas es negoció de Nuesto Señor, y solo Su Majestad puede mover, y harta gran merced nos hace de dar á V. S. luz de cosas y deseos; que en tan gran entendimiento, imposible es sino que poco á poco obren estas dos cosas.

419. Una puedo decir con verdad: Que, fuera de negocios que tocan al señor obispo, no entiendo agora otra que alegrase mas mi alma, que ver á V. S. señor de sí. Y es verdad que lo he pensado, que á persona tan valerosa solo Dios puede henchir sus deseos: y así ha hecho Su Majestad bien, que en la tierra se hayan descuidado los que pudieran comenzar á cumplir alguno. V. S. perdone, que voy ya necia: Mas, ¡qué cierto es serlo los mas atrevidos y ruines, y en dándoles un poco de favor, tomar mucho!

420. El P. Fr. Jerónimo Gracian se holgó mucho con el recaudo de V. S.; que sé yo tiene el amor y deseo á que es obligado, y aun creo harto mas, de servir á V. S. y que procura lo encomienden personas de las que trata (que son buenas) á Nuestro Señor. Y él lo hace con tanta gana de que le aproveche, que espero en Su Majestad le ha de oir: porque, segun me dijo un dia, no se contenta con que sea V. S. muy bueno, sino muy santo. Yo tengo mas bajos pensamientos: contentarme hia con que V. S. se contentase con solo lo que ha menester para sí solo, y no se extendiese á tanto su caridad de procurar bienes ajenos. Que ya veo, que si V. S. con su descanso solo tuviese cuenta, le podia ya tener y ocuparse en adquirir bienes perpetuos, y servir á quien para siempre le ha de tener consigo, no se cansando de dar bienes.

(Santa Teresa de Jesus, *Cartas.*)

[N. 1515.—M. 1582.]

Discurso del moro Aben Jauhar excitando á los suyos á levantarse y á elegir un rey.

(*36e Semaine.*) **421.** Enviáron á Argel al Partal que vivia en Narila, lugar del partido de Cadiar, hombre rico, diligente y tan cuerdo, que la segunda vez que fué á Berbería, llevó su hacienda y dos hermanos, y se quedó en Argel. Este y el Jeniz, que despues vendió y mató al Abenabo su señor, á quien ellos levantáron por segundo rey, estaban en aquella congregacion como diputados en nombre de toda la Alpujarra; y por tener alguna cabeza en quien se mantuviesen unidos, mas que por sujetarse á otras sino á las que el rey de Argel les nombrase, resolviéron en veinte y siete de setiembre hacer rey, persuadidos con la razon de don Fernando de Valor, el zaguer, que en su lengua quiere decir el menor, á quien por otro nombre llamaban Aben Jauhar, hombre de gran autoridad y de consejo maduro, entendido en las cosas del reino y de su ley. Este viendo que la grandeza del hecho traia miedo, dilacion, diversidad de casos, mudanzas de pareceres, los juntó en casa de Zinzan, en el Albaicin, y les habló.

422. « Poniéndoles delante la opresion en que esta-
« ban, sujetos á hombres públicos y particulares, no
« ménos esclavos que si lo fuesen. Mujeres, hijos, ha-
« ciendas, y sus propias personas en poder y arbitrio de
« enemigos, sin esperanza en muchos siglos de verse fuera
« de tal servidumbre; sufriendo tantos tiranos como ve-

« cinos, nuevas imposiciones, nuevos tributos, y pri-
« vados del refugio de los lugares de señorío, donde los
« culpados, puesto que por accidentes ó por venganzas
« (esta es la causa entre ellos mas justificada), se asegu-
« ran; echados de la inmunidad y franqueza de las iglesias,
« donde por otra parte los mandaban asistir á los oficios
« divinos con penas de dinero; hechos sujetos de enri-
« quecer clérigos; no tener acogida á Dios ni á los hom-
« bres; tratados y tenidos como moros entre los cristianos
« para ser menospreciados, y como cristianos entre moros
« para no ser creidos ni ayudados. Excluidos de la vida y
« conversacion de personas, mándannos que no hablemos
« nuestra lengua, y no entendemos la castellana: ¿ en qué
« lengua habrémos de comunicar los conceptos y pedir ó
« dar las cosas, sin que no puede estar el trato de los
« hombres? Aun á los animales no se vedan las voces hu-
« manas. ¿Quien quita que el hombre de lengua castellana
« no pueda tener la ley del profeta, y el de la lengua mo-
« risca la ley de Jesus? Llaman á nuestros hijos á sus con-
« gregaciones y casas de letras; enséñanles artes que
« nuestros mayores prohibiéron aprenderse, porque no
« se confundiese la puridad, y se hiciese litigiosa la verdad
« de la ley. Cada hora nos amenaza quitarlos de los bra-
« zos de sus madres, y de la crianza de sus padres, y
« pasarlos á tierras ajenas, donde olviden nuestra manera
« de vida, y aprendan á ser enemigos de los padres
« que los engendramos, y de las madres que los pa-
« riéron.

423. « Mándannos dejar nuestro hábito, y vestir el
« castellano. Vistense entre ellos los tudescos de una ma-

« nera, los franceses de otra, los griegos de otra, los « frailes de otra, los mozos de otra, y de otra los viejos : « cada nacion, cada profesion y cada estado usa su ma- « nera de vestido, y todos son cristianos; y nosotros mo- « ros, porque vestimos á la morisca, como si trujesemos « la ley en el vestido, y no en el corazon. Las haciendas « no son bastantes para comprar vestidos para dueños y « familias; del hábito que traiamos no podemos disponer, « porque nadie compra lo que no ha de traer; para traerlo « es prohibido, para venderlo es inútil. Cuando en una « casa se prohibiere el antiguo, y comprare el nuevo del « caudal que teniamos para sustentarnos, ¿de qué vivi- « rémos?

424. « Si queremos mendigar, nadie nos socorrerá como « á pobres, porque somos pelados como ricos ; nadie nos « ayudará, porque los moriscos padecemos esta miseria y « pobreza, y los cristianos no nos tienen por prójimos « Nuestros pasados quedáron tan pobres en la tierra de « las guerras contra Castilla, que casando su hija el al- « caide de Loja, grande y señalado capitan que llaman Ala- « tar, deudo de los que aquí nos hallamos, hubo de « buscar vestidos prestados para la boda. ¿Con qué ha- « ciendas, con qué trato, con qué servicio ó industria, en « qué tiempo adquirirémos riqueza para perder unos há- « bitos y comprar otros?

425. « Quitannos el servicio de los esclavos negros; « los blancos no eran permitidos por ser de nuestra nacion : « habiamoslos comprado, criado, mantenido; ¿ esta pér- « dida sobre las otras? ¿ qué harán los que no tuvieren « hijas que les sirvan, ni hacienda con que mantener

« criados, si enferman, si se inhabilitan, si envejecen, sino » prevenir la muerte? Van nuestras mujeres, nuestras hi- « jas, tapadas las caras, ellas mismas á servirse y proveerse « de lo necesario á sus casas; mándanles descubrir los « rostros: si son vistas, serán codiciadas y aun requeridas, « y veráse quien son las que diéron la avilantez al atre- « vimiento de mozos y viejos.

426. « Mándannos tener abiertas las puertas que nues- « tros pasados con tanta religion y cuidado tuviéron cer- « radas; no las puertas, sino las ventanas y resquicios de « casa. ¿Hemos de ser sujetos de ladrones, de malhe- « chores, de atrevidos y desvergonzados adúlteros, y « que estos tengan dias determinados y horas ciertas, « cuando sepan que pueden hurtar nuestras hacien- « das, ofender nuestras personas, violar nuestras hon- « ras?

427. « No solamente nos quitan la seguridad, la ha- « cienda, la honra, el servicio, sino tambien los entrete- « nimientos; así los que se intrudujéron por la autoridad, « reputacion y demostraciones de alegría en las bodas, « zambras, bailes, música, comedia, como los que son « necesarios para la limpieza, convenientes para la « salud.

428. « ¿Vivirán nuestras mujeres sin baños, intro- « duccion tan antigua? ¿Vivirán en sus casas tristes, « sucias, enfermas, donde tenian la limpieza por conten- « tamiento, por vestido, por sanidad?

429. « Representóles el estado de la cristiandad, las « divisiones entre herejes y católicos en Francia, la re- « belion de Flándes, Inglaterra sospechosa, y los flamen-

« cos huidos solicitando en Alemania á los príncipes de « ella. El rey falto de dineros y gente plática, mal arma- « das las galeras, proveidas á remiendos; la chusma libre, « los capitanes y hombres de cabo descontentos, como « forzados. Si previniesen, no solamente el reino de « Granada, pero parte del de Andalucía que tuviéron sus « pasados, y agora poseen sus enemigos, pueden ocupar « con el primer ímpetu; ó mantenerse en su tierra, « cuando se contenten con ella sin pasar adelante.

430. « Montaña áspera, valles al abismo, sierras al « cielo, caminos estrechos, barrancos y derrumbaderos « sin salida : ellos gente suelta, plática en el campo, mos- « trada á sufrir calor, frio, sed, hambre; igualmente « diligentes y animosos al acometer, prestos á despar- « cirse y juntarse.

431. « Españoles contra españoles, muchos en nú- « mero, proveidos de vituallas, no tan faltos de armas « que para los principios no les basten; y en lugar de las « que no tienen, las piedras delante de los piés, que con- « tra gente desarmada son armas bastante: y cuanto á los « que se hallaban presentes, que en vano se habian jun- « tado, si cualquiera de ellos no tuviera confianza del « otro que era suficiente para dar cobro á tan gran he- « cho; y si, como siendo sentidos habian de ser compa- « ñeros en la culpa y el castigo, no fuesen despues parte « en las esperanzas y frutos de ellas, llevándolas al cabo.

432. « Cuanto mas que ni las ofensas podian ser ven- « gadas, ni deshechos los agravios, ni sus vidas y casas « mantenidas, y ellos fuera de servidumbre; sino por

« medio del hierro, de la union y concordia, y una determinada resolucion con todas sus fuerzas juntas. Para lo « cual era necesario elegir cabeza de ellos mismos, ó fuese « con nombre de jeque, ó de capitan, ó de alcaide, ó de » rey, si les pluguiese, que los tuviese juntos en justicia « y seguridad. »

(Hurtado de Mendoza, *Guerra de Granada.*)

FIN DE LA PREMIÈRE PARTIE.

DEUXIÈME PARTIE.

LITTÉRATURE.—PROSE.

Heroicidad de Guzman el Bueno en Tarifa.

1. Entre los personages malvados que hubo en aquel siglo, y los produjo muy malos, debe distinguirse el infante Don Juan, uno de los hermanos del rey (1); inquieto, turbulento, sin lealtad y sin constancia, habia abandonado á su padre por su hermano, y despues á su hermano por su padre. En el reinado de Sancho fué siempre uno de los atizadores de la discordia, sin que el rigor pudiese escarmentarle, ni contenerle el favor. A cualquiera soplo de esperanza, por vana y vaga que fuese, mudaba de senda y de partido, no reparando jamas en los medios de conseguir sus fines, por injustos y atroces que fuesen; ambicioso sin capacidad, faccioso sin valor, y digno siempre del odio y del desprecio de todos los partidos.

2. Acababa el rey su hermano de darle libertad de la

(1) Don Sancho el IV.

prision, á que le condenó en Alfaro, cuando la muerte del señor de Vizcaya, cuyo cómplice habia sido. Ni el juramento que entónces hizo de mantenerse fiel, ni la autoridad y consideracion que le diéron en el gobierno, pudiéron sosegarle. Alborotóse de nuevo, y no pudiendo mantenerse en Castilla, se huyó á Portugal, de donde aquel rey le mandó salir por respeto á Don Sancho. De allí se embarcó, y llegó á Tanger, y ofreció sus servicios al rey de Marruecos Aben Jacob, que pensaba entónces hacer guerra al rey de Castilla. Le recibió con todo honor y cortesía, y le envió en compañía de su primo Amir al frente de cinco mil ginetes, con los cuales pasáron el estrecho, y se pusiéron sobre Tarifa.

3. Tentáron primeramente la lealtad del alcaide, ofreciéndole un tesoro si les daba la villa, y la vil propuesta fué desechada con indignacion. Atácanla despues con todos los artificios bélicos, que el arte y la animosidad le sugiriéron, mas fuéron animosamente rechazados. Déjan pasar algunos dias, y manifestando á Guzman el desamparo en que le dejan los suyos, y los socorros y abundancia que pueden venir á ellos, le proponen que pues habia hecho desprecio de las riquezas que le daban, si él partia con ellos su tesoro, descercarian la villa. « Los buenos caballeros, respondió Guzman, ni compran ni venden la victoria. » Furiosos los moros se aprestaban nuevamente al asalto, cuando el inicuo infante acude á otro medio mas poderoso para vencer la constancia del caudillo.

4. Tenia en su poder al hijo mayor de Guzman, que sus padres le habian confiado anteriormente para que le llevase á la corte de Portugal, con cuyo rey tenian deudo.

En vez de dejarle allí, le llevó á África y le trajo á España consigo; y entónces le creyó instrumento seguro para el logro de sus fines. Sacóle maniatado de la tienda donde le tenia, y se le presentó al padre, intimándole que si no rendia la plaza, le matarian á su vista. No era la primera vez que el infame usaba de este abominable recurso. Ya en los tiempos de su padre, para arrancar de su obediencia á Zamora, habia cogido un hijo de la alcaidesa del alcazar, y presentándole con la misma intimacion habia logrado que se le rindiese. Pero en esta ocasion su barbarie era sin comparacion mas horrible, pues con la humanidad y la justicia violaba á un tiempo la amistad, el honor y la confianza.

5. Al ver el hijo, al oir sus gemidos, y al escuchar las palabras del asesino, las lágrimas viniéron á los ojos del padre; pero la fé jurada al rey, la salud de la patria, la indignacion producida por aquella conducta tan execrable, luchan con la naturaleza, y vencen, mostrándose el héroe entero contra la iniquidad de los hombres y el rigor de la fortuna. « No engendré yo hijo, prorumpió, para que fuese contra mi tierra; ántes engendré hijo á mi patria para que fuese contra todos los enemigos de ella. Si Don Juan le diese muerte, á mí dará gloria, á mi hijo verdadera vida, y á él eterna infamia en el mundo, y condenacion eterna despues de muerto. Y para que vean cuan léjos estoy de rendir la plaza, y faltar á mi deber, allá va mi cuchillo, si acaso les falta arma para completar su atrocidad. » Dicho esto, sacó el cuchillo que llevaba á la cintura, le arrojó al campo, y se retiró al castillo.

6. Sentóse á comer con su esposa, reprimiendo el do-

lor en el pecho, para que no saliese al rostro. Entre tanto el infante desesperado y rabioso hizo degollar la víctima, á cuyo sacrificio los cristianos que estaban en el muro prorumpiéron en alaridos. Salió al ruido Guzman, y cierto de donde nacia, volvió á la mesa diciendo : « Cuidé que los enemigos entraban en Tarifa. » De allí á poco los moros, desconfiados de allanar su constancia, y temiendo el socorro que ya venia de Sevilla á los sitiados, levantáron el cerco que habia durado seis meses, y se volviéron á África sin mas fruto que la ignominia y el horror que su execrable conducta merecia.

(Quintana, *Vida de españoles célebres.*)

Hernan Cortés al ayuntamiento de Veracruz renunciando el mando del ejército.

7. Ya, señores, por la misericordia de Dios, tenemos en este Consistorio representada la persona de nuestro rey, á quien debemos descubrir nuestros corazones, y decir sin artificio la verdad, que es el vasallaje en que mas le reconocemos los hombres de bien. Yo vengo á vuestra presencia como si llegara á la suya sin otro fin que el de su servicio, en cuyo celo me permitireis la ambicion de no confesarme vuestro inferior. Discurriendo estais en los medios de establecer esta nueva república, dichosa ya en estar pendiente de vuestra direccion. No será fuera de propósito que oigais de mí lo que tengo premeditado y resuelto, para que no camineis sobre algun presupuesto ménos seguro cuya falta os obligue á nuevo discurso y nueva resolucion.

8. Esta villa, que empieza hoy á crecer al abrigo de vuestro gobierno, se ha fundado en tierra no conocida, y de grande poblacion, donde se han visto ya señales de resistencia, bastantes para creer que nos hallamos en una empresa dificultosa, donde necesitarémos igualmente del consejo y de las manos, y donde muchas veces habrá de proseguir la fuerza, lo que empezare, y no consiguiere la prudencia. No es tiempo de máximas políticas, ni de consejos desarmados. Vuestro primer cuidado debe atender á la conservacion de ese ejército que os sirve de muralla, y mi primera obligacion es advertiros, que no está hoy como debe, para fiarle de nuestra seguridad y nuestras esperanzas.

9. Bien sabeis que yo gobierno el ejército sin otro título, que un nombramiento de Diego Velazquez, que fué con poca intermision escrito y revocado. Dejo á parte la sinrazon de su desconfianza, por ser de otro propósito; pero no puedo negar que la jurisdiccion militar, de que tanto necesitamos, se conserva hoy en mí, contra la voluntad de su dueño, y se funda en un título violento, que trae consigo mal disimulada la flaqueza de su orígen. No ignoran este defecto los soldados, ni yo tengo tan humilde el espíritu, que quiera mandarlos con autoridad escrupulosa; ni es el empeño en que nos hallamos para entrar en él con un ejército, que se mantiene mas en la costumbre de obedecer, que en la razon de la obediencia.

10. Á vosotros señores, toca el remedio de este inconveniente; y el ayuntamiento, en quien reside hoy la representacion de nuestro rey, puede en su real nombre proveer el gobierno de sus armas, eligiendo persona en quien no concurran estas nulidades. Muchos sujetos hay en el ejército capaces de esta ocupacion, y en cualquiera que tenga otro género de autoridad, ó que la reciba de vuestra mano, estará mejor empleada. Yo desisto desde luego del derecho que pudo comunicarme la posesion, y renuncio en vuestras manos el título que me puso en ella, para que discurrais con todo el arbitrio en vuestra eleccion; y puedo aseguraros que toda mi ambicion se reduce al acierto de nuestra empresa : y que sabré, sin violentarme, acomodar la pica en la mano que deja el baston; que si en la guerra se aprende el mandar obedeciendo, tambien hay casos, en que el haber mandado enseña á obedecer.

(Solis, *Hist. de la conquista de Méjico.*)

Un escribano de Aldea.

11. Era el licenciado Flechilla un buen clérigo que con su capellanía, y un decente patrimonio, lo pasaba quieta y pacíficamente en su lugar, mejor que un arcediano. Era á la verdad de pocas letras, pues solo tenia las precisas para entender el breviario y el misal á media rienda; pero por su buena razon, por su genio apacible y bondadoso, y porque era limosnero y amigo de hacer bien, le estimaban mucho en su pueblo, y apénas moria alguno en él que no le dejase por su principal testamentario, y él admitia sin réplica estos encargos, así por tener alguna cosa en que emplear loablemente el tiempo, como por haber hecho concepto de que, si cumplia fiel, legal y puntualmente con este piadoso y caritativo oficio, podia hacer mucho bien á los difuntos, y ser muy útil á los vivos.

12. Habia fallecido pocos dias ántes el secretario de su lugar, que era viudo, y no solo le habia nombrado por su testamentario, sino tambien tutor y curador de sus hijos, con la expresion de que no se le tomasen cuentas, ó se pasase por las que él quisiese dar; todo con la confianza que hacia de su pureza, exactitud y legalidad. Dejaba encargado en el testamento que se le hiciesen honras y cabo de año, con sermon segun costumbre, y señalaba doscientos reales para el orador que las predicase: « En atencion, decia, al trabajo que habia de tener cualquier pobre predicador en hallar de qué alabarme, porque, si no quiere mentir, se ha de ver bien apurado. »

13. En efecto, debió de ser así, porque era pública voz y fama que el tal secretario habia sido hombre no muy demasiadamente escrupuloso. Cuando entró en el pueblo, pues fué el primer escribano que entró en el lugar, ni habia pleito alguno, ni memoria de que le hubiese habido jamas desde su primera fundacion; pero al año, y no cabal, de su residencia, ya todo el lugar se ardia en pleitos, y cuando murió, dejó treinta y seis, aunque no pasaba la poblacion de doscientos vecinos. Encendia á unos, azuzaba á otros, y los enzarzaba á todos. Si dos partes contrarias le consultaban sobre una misma dependencia, á cada uno en particular le respondia afectando una modestia socarrona: que él no era abogado, ni entendia los puntos de derecho, ni le tocaba dar parecer; pero por lo que le enseñó la experiencia en tantos años de ejercicio, y en tantos pleitos que habian pasado ante él, era corriente su justicia, temeraria la pretension del contrario, y que, á buen librar, le condenarian en costas; concluyendo con que, si no salia así, habia de ahorcar el oficio: que esto se lo decia á él solo en confianza, encargándole mucho el secreto.

14. Despues que á uno y á otro les habia metido tanto aguijon, añadia con mucho remilgamiento: que aunque era cierto lo dicho, ¿para que queria pleitos? que era mejor componerse porque aunque nadie se interesaba mas que él, en que cada cual siguiese su justicia, pues al fin, no comia de otra cosa ni tenia otros mayorazgos, pero que amaba mas la paz del pueblo, que todos los intereses del mundo. Con este artificio, despues de haber irritado á las dos partes, él echaba el cuerpo fuera, y cobraba nombre de desinteresado. En habiendo cualquiera quimerilla en el pueblo, por pequeña que fuese, especialmente si habia sido cosa de paliza con alguno rasguño y efusion de sangre al punto buscaba á los alcaldes, y se entorchaba con ellos; y en tono de amistad y confianza, les persuadia á que levantasen un auto de oficio, intimidándolos con que hoy ó mañana vendria una residencia, y no faltaria alguno que los quisiese mal, y los acusase de omisos ó parciales, y á buen librar, caeria sobre sus costillas una multa que les levantase tanta roncha. Despues de haber hecho el auto de oficio, arrestado los de la riña y borrajeado mucho papel en declaraciones, cargos y descargos, cuando ya tenia pretexto para estafar bien á las dos partes, solicitaba él mismo por bajo de cuerda que se compusiesen, y cargando bien la mano á unos y á otros en las costas, porque á ninguno se las perdonaba, á un tiempo llenaba el bolsillo y era aplaudido entre los inocentes con el glorioso renombre de *pacificador*.

15. Era muy franco en dar testimonio, aun de aquello que no habia visto; y para quitar el escrúpulo á los que podian reparar en aquella maldad, les decia con una bondad que encantaba : que un hombre de bien, se habia de fiar de otro hombre de bien mas que de sí mismo ; que habia de dar mas crédito á los ojos ajenos, que á los suyos propios, porque estos podian alucinarse y engañarle; pero de los otros, no era razon, ni buena crianza, ni aun conciencia presumirlo ; y finalmente que esto se estaba palpando á cada paso en el uso de los anteojos, siendo así que no son sus ojos los anteojos; así ni mas ni ménos, puede y debe dar testimonio de lo que ven los ojos de hombre honrado, cuando este asegura haberlo visto y que pasó la cosa ni mas ni ménos que él la cuenta. Y á la réplica que le podian hacer que él no sabia si era, ó no, hombre honrado el que le pedia el testimonio, salia al encuentro diciendo : que mil veces habia oido á los abogados ser principio del derecho que ninguno se debe presumir malo hasta que pruebe que lo es, y que en caso de duda, se debe presumir lo mejor.... En virtud de esta misma docilidad, era bizarro en dar testimonios no solo de lo que nunca habia visto, sino que, con bondadoso corazon, no se podia negar á darlos muchas veces contrarios á lo que habia palpado, porque decia que era enemiguísimo de descontentar á nadie....

16. Solo era muy detenido en darlos, cuando sospechaba que podian perjudicar á alguna parte predilecta suya; bien entendido que su prediceccion nunca se fundaba sino en un honrado reconocimiento de expresiones prácticas, no de las ordinarias. Cuando se hallaba en este caso, decia con grande compostura, que no podia tomar testimonio alguno, sin que lo mandase la Señora Justicia, y cuando le reconvenian que estaba obligado á hacerlo en virtud de su mismo oficio, por cuanto todo fiel cristiano tenia derecho á que se le diese testimonio de lo que habia visto ú oido, él respondia con mucho fruncimiento : que eso era ignorar las nuevas pragmáticas sanciones que habian salido sobre el oficio de escribano; y los pobres patanes al oir el nombre de *pragmática sancion*, quedaban tamañitos, pareciéndoles que debia de ser alguna excomunion del padre santo de Roma, para que los escribanos no se metiesen en cumplir su obligacion sin licencia de los alcaldes. Este habia sido el ejemplarísimo escribano que habia dejado por su testamentario al licenciado Flechilla, dando órden en su principal testamento para que se le predicase sermon de honras corriente, como era uso y costumbre en aquella tierra.

(P. Isla, *El famoso predicador Fr. Gerundio.*)

La caza de montería.

17. Habiendo dado órden á los criados de todo lo que habian de hacer, de allí á seis dias le lleváron á caza de montería con tanto aparato de monteros y cazadores, como pudiera llevar un rey coronado. Diéronle á Don Quijote un vestido de monte, y á Sancho otro verde de finísimo paño; pero Don Quijote no se lo quiso poner, diciendo que otro dia habia de volver al duro ejercicio de las armas y que no podia llevar consigo guardaropas ni reposterías. Sancho sí tomó el que le diéron, con intencion de venderle en la primera ocasion que pudiese. Llegado, pues el esperado dia, armóse Don Quijote, vistióse Sancho, y encima de su rucio, que no le quiso dejar aunque le daban un caballo, se metió entre la tropa de los monteros. La duquesa salió bizarramente aderezada, y Don Quijote, de puro cortés y comedido, tomó la rienda de su palafren, aunque el duque no queria consentirlo, y finalmente llegáron á un bosque, que entre dos altísimas montañas estaba, donde tomados los puestos, paranzas y veredas, y repartida la gente por diferentes puestos, se comenzó la caza con grande estruendo, grita y vocería, de manera que unos á otros no podian oirse, así por el ladrido de los perros como por el son de las bocinas.

18. Apeóse la duquesa, y con un agudo venablo en las manos, se puso en un puesto por donde ella sabia que solian venir algunos jabalíes. Apeóse así mismo el duque y Don Quijote, y pusiéronse á sus lados; Sancho se puso detrás de todos, sin apearse del rucio, á quien no osaba desamparar, porque no le sucediese algun desman, y apénas habian sentado el pié y puesto en ala con otros muchos criados suyos, cuando acosado de los perros y seguido de los cazadores, viéron que hácia ellos venia un desmesurado jabalí, crujiendo dientes y colmillos, y arrojando espuma por la boca; y en viéndole, embrazando su escudo y puesta mano en su espada, se adelantó á recibirle Don Quijote; lo mismo hizo el duque con su venablo; pero á todos se adelantara la duquesa, si el duque no se lo estorbara. Solo Sancho, en viendo al valiente animal, desamparó al rucio, y dió á correr cuanto pudo, y procurando subirse sobre una alta encina, no fué posible; ántes estando ya á la mitad de ella, asido de una rama, pugnando subir á la cima, fué tan corto de ventura y tan desgraciado, que se desgajó la rama, y al venir al suelo se quedó en el aire asido de un gancho de la encina, sin poder llegar al suelo; y viéndose así, y que el sayo verde se le rasgaba, pareciéndole que si aquel fiero animal allí llegaba le podia alcanzar, comenzó á dar tantos gritos, y á pedir socorro con tanto ahinco, que los que le oian y no le veian, creyéron que estaba entre los dientes de alguna fiera.

19. Finalmente el colmilludo jabalí quedó atravesado de las cuchilladas de muchos venablos, que se le pusiéron delante, y volviendo la cabeza Don Quijote á los gritos de Sancho, que ya por ellos le habia conocido, vióle pendiente de la encina, y la cabeza abajo, y al rucio junto á él que no le desamparó en su calamidad: y dice Cide Hamete que pocas veces vió á Sancho Panza sin ver al rucio, ni al rucio sin ver á Sancho: tal era la amistad y buena fé que entre los dos se guardaban. Llegó Don Quijote y descolgó á Sancho, el cual viéndose libre y en el suelo, miró lo desgarrado del sayo de monte, y pesóle en el alma, que pensó que tenia en el vestido un mayorazgo. En esto atravesáron al jabalí poderoso sobre un acémila, y cubriéndole con matas de romero y con ramas de mirto, le lleváron como en señal de victoriosos despojos, á unas tiendas de campaña que en la mitad del bosque estaban puestas, donde halláron las mesas en órden, y la comida aderezada tan suntuosa y grande, que se echaba bien de ver en ella la grandeza y magnificencia de quien la daba.

(Cervántes, *Don Quijote.*)

Muerte de Don Pedro el cruel.

20. El rey Don Pedro desamparado de los que le podian ayudar, sospechoso de los demas, lo que solo restaba se resolvió de aventurarse, encomendarse á sus manos, y ponerlo todo en el trance y riesgo de una batalla: sabia muy bien que los reinos se sustentan y conservan mas con la fama y reputacion que con las fuerzas y armas. Teníale con gran cuidado el peligro de la real ciudad de Toledo; estaba aquejado, y pensaba como mejor podria conservar su reputacion: esto le confirmaba mas en su propósito de ir en busca de su enemigo, y dalle la batalla. Procuráronselo estorbar los de Sevilla. Decíanle que se destruia y se iba derecho á despeñar; que lo mejor era tener sufrimiento, reforzar su ejército, y esperar las gentes que cada dia vendrian de sus amigos y de los pueblos que temian su voz. Esto que le aconsejaban era lo que en todas maneras debiera seguir, sino le cegaran la grandeza de sus maldades y la divina justicia ya determinada de muy presto castigallas....

21. Juntó arrebatadamente su ejército, y apresto su partida para el reino de Toledo. Llevaba en su campo tres mil hombres de á caballo; pero la mitad de ellos (mal pecado) eran moros, y de quien no se tenia entera confianza, ni se esperaba que pelearian con aquel brio y gallardía que fuera necesario. Dícese, que al tiempo de su partida consultó á un moro sabio de Granada, llamado Benagatin, con quien tenia mucha familiaridad; y que este moro anunció su muerte por una profecía de Merlin, hombre inglés que vivió ántes de este tiempo como cuatrocientos años. La profecía contenia estas palabras: « En las partes de occidente, entre los montes y el mar, nacerá una ave negra, comedora y robadora, y tal que todos los panales del mundo querrá recojer en sí, todo el oro del mundo querrá poner en su estómago, y despues gormarlo ha. Y no perecerá luego por esta dolencia; caérsele han las péñolas, y sacarle han las plumas al sol, y andará de puerta en puerta, y ninguno le querrá acoger, y encerrarse ha en la selva, y allí morirá dos veces, una al mundo y otra á Dios, y de esta manera acabará. » Esta fué la profecía, fuese verdadera ó ficcion de un hombre rarísimo que le quisiese burlar; como quiera que fuese, ella se cumplió dentro de muy pocos dias.

22. El rey Don Pedro, con la hueste que hemos dicho, bajó de Andalucía á Montiel, que es una villa en la Mancha, y en los Oretanos antiguos, cercada de muralla, con su pretil, torres y barbacana, puesta en un sitio fuerte, y fortalizada con un buen castillo. Sabida por Don Enrique la venida de Don Pedro, dejó á Don Gomez Manrique arzobispo de Toledo, para que prosiguiese el cerco de aquella ciudad, y él con dos mil y cuatrocientos hombres de á caballo, por no esperar el paso de la infantería, partió con gran priesa en busca de Don Pedro. Al pasar por la villa de Orgaz, que está cinco leguas de Toledo, se juntó con él Beltran Claquin (1) con seiscientos caballos extranjeros que traia de Francia, importantísimo socorro y á buen tiempo, porque eran soldados viejos y muy ejercitados y diestros en pelear. Llegáron al tanto allí Don Gonzalo Mejiá, maestre de Santiago, y Don Pedro Muñiz, maestre de Calatrava, y otros señores principales que venian con deseos de emplear sus personas en la defensa y libertad de su patria.

23. Partió Don Enrique con esta caballería, caminó toda la noche, y al amanecer diéron vista á los enemigos, ántes que tuviesen nuevas ciertas que eran partidos de Toledo. Ellos, cuando viéron que tenian tan cerca á Don Enrique, tuviéron gran miedo y pensáron no hubiese alguna traicion y trato para dejarlos en sus manos: á esta causa no se fiaban los unos de los otros; receIábanse tambien de los mismos vecinos de la villa. Los capitanes con mucha priesa y turbacion hiciéron recoger los mas de los soldados que tenian alojados en las aldeas cerca de Montiel: muchos de ellos desampararon las banderas de miedo,

(1) Bertrand Duguesclin.

ó por el poco amor y ménos gana con que servian. Al salir del sol, formáron sus escuadrones de ambas partes, y animáron sus soldados á la batalla....

21. Luego con gran brio y alegría arremetiéron los de Don Enrique á los enemigos; hiriéron en ellos con tan gran denuedo, que sin poder sufrir este primer ímpetu, en un momento se desbaratáron. Los primeros huyéron los moros; los castellanos resistiéron algun tanto, mas como se viesen perdidos y desamparados, se recogiéron con el rey Don Pedro en el castillo de Montiel. Muriéron muchos de los moros en la batalla: muchos mas fuéron los que pereciéron en el alcance; de los cristianos no murió sino solo un caballero. Ganóse esta victoria un miércoles, catorce dias de marzo del año mil trescientos y sesenta y nueve. Don Enrique, visto como Don Pedro se encerró en la villa, á la hora le hizo cerca de una horma con gran vigilancia por que no se les pudiese escapar. Comenzáron los cercados á padecer falta de agua, ca lo poco que tenian les dañó de industria (á lo que parece) algun soldado de los de adentro, deseoso de que se acabase presto el cerco.

23. Don Pedro, entendido el peligro en que estaba, pensó como podria huirse del castillo mas á su salvo. Hallábase con él un caballero que le era muy leal, natural de Trastamara; decíase Men Rodriguez de Sanabria: por medio de este hizo á Beltran Claquin una gran promesa de villas y castillos, y doscientas mil doblas castellanas, á tal que, dejado á Don Enrique, le favoreciese y pusiese en salvo. Extrañó esto Beltran: decia que si tal consintiese incurriria en perpetua infamia de fementido y traidor; mas como todavía Men Rodriguez le instase, pidió tiempo para pensar en tan grande hecho. Comunicado el negocio secretamente con los amigos de quien mas se fiaba, le aconsejáron que contase á Don Enrique todo lo que en este caso pasaba: tomó su consejo: Don Enrique le agradeció mucho su fidelidad, y con grandes promesas le persuadió á que con tratos dobles hiciese venir á Don Pedro á su posada. Concertáron la noche: salió Don Pedro de Montiel, armado sobre un caballo con algunos caballeros que le acompañaban y entró en la estancia de Beltran Claquin con mas miedo que esperanza de buen suceso. El recelo y temor que tenia dicen que se le aumentó un letrero que leyó poco ántes, escrito en la pared de la torre del homenaje del castillo de Montiel, que contenia estas palabras: *Esta es la torre de la estrella.* Ca ciertos astrólogos le pronosticáron que moriria en una torre de este nombre. Ya sabemos cuan grande vanidad sea la de estos adivinos, y como despues de acontecidas las cosas, se suelen fingir semejantes consejas.

26. Entrado pues Don Pedro en la tienda de Don Beltran, díjole que ya era tiempo que se fuesen: en esto entró Don Enrique armado: Como vió á Don Pedro su hermano, estuvo un poco sin hablar, como espantado; la grandeza del hecho le tenia alterado y suspenso, ó no le conocia por los muchos años que no se verian. No es ménos que los que se halláron presentes entre miedo y esperanza vacilaban. Un caballero francés dijo á Don Enrique, señalando con la mano á Don Pedro: « Mirad que ese es vuestro enemigo. » Don Pedro con aquella natural ferocidad que tenia, respondió dos veces: *Yo soy; yo soy.*

Entónces Don Enrique sacó su daga y dióle una herida con ella en el rostro. Viniéron luégo á los brazos, cayéron ambos en el suelo: dicen que Don Enrique debajo, y que con ayuda de Beltran que les dió vuelta y le puso encima, le pudo herir de muchas puñaladas con que le acabó de matar. Cosa que pone grima: un rey, hijo, nieto de reyes, revolcado en su sangre derramada por la mano de un su hermano bastardo. ¡ Extraña hazaña ! A la verdad, cuya vida fué tan dañosa para España, su muerte le fué saludable; y en ella se echa bien de ver que no hay ejércitos, poder, reinos ni riquezas que basten á tener seguro á un hombre que vive mal é insolentemente.

(Mariana, *Historia de España.*)

D. Antonio Solis á D. Antonio Carnero.

27. Amigo y señor mio : No sabré decir ni es fácil de ponderar el hambre que tengo de hablar con Vm. Quisiera darme un hartazgo de este mantenimiento espiritual, que me hace tanta falta en el ánimo, y no sé si me han de dejar las ocupaciones que han cargado sobre mí estos dias : porque los señores del consejo de Indias se han querido desquitar de mis negligencias historiales, pidiéndome repetidos informes sobre algunas noticias, que me han sacado de mi paso ordinario, poniéndome en obligacion de revolver mis libros. — Vm. se abstenga de los alimentos que sabe le ocasionan esos accidentes, que cada uno es el mejor médico de sí mismo, para conocer con qué se irrita ménos el humor pecante; y tome la tarea de su ocupacion con algo de ménos punto, que mas se atrasan los negocios con una enfermedad. Y lo que pide la providencia es que se midan las fuerzas con el trabajo, porque no se les apure la paciencia, y falten cuando mas sean menester. Dirá Vm.: ¿qué consejos son estos de viejo haragan, y flojedades de historia perdurable? Pero yo confieso mi culpa y vuelvo á decir (valga lo que valiere) que todo le que no es vivir es historia. Dígame Vm. como le va de cerveza, que yo pongo entre las fuerzas de la costumbre la maravilla de que llegue á saber bien este brebaje; y si estuviera en ese pais, le alabara entre los flamencos, y guardara mi sed para mejor ocasion, pero si Vm. hubiere de alabar la cerveza, sea con tal moderacion, que no se den celos al vino, porque hay quien diga que lo beben tambien esos señores; aunque no faltan opiniones de que el vino los bebe á ellos.

28. Dígame Vm. como se halla mi señor D. N. con el remedio, que si ha obrado lo que yo deseo, no habrá qué pedirle. De mí lo que puedo decir á Vm. es que no acabo de entender los visos de estas dos caras de su ausencia. Si vuelvo á considerar la falta que Vm. me hace, me parece que ha mil años que Vm. me dejó de su mano; y si vuelvo por el otro lado á mirar mi sentimiento y á tasar mi dolor, parece que fué ayer nuestra separacion... Estoy bien hallado en la calle de San Bernardo, mucho mejor que en donde Vm. me dejó, porque no era tolerable el invierno de aquella casa; y aquí tengo un dormitorio y un estudio, que no los pierde de vista el sol en todo el dia, sin que me falten piezas donde pasar sin congoja el verano. Costaráme mas cara que la otra; pero ya se acor-

dará Vm. de haberme oido decir que, donde se vive, se vive, y que no hay dinero mejor empleado en Madrid que el de la casa; y mas yo que no salgo de ella, sino es á las estaciones del dia y de la semana, que Vm. sabe. No he visto el frio este verano, ni despues, por mas que se haya llevado el octubre los pámpanos.

29. Ya sabrá Vm. como murió en sus primeros años la de ***. Dicen que madrugó en ella la malicia, y que llevó consigo lo que aprendió de sus artífices y sobrestantes. Este suceso, y la inundacion del prado, y el estrago que hizo en el jardin de mi señora la condesa de Oñate un arroyo sin nombre, son unos raros contingentes que suelen traer alguna significacion: pero todo calle con el temblor de tierra que nos asustó el dia de San Dionisio: fué general en Castilla y Andalucía á la misma hora. Quiébrense las cabezas los filósofos en averiguar cómo pudo aquel vapor, de que se forman los terremotos, caminar con tanta velocidad, rompiendo estorbos, sin diferencia de tiempo en tan largas distancias; pero yo me atengo á que Dios nos habla con estos accidentes; sírvase de mirarnos con ojos de misericordia. Al señor veedor general se servirá Vm. de dar mis rendidas memorias. Hácenme soledad sus cartas; pero no me atrevo á pedirle que me escriba, porque temo la dificultad de mis respuestas y darle mas razon para que me olvide. Pídale Vm. que me perdone por acto de caridad, que yo seré bueno, cuando no tenga que hacer. Dios guarde á Vm. muchos años.

(Solís, *Cartas.*)

Monólogo de Sancho Panza al tiempo de ir á verse con Dulcinea, enviado por Don Quijote.

30. Volvió Sancho las espaldas y vareó su rucio; y apénas hubo salido del bosque, cuando volviendo la cabeza, y viendo que Don Quijote no parecia, se apeó del jumento, y sentándose al pié de un árbol, comenzó á hablar consigo mesmo, y á decirse : — « Sepamos agora, Sancho hermano, á donde va vuesa merced. » — « ¿ Va á buscar algun jumento que se le haya perdido ? » — « No por cierto. » — « ¿ Pues qué va á buscar ? » — « Voy á buscar, como quien no dice nada, á una princesa, y en esta al sol de la hermosura, y á todo el cielo junto. » — « ¿ Y á donde pensais hallar eso que decís, Sancho ? » — « ¿ Á donde ? en la gran ciudad del Toboso. » — « Y bien, ¿ y de parte de quien la vais á buscar ? » — « De parte del famoso caballero Don Quijote de la Mancha, que desface los tuertos, y da de comer al que ha sed, y de beber al que ha hambre. » — « Todo eso está muy bien. » — « ¿ Y sabeis su casa, Sancho ? » — « Mi amo dice que han de ser unos reales palacios, ó unos soberbios alcazares. » — « ¿ Habeisla visto algun dia por ventura ? » — « Ni yo ni mi amo la hemos visto jamas. » — « ¿ Y paréceos que fuera acertado y bien hecho, que si los del Toboso supiesen que estais vos aquí con intencion de ir á sonsacarles sus princesas, á y desasosegarles sus damas, viniesen y os moliesen las costillas á puros palos, y no os dejasen hueso sano ? » — « En verdad que tendrian mucha razon, cuando no considerasen que voy mandado, y que *mensajero sois, amigo ; no mereceis culpa, no.* » — « No os fieis en eso, Sancho, porque la gente manchega es tan colérica como honrada, y no consiente cosquillas de nadie. » — « Vive Dios que si os mando malaventura; oxte puto, allá darás rayo : no sino ándeme yo buscando tres piés al gato por el gusto ajeno; y mas que así será buscar á Dulcinea por el Toboso, como á Marica por Ravena, ó al Bachiller en Salamanca ; el diablo, el diablo me ha metido á mí en esto, que otro no... »

21. Este soliloquio pasó consigo Sancho, y lo que sacó dél fué que volvió á decirse : — « Ahora bien, todas las cosas tienen remedio, si no es la muerte, debajo cuyo yugo hemos de pasar todos mal que nos pese, al acabar de la vida. » Este mi amo por mil señales he visto que es un loco de atar, y aun tambien yo no le quedo en zaga, pues soy mas mentecato que él, pues le sigo y le sirvo, si es verdad el refran que dice : *Dime con quien andas, decirte he quien eres ;* y el otro de : *No con quien naces, sino con quien paces.* Siendo pues loco, como lo es, y de locura que las mas veces toma unas cosas por otras, y juzga lo blanco por lo negro, y lo negro por lo blanco, como se pareció cuando dijo que los molinos de viento eran gigantes, y las mulas de los religiosos dromedarios, y las manadas de carneros ejércitos de enemigos, y otras muchas cosas á este tono, no será muy difícil hacerle creer que una labradora, la primera que me toparé por aquí, es la señora Dulcinea ; y cuando él no lo crea, juraré yo, y si él jurare, tornaré yo á jurar, y si porfiare porfiaré yo mas, y de manera que tengo de tener la mia siempre sobre el hito, venga lo que viniere; quizá con esta porfía acabaré con él que no me envíe otra vez á semejantes mensajerías, viendo cuan mal recado le traigo de ellas; ó quizá pensará, como yo imagino, que algun encantador de estos que él dice que le quieren mal, le habrá mudado la figura para hacerle mal y daño. » Con esto que pensó Sancho Panza, quedó sosegado su espíritu, y tuvo por bien acabado su negocio.

(Cervántes, *Quijote*.)

El tercer amo de Lazarillo.

32. ...Topóme Dios con un escudero que iba por la calle con razonable vestido, bien peinado, su paso y compas en órden. Miróme, y yo á él, y díjome: «Muchacho, ¿buscas amo? » Yo le dije: « Sí, señor. » — « Pues vente tras mí, me respondió, que Dios te ha hecho merced en topar conmigo: alguna buena oracion rezáste hoy. » Yo seguíle dando gracias á Dios por lo que le oí, y tambien que me parecia segun su hábito y continente ser el que yo habia menester. Era de mañana cuando este mi tercero amo topé, y llevóme tras sí gran parte de la ciudad. Pasámos por las plazas donde se vendia pan y otras provisiones: yo pensaba, y aun deseaba, que allí me queria cargar de lo que se vendia, porque esta era la propia hora cuando se suele proveer de lo necesario: mas muy á tendido paso pasaba por estas cosas. « Por ventura no lo ve aquí á su contento, decia yo, y querrá que lo compremos en otro cabo. » De esta manera anduvímos, hasta que dió las once: entónces se entró en la Iglesia Mayor y yo tras él, y muy devotamente le vi oir misa y los otros oficios divinos, hasta que todo fué acabado y la gente ida; entónces salímos de la iglesia, y á buen paso tendido comenzámos á ir por una calle abajo. Yo iba el mas alegre del mundo en ver que no nos habiamos ocupado en buscar de comer; bien consideré que debia ser hombre mi nuevo amo que se proveia en junto, y que ya la comida estaria á punto, y tal como yo la deseaba y aun la habia menester.

33. En este tiempo dió el reloj la una despues del mediodia, y llegámos á una casa ante la cual mi amo se paró y yo con él, y derribando el cabo de la capa sobre el lado izquierdo, sacó una llave de la manga y abrió su puerta. Entrámos en casa, la cual tenia entrada oscura y lóbrega, de tal manera que parecia que ponia temor á los que en ella entraban, aunque dentro de ella estaba un patio pequeño y razonables cámaras. De que fuímos entrados, quitó de sobre sí su capa, y preguntando si tenia las manos limpias, la sacudímos y doblámos y muy limpiamente soplando un poyo que allí estaba, la puso en él. Hecho esto, sentóse cabo de ella, preguntándome muy por extenso de donde era y como habia venido á aquella ciudad: y yo le dí mas larga cuenta que quisiera, porque me parecia mas conveniente hora de mandar poner la mesa y escudillar la olla, que de lo que me pedia. Con todo eso, yo le satisfice de mi persona lo mejor que mentir supe, diciendo mis bienes, y callando lo demas porque me parecia no ser para en cámara. Esto hecho, estuvo así un poco, y yo luego vi mala señal, por ser ya casi las dos, y no verle mas aliento de comer que á un muerto. Despues de esto consideraba aquel tener cerrada la puerta con llave, ni sentir arriba ni abajo pasos de viva persona por la casa. Todo lo que habia visto eran paredes, sin ver en ella silleta ni tojo, ni banco, ni mesa. Finalmente ella parecia casa encantada.

34. Estando así díjome : « ¿ Tú, mozo, has comido ? » —« No, señor, dije yo, que aun no eran dadas las ocho cuando con vuestra merced encontré. »—« Pues aunque de mañana, dijo él, yo habia almorzado, y cuando así como algo, hagote saber que hasta la noche me estoy así; por eso pasate como pudieres, que despues comerémos. » Vuestra merced crea, cuando esto le oí, que estuve en poco de caer de mi estado, no tanto de hambre, como por conocer de todo en todo la fortuna serme adversa. Allí se me representáron de nuevo mis fatigas, y torné á llorar mis trabajos. Allí se me vino á la memoria la consideracion que hacia cuando me pensaba ir del clérigo (1), diciendo que aunque aquel era desventurado y mísero, por ventura toparia con otro peor. Finalmente allí lloré mi trabajosa vida pasada y mi cercana muerte venidera, y con todo disimulando lo mejor que pude, le dije : « Señor, mozo soy yo que no me fatigo mucho por comer, bendito Dios. De eso me podré yo alabar entre todos mis iguales, como de mejor garganta, y así fuí yo loado de ella hasta hoy dia de los amos que yo he tenido. » —« Virtud es esa, dijo él; y por eso te querré yo mas, porque el hartar es de los puercos, y el comer reglada-

(1) Su precedente amo.

mente es de los hombres de bien. » — « Bien te entiendo, dije yo entre mí : maldita tanta medicina y bondad como aquestos mis amos que yo hallo, hallan en la hambre. »

35. Púseme á un cabo del portal, y saqué unos pedazos de pan del seno, que me habian quedado de los de por Dios. Él, que vió esto, díjome : « Ven acá, mozo, ¿qué comes? » Yo lleguéme á él y mostréle el pan. Tomóme él un pedazo de tres que eran, el mejor y mas grande, y díjome : « Por mi vida que parece este buen pan. » — « Y como ahora, dije yo, señor, ¡ es bueno ! » — « Sí, á fé, dijo él : ¿ adonde lo hubiste? ¿si es amasado de manos limpias? » — « No sé yo eso, le dije, mas á mí no me pone asco el sabor de ello. » — « Así plega á Dios, » dijo el pobre de mi amo : y llevándole á la boca, comenzó á dar en él tan fieros bocados, como yo en lo otro. « Sabrosísimo pan está, dijo; por Dios! » Y como le sentí de que pié cojeaba, díme priesa, porque le ví en disposicion, si acababa ántes que yo, se comediria á ayudarme en lo que me quedase : y con esto acabámos casi á una. Comenzó á sacudir con las manos unas pocas de migajas y bien menudas que en los pechos se le habian quedado, y entró en una camareta que allí estaba, y sacó un jarro desbocado y no muy nuevo ; y desque hubo bebido convidóme con él. Yo por hacer del continente, dije : « Señor, no bebo vino. » — « Agua es, me respondió, bien puedes beber. » Entónces tomé el jarro y bebí no mucho, porque de sed no era mi congoja.

36. Así estuvímos hasta la noche, hablando en cosas que me preguntaba, á las cuales yo le respondia lo mejor que supe. En este tiempo metióme en la cámara donde estaba el jarro de que bebímos, y díjome : « Mozo, pasate allí ; y verás como hacémos esta cama, para que la sepas hacer de aquí en adelante. » Púseme de un cabo y él del otro, é hicímos la negra cama, en la cual no habia mucho que hacer ; porque ella tenia sobre unos bancos un cañizo, sobre el cual estaba tendida la ropa, que por no estar muy continuada á lavarse no parecia colchon, aunque servia de él con harta ménos lana que era menester. Aquel tendímos haciendo cuenta de ablandarle, lo cual era imposible, porque de lo duro mal se puede hacer blando. El diablo del enjalma maldita la cosa tenia dentro de sí, que puesto sobre el cañizo, todas las cañas se señalaban y parecian á propio entrecuesto de flaquísimo puerco, y sobre aquel hambriento colchon un alfamar del mismo jaez, del cual el color yo no pude alcanzar. Hecha la cama y la noche venida, díjome : « Lázaro, ya es tarde, y de aquí á la plaza hay gran trecho : tambien en esta ciudad andan muchos ladrones, que siendo de noche capean : pasemos como podámos, y mañana viniendo el dia, Dios hará merced ; porque yo por estar solo no estoy proveido, ántes he comido estos dias por allá fuera ; mas ahora hacerlo hemos de otra manera. » — « Señor, de mí, dije yo, ninguna pena tenga vuestra merced, que bien sé pasar una noche y aun mas, si es menester, sin comer. » — « Vivirás mas sano, me respondió ; porque como deciamos hoy, no hay tal cosa en el mundo para vivir mucho, que comer poco. » — « Si por esa vía es, dije entre mí, nunca yo moriré, que siempre he guardado esa regla por fuerza, y aun espero en mi desdicha tenerla toda mi vida. »

37. Acostóse en la cama, poniendo por cabecera las

alzas y el jubon y mandóme echar á sus piés, lo cual yo hice: mas maldito el sueño que yo dormí, porque las cañas y mis salidos huesos en toda la noche dejáron de rifar y encenderse, que con mis trabajos, males y hambre pienso que en mi cuerpo no habia libra de carne: y tambien como aquel dia no habia comido casi nada, rabiaba de hambre, la cual con el sueño no tenia amistad. Maldíjeme mil veces (Dios me lo perdone) y á mi ruin fortuna allí lo mas de la noche; y lo peor, no osándome revolver por no despertarle, pedí á Dios muchas veces la muerte. La mañana venida, levantámonos, y comienza á limpiar y sacudir sus calzas y jubon, sayo y capa, y yo que le servia de pelillo, y visteseme muy á su placer despacio; echéle aguamanos, peinóse, y pusose su espada en el talabarte, y al tiempo que la ponia, dijome: «¡O si supieses, mozo, que pieza es esta! no hay marco de oro en el mundo porque yo la diese, mas así ninguna de cuantas Antonio hizo, no acertó á ponerle los aceros tan prestos como esta los tiene: » Y sacóla de la vaina, y tentóla con los dedos, diciendo: vesla aquí, yo me obligo con ella á cercenar un copo de lana. « Y yo, dije entre mí, y yo con mis dientes, aunque no son de acero, un pan de cuatro libras. » Tornóla á meter y ciñósela, y un sartal de cuentas gruesas del talabarte, y con un paso sosegado y el cuerpo derecho, haciendo con él y con la cabeza gentiles meneos, echando el cabo de la capa sobre el hombro y á veces so el brazo, y poniendo la mano derecha en el costado, salió por la puerta, diciendo: « Lázaro, mira por la casa en tanto que voy á oir misa, y haz la cama, y ve por la vasija del agua al rio que aquí bajo está, y cierra la puerta con llave, no nos hurten algo, y ponla aquí al quicio, porque si yo viniere en tanto, pueda entrar. » Y súbese por la calle arriba con tan gentil semblante y continente, que quien no le conociera, pensará ser muy cercano pariente al conde de Arcos, ó á lo ménos camarero que le daba de vestir.

38. « Bendito seais vos, Señor, quedé yo diciendo que dais la enfermedad y poneis el remedio. ¿Quien encontrará á aquel mi señor, que no piense, segun el contento de sí lleva, haber anoche bien cenado y dormido en buena cama; y aunque ahora es de mañana, no le cuenten por bien almorzado? Grandes secretos son; Señor, lo que vos haceis, y las gentes ignoran ¿Á quien no engañara aquella buena disposicion y razonable capa y sayo? ¿Y quien pensara que aquel gentilhombre se pasó ayer doto el dia con aquel mendrugo de pan que su criado Lázaro trujo un dia y noche en el arca de su seno, do no se le podia pegar mucha limpieza? ¿Y hoy lavándose las manos y cara, á falta de paño de manos, se hacia servir de la falda del sayo? Nadie por cierto lo sospechara ¡O Señor, y cuantos de aquestos debeis vos tener por el mundo derramados, que padecen por la negra que llaman honra lo que por vos no sufririan! » Así estaba yo á la puerta mirando y considerando estas cosas hasta que el señor mi amo traspuso la larga y angosta calle. Tornéme á entrar en casa, y en un *credo* la anduve toda alto y bajo sin hacer represa ni hallar en qué. Hago la negra y dura cama, y tomo el jarro y doy conmigo en el rio....

39. .... Torné á casa, de la cual pensé barrer alguna parte que bien era menester; mas no hallé con qué.

Púseme á pensar qué haria, y parecióme esperar á mi amo hasta que el dia demediase, y si viniese y por ventura trajese algo que comiesemos; mas en vano fué mi esperanza. Desque ví ser las dos y no venia, y la hambre me aquejaba, cierro la puerta y pongo la llave do mandó, y tornome á mi menester con baja y enferma voz; é inclinadas mis manos en los senos, puesto Dios ante mis ojos y la lengua en su nombre, comienzo á pedir pan por las puertas y casas mas grandes que me parecia. Mas como yo este oficio le hubiese mamado en la leche, quiero decir, que con el gran maestro el ciego lo aprendí, tan suficiente discípulo salí, que aunque en este pueblo no habia caridad, ni el año fuese muy abundante, tan buena maña me dí, que ántes que el reloj diese las cuatro, ya yo tenia otras tantas libras de pan ensiladas en el cuerpo, y mas de otras dos en las mangas y senos. Volvíme á la posada, y al pasar por la tripería, pedí á una de aquellas mujeres, y dióme un pedazo de uña de vaca con otras pocas de tripas cocidas. Cuando llegué á casa, ya el bueno de mi amo estaba en ella, doblada su capa y puesta en el poyo; y él paseándose por el patio. Como entré, vinose para mí, y pensé que me queria reñir la tardanza; mas mejor lo hizo Dios. Preguntóme de donde venia : yo le dije : « Señor, hasta que dió las dos, estuve aquí, y de que ví que vuestra merced no venia, fuíme por esa ciudad á encomendarme á las buenas gentes, y hanme dado esto que veis. »

40. Mostréle el pan y las tripas que en un cabo de la falda traia. A lo cual él mostró buen semblante y dijo : « Pues esperado te he á comer, y de que ví que no veniste, comí; mas tú haces como hombre de bien en eso, que mas vale pedirlo por Dios que no hurtarlo, y así él me ayude como ello me parece bien, y solamente te encomiendo no sepan que vives conmigo, por lo que toca á mi honra: aunque bien creo que será secreto, segun lo poco que en este pueblo soy conocido: nunca á él yo hubiera de venir. » — « De eso pierda, señor, cuidado, le dije yo; que maldito aquel que ninguno tiene de pedirme esa cuenta, ni yo de darla. » — « Ahora pues, pecador, dijo él, que si á Dios place, presto nos verémos sin necesidad; aunque te digo que despues que en esta casa entré, nunca bien me ha ido; debe ser de mal suelo, que hay casas desdichadas, que á los que viven en ellas pegan la desdicha. Esta debe de ser sin duda de ellas; mas yo te prometo, acabado el mes, no quede en ella, aunque me la den por mia. » Sentéme al cabo del poyo y porque no me tuviese por gloton, callé la merienda, y comienzo á cenar y morder en mis tripas y pan. Disimuladamente miraba al desventurado señor mio, que no partia sus ojos de mis faldas, que á aquella sazon servian de plato. Tanta lástima haya Dios de mí, como yo habia de él, porque sentílo que sentia, y muchas veces habia por ello pasado, y pasaba cada dia. Pensaba si seria bien comedirme á convidarle, mas por haberme dicho que habia comido, temíame no aceptaria el convite. Finalmente yo deseaba que el pecador ayudase á su trabajo del mio y se desayunase, como el dia ántes hizo; pues habia mejor aparejo, por ser mejor la vianda y ménos mi hambre.

11. Quiso Dios cumplir mi deseo, y aun pienso que el suyo, porque como comencé á comer él se andaba pa-

seando. Llegóse á mí, y díjome : « Dígote, Lázaro, que tienes en comer la mejor gracia que en mi vida ví á hombre, y que nadie te lo ve hacer que no le pongas gana, aunque no la tenga. » — « La muy buena que tú tienes (dije yo entre mí) te hace parecer la mia hermosa. » Con todo parecióme ayudarle, pues se ayudaba y me abria camino para ello; y díjele : « Señor, el buen aparejo hace buen artífice. Este pan está sabrosísimo, y esta uña de vaca tan bien cocida y sazonada, que no habrá á quien no convide con su sabor. » — « ¿ Uña de vaca es? » preguntó él. — « Sí, señor, le dije yo. » — « Dígote, dijo él, que es el mejor bocado del mundo, y que no hay faisan que así me sepa. » — « Pues pruebe, señor, dije yo, y verá qué tal está. » Póngole en las uñas la otra y tres ó cuatro raciones de pan de lo mas blanco. Asentóseme al lado, y comienza á comer, como aquel que lo habia gana, royendo cada huesecillo de aquellos, mejor que un galgo suyo lo hiciera. « Con almodróte, decia, es este singular manjar. » — « Con mejor salsa lo comes tú, respondí yo paso. » — « Por Dios, dijo él, que me ha sabido, como si no hubiera hoy comido bocado. » — « Así me vengan los buenos años como es ello, dije yo entre mí. » Pidióme el jarro del agua, y díselo como lo habia traido. Es señal, que pues no le faltaba el agua, que no le habia á mi amo sobrado la comida. Bebímos, y muy contentos nos fuímos á dormir, como le noche pasada. Y por evitar prolijidad, de esta manera estuvímos ocho ó diez dias, yendose el pecador en la mañana con aquel contento y paso contado á papar aire por las calles, teniendo en el pobre Lázaro una cabeza de lobo.

42. Contemplaba yo muchas veces mi desastre, que escapando de los amos ruines que habia tenido, y buscando mejoría, viniese á topar con quien no solo no me mantuviese, mas á quien yo habia de mantener. Con todo le queria bien, con ver que no tenia ni podia mas, y ántes le habia lástima que enemistad : y muchas veces, por llevar á la posada con que él lo pasase, yo lo pasaba mal: porque una mañana levantándose el triste en camisa, subió á lo alto de la casa á hacer sus menesteres, y en tanto yo, por salir de sospecha, desenvolvíle eljubon y las calzas, que á la cabecera dejó, y hallé una bolsilla de terciopelo raso, hecha cien dobleces, y sin maldita la blanca ni señal que la hubiese tenido en mucho tiempo. « Este, decia yo, es pobre, y nadie da lo que no tiene. » Dios me es testigo, que hoy, cuando topo con alguno de su hábito con aquel paso y pompa, le he lástima, con pensar si padece lo que á aquel le ví sufrir, al cual con toda su pobreza holgaría de servir mas que á mis otros amos. Solo tenia de él un poco de descontento: que quisiera yo que no tuviera tanta presuncion, mas abajara un poco su fantasía con lo mucho que subia su necesidad.

43. Pues estando yo en tal estado, pasando la vida que digo, quiso mi mala fortuna, que de perseguirme no era satisfecha, que en aquella trabajada y vergonzosa vivienda no durase, y fué, como el año en esta tierra fuese estéril de pan, acordáron el ayuntamiento, que todos los pobres extrangeros se fuesen de la ciudad; con pregon, que el que de allí adelante topasen, fuese punido con azotes. Y así ejecutando la ley, desde á cuatro dias que el pregon se dió, ví llevar una procesion de pobres azotando por las cuatro calles : lo cual me puso tan gran espanto, que nunca osé desmandarme á demandar. Aquí viera, quien verlo pudiera, la abstinencia de mi casa, y la tristeza y silencio de los moradores de ella; tanto que nos acaeció estar dos ó tres dias sin comer bocado ni hablar palabra. Á mí diéronme la vida unas mujercillas hilanderas de algodon, que hacian bonetes y vivian par de nosotros, con las cuales yo tuve vecindad y conocimiento; que de la lacería que les traian, me daban alguna cosilla, con la cual muy pasado me pasaba. Y no tenia tanta lástima de mí como del lastimado de mi amo, que en ocho dias maldito el bocado que comió; á lo ménos en casa bien los estuvímos sin comer : no sé yo como ó donde andaba, y que comia : y verle venir á mediodia la calle abajo, con estirado cuerpo mas largo que galgo de buena casta; y por lo que tocaba á su negra que dicen honra, tomaba una paja de las que aun asaz no habia en casa, y salia á la puerta escarbando los que nada entre sí tenian, quejándose todavía de aquel mal solar, diciendo : « Malo está de ver, que la desdicha de esta vivienda lo hace, como ves, es lóbrega, triste y oscura; miéntras aquí estuviéremos, hemos de padecer; ya deseo se acabe este mes por salir de ella.

11. De esta manera estuve con mi tercero y pobre amo, que fué este escudero, algunos dias, y en todos deseando saber la intencion de su venida y estada en esta tierra, porque desde el primer dia que con él asenté le conocí ser extrangero, por el poco connocimiento y trato que con los naturales de ella tenia. Al cabo se cumplió mi deseo y supe lo que deseaba; porque un dia que habiamos comido razonablemente y estaba algo contento, contóme su hacienda, y díjome ser de Castilla la Vieja, y que habia dejado su tierra no mas de por no quitar el bonete á un caballero, su vecino. «Señor, dije yo, si él era lo que decis y tenia mas que vos, no errabais en quitarselo primero, pues decis que él tambien os lo quitaba.» — «Sí es y sí tiene, y tambien me lo quitaba él á mí; mas de cuantas veces yo se lo quitaba primero no fuera malo comedirse él alguna y ganarme por la mano.» — «Pareceme, señor, le dije yo, que en eso no mirara, mayormente con mis mayores que yo, y que tienen mas.» — «Eres muchacho, me respondió, y no sientes las cosas de la honra, en que el dia de hoy está todo el caudal de los hombres de bien. Pues hágote saber que yo soy, como ves, un escudero, mas vótote á Dios, si al conde topo en la calle, y no me quita muy bien quitado del todo el bonete, que otra vez que venga, me sepa yo entrar en una casa, fingiendo yo en ella algun negocio, ú otra calle si la hay ántes que llegue á mí, por no quitarselo: que un hidalgo no debe á otro que á Dios y al rey nada, ni es justo, siendo hombre de bien, se descuide un punto de tener en mucho su persona. Acuerdome que un dia deshonré en mi tierra á un oficial y quise poner en él las manos, porque cada vez que le topaba, me decia: «Mantenga Dios á vuestra merced.» — «Vos, don Villano Ruin, le dije yo ¿por qué no sois bien criado? ¿Mantengaos Dios, me habeis de decir, como si fuese quienquiera?

45. «De allí adelante de aqui acullá me quitaba el bonete y hablaba como debia...» — «¿Y no es buena manera de saludar un hombre á otro, dije yo, decirle que le

mantenga Dios?» — «Mira, dijo él, á los hombres de poca arte dicen eso, mas á los mas altos como yo, no les han de hablar ménos de : Beso las manos de vuesa merced; ó por lo ménos: Besoos, señor, las manos; si el que me habla es caballero; y así de aquel de mi tierra que me atestaba de *mantenimiento*, nunca mas le quise sufrir, ni sufriria á hombre del mundo del rey abajo, que : Mantengaos Dios, me diga. » — « Pecador de mí, dije yo, por eso tiene tan poco cuidado de mantenerte, pues no sufres que nadie se lo ruegue. » — « Mayormente, dijo, que no soy tan pobre que no tenga en mi tierra un solar de casas que á estar ellas en pié y bien labradas, diez y seis leguas de donde nací, en aquella costanilla de Valladolid, valdrian mas de doscientos mil maravedís, segun se podrian hacer grandes y buenas. Y tengo un palomar que á no estar derribado, como está, daria cada año mas de doscientos palominos; y otras cosas que me callo que dejé por lo que tocaba á mi honra : y vine á esta ciudad, pensando que hallaria un buen asiento, mas no me ha sucedido como pensé. Canónigos y señores de la iglesia muchos hallo, mas es gente tan limitada, que no les sacara de su paso todo el mundo. Caballeros de media talla tambien me ruegan; mas servir á estos es gran trabajo, porque de hombre os habeis de convertir en malilla, y sino, anda con Dios os dicen : y las mas veces son los pagamentos á largos plazos, y los mas ciertos comido por servido. » De esta manera lamentaba tambien su adversa fortuna mi amo, dándome relacion de su persona valerosa. Pues estando en esto, entró por la puerta un hombre y una vieja : el hombre pide el alquiler de la casa, y la vieja el de la cama. Hacen cuenta, y de dos meses le alcanzáron lo que él en un año no alcanzara : pienso que fuéron doce ó trece reales. Y él les dió muy buena respuesta, que saldria á la plaza á trocar una pieza de á dos, y que á la tarde volviesen. Mas su salida fué sin vuelta.... Así me dejó mi pobre tercero amo, do acabé de conocer mi ruin dicha : pues señalándose todo lo que podria contra mí, hacia mis negocios tan al reves, que los amos que suelen ser dejados de los mozos, en mí no fuese así, mas que mi amo me dejase y huyese de mí.

(Hurtado de Mendoza, *Lazarillo de Tormes.*)

Miguel Cervántes al conde de Lemos.

46. Aquellas coplas antiguas que fuéron en su tiempo tan celebradas, que comienzan : « Puesto ya el pié en el estribo » quisiera yo no vinieran tan á pelo en esta mi epístola, porque casi con las mismas palabras la puedo comenzar diciendo :

Puesto ya el pié en el estribo,
Con ansias de la muerte,
Gran señor, esta te escribo.

Ayer me diéron la Extrema-Uncion, y hoy escribo esta : el tiempo es breve, las ansias crecen, las esperanzas menguan, y con todo esto, llevo la vida sobre el deseo que tengo de vivir ; y quisiera yo ponerle coto, hasta besar los pies á V. E.; que podria ser fuese tanto el contento de vér á V. E. bueno en España, qué me volviese á dar la vida. Pero si está decretado que la haya de perder, cúmplase la voluntad de los cielos, y por lo ménos sepa V. E., este mi deseo, y sepa que tuvo en mí un tan aficionado criado de servirle, que quiso pasar aun mas allá de la muerte, mostrando su intencion. Con todo esto, como en profecía, me alegro de la llegada de V. E., regocíjome de verle señalar con el dedo, y realégrome de que saliéron verdaderas mis esperanzas, dilatadas en la fama de las bondades de V. E. Todavía me quedan en el alma ciertas reliquias y asomos de la semana del jardin, y del famoso Bernardo. Si á dicha, por buena ventura mia, que ya no seria ventura sino milagro, me diese el cielo vida, las verá, y con ellas el fin de la *Galatea*, de quien sé está aficionado V. E. y con estas obras continuado mi deseo. Guarde Dios á V. E. como puede. De Madrid á 19 de Abril de 1616 años.

La reyna católica Doña Isabel á su confesor, refiriéndole el caso de la cuchillada que dió al rey su esposo, un demente en Barcelona.

47. Pues vemos que los reyes pueden morir de cualquier desastre como los otros, razon es de aparejar á bien morir, y dígolo ansí, porque aunque yo desto nunca dudé, ántes como cosa muy sin duda la pensaba muchas veces, y la grandeza y prosperidad me lo hacia mas pensar y temer, hay muy gran diferencia de pensarlo y temerlo á gustarlo. Y aunque el rey mi señor se vió cerca, y yo la gusté mas veces y mas gravemente que si de otra cosa yo muriera (ni puede mi alma tanto sentir el salir del cuerpo); no se puede decir ni encarecer lo que sentia; y por esto, ántes que otra vez guste la muerte (que plegue á Dios nunca sea por tal causa) querria que fuese en otra disposicion que estaba agora por especial en la paga de deudas. Y por eso os ruego y encargo mucho por Nuestro Señor, si cosa habeis de hacer por mí, á vuelta de cuantas y cuan graves las habeis hecho, que querais ocuparos en sacar todas mis deudas, así de emprestados como de servicios y daños de las guerras pasadas, y de los juros viejos que se tomáron cuando princesa, y de la casa de moneda de Ávila, y de todas las cosas que á vos pareciere que hay que restituir y satisfacer, en cualquiera manera que sea. Encargo me lo envieis en un memorial porque me será el mejor descanso del mundo tenerlo: y viéndolo y sabiéndolo, mas trabajaré por pagarlo. Y esto os ruego que hagais por mí, y muy presto, en tanto que querais que dure este destierro.

48. Dios sabe que me quejara yo agora si vos no viniérades, sino que por lo que toca á esa ciudad, que la tengo en mas que á mi vida, por eso pospongo todo lo que me toca. Y cuando supe este caso de la cuchillada del rey, luego no tuve cuidado ni memoria de mí ni de mis hijos, que estaban delante; y túvela desa cuidad, y que os escribiesen luego esas cartas que escribí; y por eso agora no ahinco mas vuestra venida, hasta que, placiendo á Dios, estémos mas cerca de allá. Y como entónces á mí no me dijéron mas de lo que os escribí, y no habia visto al rey mi señor, que yo estaba en el palacio donde pasábamos, y el rey en este donde el caso acaeció, y ántes que acá viniese escribí porque su señoría no quiso que viniese yo en tanto que se confesaba, y por eso no pude decir mas de lo que me decian, y aun para ahi no era menester: que aun agora no querria que supiesen cuanto fué... Fué la herida tan grande, segun dice el doctor Guadalupe, que yo no tuve corazon para verla tan larga y tan honda, que de honda entraba cuatro dedos, y de larga, cosa que me tiembla el corazon en decirlo, que en quien quiera espantara su grandeza, cuanto mas en quien era. Mas hízolo Dios con tanta misericordia, que parece se midió el lugar por donde podia ser sin peligro, y salvó todas las cuerdas y el hueso de la nuca, y todo lo peligroso, de manera que luego se vió que no era peligrosa; mas despues la calambre y el temor de la sangre, nos puso en peligro de que ya os escribí no sin congoja, mas creo quemuy desatinada de no dormir.

49. Y despues, al seteno dia vino tal accidente de calentura y de tal manera, que esta fué la mayor afrenta de todas las que pasámos, y esto duró un dia y una noche: de que no diré yo lo que dijo S. Gregorio en el oficio de sábado santo; mas que fué noche del infierno: que creed, padre, que nunca tal fué visto ni en toda la gente ni en todos estos dias, que ni los oficiales hacian sus oficios, ni persona hablaba una con otra: todos en romerías y en procesiones y limosnas; y mas prisa de confesar que nunca fué en semana santa: y todo esto sin amonestacion de nadie. Las iglesias y monasterios, de continuo y sin cesar de noche y de dia, diez y doce clérigos y frailes rezando: no se puede decir lo que pasaba. Quiso Dios por su bondad haber misericordia de todos, de manera que cuando Herrero partió, que llevaba otra carta mia, ya su señoría estaba muy bueno, como él habia dicho, y despues acá lo está siempre (muchas gracias y loores á Nuestro Señor): de manera que ya él se levanta y anda acá fuera, y mañana, placiendo á Dios, cabalgará por la ciudad á otra casa donde nos mudamos. Ha sido tanto el placer de verle levantado, cuanta fué la tristeza: de manera que á todos nos ha resucitado. No sé como sirvamos á Dios tan grande merced, que no bastarian otros de mucha virtud á servir esto; ¿qué haré yo que no tengo ninguna? Esta era una de las penas que yo tenia, ver al rey padecer lo que yo merecia, no mereciéndolo él, que pagaba por mí. Esto me mataba de todo: plegue á Dios que le sirva de aquí en adelante como debo, y vuestras oraciones y consejos ayuden para esto, como siempre habeis hecho; mas agora mas en especial en esto que tanto os he encargado....

El rebuzno á competencia.

50. Sabrán vuesas mercedes, que en un lugar que está cuatro leguas y media de esta venta, sucedió que á un regidor dél, por industria y engaño de una muchacha criada suya (y esto es largo de contar) le faltó un asno; y aunque el tal regidor hizo las diligencias posibles para hallarle, no fué posible. Quince dias serian pasados, segun es pública voz y fama, que el asno faltaba, cuando estando en la plaza el regidor perdidoso, otro regidor del mismo pueblo le dijo: «Dadme albricias, compadre, que vuestro jumento ha parecido.»—«Yo os las mando y buenas, compadre, respondió el otro; pero sepamos donde ha parecido.»—«En el monte, respondió el hallador, le ví esta mañana, sin albarda y sin aparejo alguno, y tan flaco, que era una compasion miralle: quísele antecoger delante de mí, y traérosle; pero está ya tan montaraz y tan uraño, que cuando llegué á él, se fué huyendo, y se entró en lo mas escondido del monte: si quereis que volvamos los dos á buscarle, dejadme poner esta borrica en mi casa, que luego vuelvo.»—«Mucho placer me haréis, dijo el del jumento, é yo procuraré pagároslo en la misma moneda.» Con estas circunstancias todas, y de la misma manera que yo lo voy contando, lo cuentan todos aquellos que estan enterados en la verdad de este caso.

51. En resolucion, los dos regidores, á pié y mano á mano, se fuéron al monte; y llegando al lugar y sitio donde pensáron hallar el asno, no le halláron, ni pareció por todos aquellos contornos, aunque mas lo buscáron. Viendo, pues, que no parecia, dijo el regidor que le habia visto, al otro: «Mirad, compadre, una traza me ha venido al pensamiento, con la cual sin duda alguna podríamos descubrir este animal, aunque esté metido en las entrañas de la tierra, no que del monte: y es, que yo sé rebuznar maravillosamente, y si vos sabeis algun tanto, dad el hecho por concluido.»—«¿Algun tanto decís, compadre? dijo el otro: por Dios que no dé la ventaja á nadie, ni aun á los mismos asnos.»—«Ahora lo verémos, respondió el regidor segundo, porque tengo determinado que os vais vos por una parte del monte y yo por otra, de modo que le rodeemos y andemos todo, y de trecho en trecho rebuznaréis vos y rebuznaré yo, y no podrá ser ménos sino que el asno nos oya y nos responda, si es que está en el monte.» Á lo que respondió el dueño del jumento: «Digo, compadre, que la traza es excelente y digna de vuestro gran ingenio.» Y dividiéndose los dos segun el acuerdo, sucedió que casi á un mismo tiempo rebuznáron, y cada uno engañado del rebuzno del otro, acudiéron á buscarse, pensando que ya el jumento habia parecido, y en viéndose, dijo el perdidoso: «¿Es posible compadre, que no fué mi asno el que rebuznó?»

52. «No fué sino yo, respondió el otro.» — «Ahora digo, dijo el dueño, que de vos á un asno, compadre, no hay alguna diferencia, en cuanto toca al rebuznar, porque en vida he visto ni oido cosa mas propia.» — «Estas alabanzas y encarecimiento, respondió el de la traza, mejor os atañen y tocan á vos que á mí, compadre, que por el Dios que me crió, que podeis dar dos rebuznos de ventaja al mayor y mas perito rebuznador del mundo, porque el sonido que teneis es alto, lo sostenido de la voz á su tiempo y compas, los dejos, muchos y apresurados, y en resolucion yo me doy por vencido, y os rindo la palma, y doy la bandera de esta rara habilidad.» — «Ahora digo, respondió el dueño, que me tendré y estimaré en mas de aquí adelante, y pensaré que sé alguna cosa, pues tengo alguna gracia, que puesto que pensaba que rebuznaba bien, nunca entendí que llegaba al extremo que decís.» — «Tambien diré yo ahora, respondió el segundo, que hay raras habilidades perdidas en el mundo, y que son mal empleadas en aquelos que no saben aprovecharse de ellas.» — «Las nuestras, respondió el dueño, sino es en casos semejantes como el que traemos entre manos no nos pueden servir en otros, y aun en este, plegue á Dios que nos sean de provecho. »

53. Esto dicho, se tornáron á dividir y á volver á sus rebuznos; y á cada paso se engañaban y volvian á juntarse, hasta que se diéron por contraseña, que para entender que eran ellos, y no el asno, rebuznasen dos veces una tras otra. Con esto, doblando á cada paso los rebuznos, rodeáron todo el monte, sin que el perdido jumento respondiese, ni aun por señas. Mas, ¿ como habia de responder el pobre y mal logrado, si le halláron en lo mas escondido del monte ó bosque comido de lobos? Y en viéndole, dijo su dueño: Ya me maravillaba yo de que él no respondia, pues, á no estar muerto, el rebuznara, si nos oyera, ó no fuera asno; pero á trueco de haberos oido rebuznar con tanta gracia, compadre, doy por bien empleado el trabajo que he tenido en buscarle, aunque le he hallado muerto. » — « En buena mano está, compadre, respondió el otro, pues, si bien canta el abad, no le va en zaga el monacillo. » Con esto desconsolados y roncos se volviéron á su aldea, adonde contáron á sus amigos, vecinos y conocidos cuanto les habia acontecido en la busca del asno, exagerando el uno la gracia del otro en el rebuznar; todo lo cual se supo y se extendió por los lugares circunvecinos.

54. Y el diablo que no duerme, como es amigo de sembrar y derramar rencillas y discordias por do quiera, levantado caramillos en el viento y grandes quimeras de nonada, ordenó é hizo que las gentes de los otros pueblos, en viendo á alguno de nuestra aldea, rebuznasen, como dándoles en rostro con el rebuzno de nuestros regidores. Diéron en ella los muchachos, que fué dar en manos y en boca de todos los demonios del infierno, y fué cundiendo el rebuzno de uno en otro pueblo; de manera que son conocidos los naturales del pueblo del rebuzno, como son conocidos y diferenciados los negros de los blancos; y ha llegado á tanto la desgracia de esta burla, que muchas veces, con mano armada y formado escuadron, han salido contra los burladores á darse batalla, sin poderle remediar rey, ni Roque, ni temor, ni vergüenza. Yo creo que mañana ó esotro dia han de salir en campaña los de mi pueblo, que son los del rebuzno, contra otro lugar que está á dos leguas del nuestro, que es uno de los que mas nos persiguen; y por salir bien apercebidos, llevo compradas estas lanzas y alabardas que habeis visto. Y estas son las maravillas que dije que os habia de contar, y si no os lo han parecido, no sé otras.

(Cervántes, *Don Quijote.*)

La novia soberbia domada.

55. El casamiento se fizo, y lleváron la novia á casa de su marido, y los moros han por costumbre que adoban de cenar á los novios, é ponenles la mesa, é déjanlos en su casa fasta en otro dia, y ficiéronlo así aquellos; pero estaban los padres y las madres y parientes del novio é de la novia con gran recelo, cuidando que otro dia hallarian el novio muerto, ó muy mal trecho. Y luego que ellos los novios fincáron solos en casa, asentáronse á la mesa :

y ántes que ella uyase á decir cosa, cató el novio en deredor de la mesa, é vió un sú alano, é dijole ya cuanto bravamente: « Alano, dadnos agua á las mânos. » El alano non lo fizo: y él se comenzó á ensañar, é dijole mas bravamente que le diese agua á las manos, y el perro non lo fizo. Y despues que vió que non lo facia, levantóse muy sañudo de la mesa, é metió mano á la espada, é enderezó al alano, é cortóle la cabeza é las piernas é los brazos, y fizolo todo piezas, y ensangrentó toda la casa, é la ropa, é la mesa.

56. Y así muy sañudo y ensangrentado tornóse á asentar á la mesa, y cató al deredor, y vió un blanchete (1), y mandó que le diese del agua á las manos, y porque non lo fizo, dijole: « ¿ Como, don falso traidor, non viste lo que fize al alano, porque non quiso facer lo que le mandé Yo prometo que, si un punto mas porfias conmigo, que eso mismo faré á tí que al alano; » y porque non lo fizo, levantóse y tomóle por las piernas, é dió con él á la pared, é fizole mas de cien pedazos, mostrando muy mayor saña, que contra el alano. Y así bravo y sañudo, faciendo malos continentes, tornóse á sentar á la mesa y cató á todas partes: y la mujer que le vió esto facer, tuvo que estaba loco é fuera de seso, é non decia nada. Y desde que ovo catado á todas partes, vió un su caballo que estaba en casa, y él non habia mas de aquel, é dijole bravamente que le diese agua á las manos, y el caballo non lo fizo: y desque vió que non lo fizo, dijole: « ¡ Como, don ca-

(1) El gato

ballo! ¿cuidades que porque non he otro caballo, que por eso vos dejaré, si non ficiéredes lo que vos mandare? Tan mala muerte vos daré, como á los otros: é non ha cosa viva en el mundo que non faga lo que yo mandare, que eso mismo le non faga. » El caballo estuvo quedo, y desque vió que non facia su mandado, fué á él y cortóle la cabeza, y con la mayor saña que podia mostrar, despedazábalo todo. Y cuando la mujer vió que matara el caballo no habiendo otro, é que decia que esto facia á cualquiera cosa que su mandado non ficiese, tuvo que esto ya non se hacia por juego; ovo tan gran miedo, que no sabia si era muerta ó viva.

57. Y él, así bravo é sañudo, tornóse á la mesa, jurando que si á mil caballos, é hombres, é mujeres el oviese en casa, que le saliesen de mandado, que todos serian muertos; y asentóse, é cató á toda parte, teniendo la espada ensangrentada en el regazo. Y desque cató á una parte y otra, é non vió cosa viva, volvió los ojos contra su mujer muy bravamente, é dijole con gran saña, teniendo la espada sacada en la mano: « Levantadvos, é dadme agua á las manos. » Y la mujer que no esperaba otra cosa, sino que la despedazaria toda, levantóse muy apriesa, é dióle agua á las manos, y dijole: « ¡ Ay, cómo agradezco á Dios, porque ficisteis lo que vos mandé! ca de otra guisa, por el pesar que estos locos no ficiéron, eso oviera yo fecho á vos, que á ellos. » Y despues mandóle que le diese de comer, y ella fizolo: é con tal son lo decia, que ella cuidaba que la cabeza era ida por el polvo. É así pasó el fecho entre ellos aquella noche: é nunca fabló ella, mas facia todo lo que él le mandaba. Y desque oviéron dormido una pieza, dijo él á ella : « Con esta saña que ove esta noche, no puedo bien dormir : catad que no me despierte ora ninguno, é tenedme bien adobado de comer. »

58. Y cuando fué gran mañana, los padres é las madres é los parientes allegáronse á la puerta ; y en cuanto no fablaba ninguno, cuidáron que el novio estaba muerto ó ferido; é desque viéron entre las puertas á la novia, é no al novio, cuidáronlo mas y cuando la novia los vió á la puerta, llegó muy paso y con gran miedo, y comenzóles luego á decir : « Traidores, ¿ qué facedes ? ¿ y como osades llegar á la mi puerta sin fablar ? callad ; sino, tambien vosotros como yo, todos somos muertos. » Y cuando tódos esto oyéron, fuéron muy maravillados ; é desque sopiéron como pasáron en uno aquella noche, preciáron mucho al mancebo, porque así supiera facer lo que le cumplia, é castigara tan bien su casa. Y de aquel dia adelante fué aquella mujer tan bien mandada, é oviéron muy buena vida. Y dende á pocos dias su suegro quiso facer ansí como ficiera su yerno, é por aquella manera mató un caballo, y dijole su mujer : « A la fé, don fulano, tarde vos acordades, que ya nos conocemos. »

(Infante Don Juan Manuel, *Conde de Lucanor.*)
[M. 1347.]

Rinconete y Cortadillo.

59. En la venta del Molinillo que está puesta en los fines de los famosos campos de Alcudia, como vamos de Castilla á la Andalucía, un dia de los calorosos del verano se halláron en ella acaso dos muchachos de hasta edad de catorce á quince años: el uno ni el otro no pasaban de diez y siete, ambos de buena gracia, pero muy descosidos, rotos y maltratados; capa no la tenian, los calzones eran de lienzo, y las medias de carne; bien es verdad que lo enmendaban los zapatos, porque los del uno eran alpargates tan traidos como llevados, y los del otro picados y sin suelas, de manera que mas le servian de cormas que de zapatos: traia el uno montera verde de cazador, el otro un sombrero sin toquilla, bajo de copa y ancho de falda: á la espalda y ceñida por los pechos, traia el uno una camisa de color de camuza, encerrada y encogida toda en una manga: el otro venia escueto y sin alforjas, puesto que en el seno se le parecia un gran bulto, que á lo que despues pareció, era un cuello de los que llaman baldonas almidonadas, almidonado con grasa, y tan deshilado de roto, que todo parecia hilachas.

60. Venian en él envueltos y guardados unos naipes de figura ovada, porque de ejercitarlos se les habian gastado las puntas, y porque durasen mas se las cercenáron y los dejáron de aquel talle: estaban los dos quemados del sol, las uñas caireladas, y las manos no muy limpias: el uno tenia una media espada, y el otro un cuchillo de cachas amarillas que los suelen llamar vaqueros: saliéronse los dos á sestear en un portal, ó cobertizo que delante de la venta se hace, y sentándose frontero el uno del otro, el que parecia de mas edad dijo al mas pequeño: « ¿De qué tierra es vuesa merced, señor gentilhombre, y para donde bueno camina? » — « Mi tierra, señor caballero, respondió el preguntado, no la sé, ni para donde camino tampoco.» — «Pues en verdad, dijo el mayor, que no parece vuesa merced del cielo, y que este no es lugar para hacer su asiento en él, que por fuerza se ha de pasar adelante.» — Así es, respondió el mediano; pero yo he dicho verdad en lo que he dicho, porque mi tierra no es mia, pues no tengo en ella mas de un padre que no me tiene por hijo, y una madrastra que me trata como un almado: el camino que llevo es á la ventura, y allí le daria fin donde hallase quien me diese lo necesario para pasar esta miserable vida.» — «¿Y sabe vuesa merced algun oficio?» preguntó el grande; y el menor respondió: «No sé otro sino que corro como una liebre, y salto como un gamo, y corto de tijera muy delicadamente.»

61. «Todo eso es muy bueno, útil y provechoso, dijo el grande, porque habrá sacristan que le dé á vuesa merced la ofrenda de Todos Santos, porque para el Juéves santo le corte florones de papel para el monumento.» — «No es mi corte de esa manera, respondió el menor, sino que mi padre por la misericordia de Dios es sastre y calcetero, y me enseñó á cortar antiparas, que como vuesa merced bien sabe, son medias calzas con avanpiés, que por su propio nombre se suelen llamar polainas; y córtolas tan bien que en verdad que me podria examinar de maestro, sino que la corta suerte me tiene arrinconado.» — «Todo eso y mas acontece por los buenos, respondió el grande, y siempre he oido decir que las buenas habilidades son las mas perdidas; pero aun edad tiene vuesa merced para enmendar su ventura: mas si yo no me engaño y el ojo no miente, otras gracias tiene vuesa merced secretas y no las quiere manifestar. » — « Sí tengo, respondió el pequeño; pero no son para en público, como vuesa merced ha muy bien apuntado. » Á lo cual replicó el grande : « Pues yo le sé decir que soy uno de los mas secretos mozos que en gran parte se pueden hallar; y para obligar á vuesa merced que descubra su pecho y descanse conmigo, le quiero obligar con descubrirle el mio primero porque imagino que no sin misterio nos ha juntado aquí la suerte, y pienso que habemos de ser de este hasta el último dia de nuestra vida verdaderos amigos. Yo, señor hidalgo, soy natural de la Fuenfrida, lugar conocido y famoso por los ilustres pasajeros que por él de continuo pasan : mi nombre es Pedro del Rincon, mi padre es persona de calidad, porque es ministro de la Santa Cruzada, quiero decir que es bulero ó buldero como los llama el vulgo : algunos dias le acompañé en el oficio y le respondí de manera que no daria ventaja en echar las bulas al que mas presumiese en ello; pero habiéndome un dia aficionado mas al dinero de las bulas que á las mismas bulas, me abracé con un talego, y dí conmigo y con él en Madrid, donde con las comodidades que allí de ordinario se ofrecen, en pocos dias saqué las entrañas al talego, y le dejé con mas dobleces que pañizuelo de desposado : vino el que tenia á cargo el dinero tras mí, prendiéronme, tuve poco favor aunque viendo aquellos señores mi poca edad se contentáron con que me arrimasen al aldabilla, y me mosqueasen las espaldas por un rato, y con que saliese desterrado por cuatro años de la corte. Tuve paciencia, encogí los hombros, sufrí la tanda y mosqueo, y salí á cumplir mi destierro con tanta priesa, que no tuve lugar de buscar cabalgaduras: tomé de mis albajas las que pude y las que me pareciéron mas necesarias, y entre ellas saqué estos naipes (y á este tiempo descubrió los que se han dicho que en el cuello traia) con los cuales he ganado mi vida por los mesones que hay desde Madrid aquí jugando á la veintiuna; y aunque vuesa merced los ve tan astrosos y maltratados, usan de una maravillosa virtud con quien los entiende, que no alzará que no quede un as debajo, y si vuesa merced es versado de este juego, verá cuanta ventaja lleva el que sabe que tiene cierto un as la primera carta, que le puede servir de un punto y de once; que con esta ventaja siendo la veintiuna envidada, el dinero se queda en casa.

63. « Fuera de esto aprendí de un cocinero de un cierto embajador ciertas tretas de quínolas y del parar, á quien tambien llaman el andaboba: que así como vuesa merced se puede examinar en el corte de sus antiparas, así puedo yo ser maestro en la ciencia villanesca: con esto voy seguro de no morir de hambre, porque aunque llegue á un cortijo, hay quien quiera pasar tiempo jugando un rato, y de esto hemos de hacer luego la experiencia jugando los dos: armémos la red, y veamos si cae algun pájaro de estos arrieros que aquí hay, quiero decir que juguemos los dos á la veintiuna como si fuese de veras, que si alguno quisiere ser tercero, él será el primero que deje la pecunia. » — « Sea enhorabuena, dijo el otro, y en merced muy grande tengo la que vuesa merced me ha hecho en darme cuenta de su vida, con que me ha obligado á que yo no le encubra la mia, que diciéndola mas breve es esta : Yo nací en el Pedroso, lugar puesto entre Salamanca y Medina del Campo : mi padre es sastre, enseñóme su oficio, y de corte y de tijera con mi buen ingenio salté á cortar bolsas : enfadóme la vida estrecha del aldea, y el desamorado trato de mi madrastra : dejé mi pueblo, vine á Toledo á ejercitar mi oficio, y en él he hecho maravillas ; porque no pende relicario de toca, ni hay faltriquera tan escondida, que mis deseos no visiten, ni mis tijeras no corten, aunque le esten guardando con los ojos de Argus : y en cuatro meses que estuve en aquella ciudad nunca fuí cogido entre puertas, ni sobresaltado, ni corrido de corchetes, ni soplado de ningun cañuto.

64. « Bien es verdad que habrá ocho dias una espía doble dió noticia de mi habilidad al corregidor, el cual aficionado á mis buenas partes quisiera verme ; mas yo que por ser humilde no quiero tratar con personas tan graves, procuré de no verme con él, y así salí de la ciudad con tanta priesa, que no tuve lugar de acomodarme de cabalgaduras, ni blancas, ni de algun coche de retorno, ó por lo ménos de un carro. » — « Eso se borre, dijo Rincon, y pues ya nos conocemos no hay para que aquesas grandezas, ni altiveces : confesemos llanamente que no tenemos blanca, ni aun zapatos. » — « Sea así, respondió Diego Cortado (que así dijo el menor que se llamaba) y pues nuestra amistad, como vuesa merced, señor Rincon, ha dicho, ha de ser perpetua, comencémosla con santas y loables ceremonias. » — Y levantándose Diego Cortado abrazó á Rincon, y Rincon á él tierna y estrechamente, y luego se pusiéron los dos á jugar á la veintiuna con los ya referidos naipes, limpios de polvo y de paja, pero no de grasa y malicia: y á pocas manos alzaba tan bien por el as Cortado, como Rincon su maestro.

65. Salió en esto un arriero á refrescarse al portal, y pidió que quería ser tercio: acogiéronle de buena gana, y en ménos de media hora le ganáron doce reales y veinte y dos maravedíses, que fué darle doce lanzadas y veinte y dos mil pesadumbres: y creyendo el arriero que por ser muchachos no se lo defenderian, quiso quitarles el dinero: mas ellos poniendo el uno mano á su media espada, y el otro al de las cachas amarillas, le diéron tanto que hacer, que á no salir sus compañeros, sin duda lo pasara harto mal. A esta sazon pasáron acaso por el camino una tropa de caminantes de á caballo que iban á sestear á la venta del Alcalde que está media legua mas adelante, los cuáles viendo la pendencia del arriero con los dos muchachos, los apaciguáron y les dijéron que si acaso iban á Sevilla, que se viniesen con ellos. «Allá vamos, dijo Rincon, y servirémos á vuesas mercedes en todo cuanto nos mandaren.» Y sin mas detenerse saltáron delante de las mulas, y se fuéron con ellos, dejando el arriero agraviado y enojado, y la ventera admirada de la buena crianza de los pícaros, que les habia estado oyendo su plática, sin que ellos advirtiesen en ello; y cuándo dijo al arriero que les habia oido decir que los naipes que traian eran falsos, se pelaba las barbas, y quisiera ir á la venta tras ellos á cobrar su hacienda, porque decia que era grande afrenta y caso de ménos valor, que dos muchachos hubiesen engañado á un hombrazo tan grande como él. Sus compañeros le detuviéron y aconsejáron que no fuese, siquiera por no publicar su inhabilidad y simpleza. En fin, tales razones le dijéron, que aunque no lo consoláron, le obligáron á quedarse.

(Cervántes, *Novelas ejemplares.*)

La corrida de toros.

66. Puesta la plaza de Bivarambla como debia de estar para la fiesta, el rey acompañado de muchos caballeros ocupó los miradores y reales, que para aquel efecto estaban diputados. La reyna con muchas damas se puso en otros miradores de la misma órden que el rey. Todos los ventanajes de las casas de Bivarambla estaban llenos de muy hermosas damas. Y tantas gentes acudiéron del reyno, que no se hallaban tablados ni ventanas donde poder estar; que tanto número de gente nunca se habia visto en fiestas que en Granada se hiciesen; porque de Sevilla y Toledo habian venido muchos y muy principales caballeros moros. Comenzáron á correr los toros por la mañana. Los caballeros Abencerrajes andaban á caballo por la plaza, corriendo los toros con tanta gallardía y gentileza, que era cosa de espanto. No habia damas en todos los balcones ni ventanas, que no estuviesen muy aficionadas á los caballeros Abencerrajes. Los Zegris tambien se mostráron ser de mucho valor, porque aquel dia alanceáron ocho toros muy diestramente, sin que ningun Zegrí mostrase haber recibido desden en la silla : y los toros que eran muy bravos, fuéron alanceados de tal suerte, que no hubo necesidad de desjarretallos.

67. Y seria la una del dia cuando estaban doce toros

corridos, y el rey mandó tañer los clarines y dulzainas, que era señal que todos los caballeros del juego se habian de juntar allí en su mirador. Y así á esta señal todos fuéron, y el rey con grande contento les mandó dar una muy rica colacion : lo mismo hizo la reyna á sus damas, las cuales aquel dia estaban muy ricamente aderezadas, y con tanta belleza, que era cosa de admiracion ...... Serian ya las dos de la tarde cuando los caballeros y damas acabáron las colaciones, y cuando soltáron un toro negro, bravo en demasía, que no arremetia tras hombre que no le alcanzase, tanta era su ligereza; y no habia caballo que por uña se le fuese. À este toro, dijo el rey, fuera bueno alanzear, por ser muy bueno. El Maliquez Alabez se levantó, y le suplicó que le diese licencia para irse á ver con aquel bravo toro. El rey se la dió, aunque bien quisiera Muza salir á él, y alanzarlo : mas visto que Alabez gustaba salir, sufrióse.

68. Alabez haciendo reverencia al rey, y á los demas caballeros cortesia, se salió de los miradores y se fué á la plaza, donde sus criados le tenian un muy hermoso caballo rucio rodado, de muy grande bondad : el cual le habia enviado un primo hermano suyo hijo del alcaide de Valez el Rubio y el Blanco, hombre de mucha suerte.... Deste, pues, como digo, vino el caballo sobre el cual subió Alabez, y dió una vuelta á la plaza mirando todos los balcones á donde estaban las damas para ver á su señora Cohaida. Y pasando por junto del balcon, hizo que el caballo pusiese las rodillas en el suelo, y el valeroso Alabez puso la cabeza entre los arzones, haciendo grande acatamiento á su señora y á las otras damas que con ella estaban. Y hecho esto, puso las espuelas al caballo, el cual arrancó con tanta furia y presteza que parecia un rayo. El rey y todos los demas que en la plaza estaban, se maravilláron en ver cuan bien lo había hecho Alabez; solo á los zegrís pareció mal, porque lo miráron con ojos llenos de mortal envidia.

69. En esto se dió en la plaza una grande gritería, y era la causa que el toro habia dado vuelta por toda la plaza, habiendo derribado mas de cien hombres, y muerto mas de seis dellos, y venia como una águila adonde estaba Alabez con su caballo. El cual, como lo vió venir, quiso hacer una grande gentileza aquel dia, y fué que, saltando del caballo con gran ligereza, ántes que el toro llegase, le salió al encuentro con el albornoz en la mano izquierda. El toro que lo vió tan cerca, se vino á él por le coger; mas el buen Malique Alabez, acompañado de su bravo corazon, le aguardó; y al tiempo que el toro bajó la frente para ejecutar el bravo golpe, Alabez le echo el albornoz con la mano izquierda en los ojos, y apartándose un poco á un lado, con la mano derecha le asió del cuerno derecho, tan recio, que le hizo tener; y con grande presteza le echó mano del otro cuerno, y le tuvo tan firmemente, que el toro no pudo hacer golpe ninguno. El toro, viéndose asido, procuraba desasirse dando grandes saltos, levantando cada vez al buen Alabez del suelo. Puesto andaba el bravo moro en notable peligro, y por poco se hubiera arrepentido por haber comenzado aquella dudosa y peligrosa prueba. Mas como era animoso, y de bravo corazon, no desmayó un punto; mas ántes con gran valor y esfuerzo, como aquel que era hijo del bravo alcaide de Vera que murió en Lorca, cuando aquella sangrienta batalla de los Alporchones, se mantenia contra el toro, el cual bramaba por cogerlo entre los cuernos; mas era la destreza del moro tanta, que el toro no podia salir con su intento.

70. Alabez, pareciéndole vergüenza andar de aquella manera con tal bestia, se arrimó al lado izquierdo del toro, y usando de fortaleza y maña, torció de los cuernos al toro de tal manera, que dió con él en el suelo, haciéndole hincar los cuernos en tierra. El golpe fué tan grande, que pareció que habia caido un monte, y el toro quedó quebrantado, que no se pudo mover de aquel rato. El buen Malique Alabez, como así lo vió lo dejó, y tomando su albornoz que de fina seda era, se fué á su caballo que sus criados guardaban, y subió en el estribo dejando á todos los circunstantes embelesados de su bravo acaecimiento y valor. Á cabo de rato el toro se levantó, aunque no con la ligereza que solia. El rey envió á llamar á Alabez, el cual fué á su mandado con gentil continente, como si tal no hubiera hecho; y llegado, el rey le dijo: « por cierto Alabez, vos lo habeis hecho como valiente y esforzado caballero, y de hoy mas quiero que seais capitan de cien caballos, y teneos por Alcaide de la fuerza de Cantoria, que es muy buena alcaidía, y de buena renta. » Alabez le besó las manos por la merced que le hacia.

(Gines de Hita, *Hist. de los Zegrís y Abencerrages.*) (1)

---

(1) De esta obra tejió y compuso Florian la novela de *Gonzalo de Córdoba.*

LITTÉRATURE. — POÉSIE.

La Égloga.

71\. Nacida entre la paz y la dulzura
De la dorada edad, la Égloga amable
Su inocencia celebra y su ventura :
Sus blandos sentimientos,
Sus sencillos acentos
Fáciles nacen en su pecho y labio ;
Ni muestra ingenio, ni agradar procura ;
Y simple, candorosa,
Pinta y celebra porque admira y goza.
Á par condena el fausto y el esmero
De rica cortesana
Y el tono vil y el hábito grosero
De rústica villana :
Con arte no aprendido,
Cual el canto del ave,
Suena su voz suave ;
Con las flores del prado se engalana,
Y en su inocencia pura
Con la vecina fuente
Sus adornos consulta y su hermosura.
Pero natura misma
Le inspira amor, y canta sus amores ;
No conoce mas ansias ni mas duelos
Que el desden y los celos ;

Otro bien, sino el huerto y el ganado,
Ni mas reinos y mares
Que el monte y rio, la laguna y prado.
Mas su tono sencillo
No es ménos variado
Que dulce y sazonado;
Siguiendo el eco de apacible avena,
Cual manso arroyo, entre las flores suena.

(Martinez de la Rosa, *Poética*).
[N. 1788.—M.—.]

Salicio, Nemoroso, Poeta.

POETA.

32. Saliendo de las ondas encendido
Rayaba de los montes el altura
El sol, cuando Salicio recostado
Al pié de un alta haya en la verdura,
Por donde un agua clara con sonido
Atravesaba el verde y fresco prado;
Él con canto acordado
Al rumor que sonaba
Del agua que pasaba,
Se quejaba tan dulce y blandamente,
Como si no estuviera de allí ausente
La que de su dolor culpa tenia;
Y así como presente,
Razonando con ella le decia:

SALICIO.

¡O mas dura que mármol á mis quejas,
Y al lucido fuego en que me quemo
Mas helada que nieve Galatea!
Estoy muriendo, y aun la vida temo;
Témola con razon, pues tú me dejas,
Que no hay sin tí el vivir para que sea.
Vergüenza he que me vea
Ninguno en tal estado
De tí desamparado,
Y aun de mí mismo yo me corro agora.
¿De un alma te desdeñas ser señora
Donde siempre moraste, no pudiendo
De ella salir un hora?
Salid sin duelo, lágrimas, corriendo.
  El sol tiende los rayos de su lumbre
Por montes y por valles, despertando
Las aves, animales y la gente:
Cual por el aire claro va volando,
Cual por el verde prado ó alta cumbre
Paziendo va segura y libremente,
Cual con el sol presente
Va de nuevo al oficio,
Y al usado ejercicio
Do su natura ó menester le inclina;
Siempre está en llanto esta ánima mezquina,
Cuando la sombra el mundo va cubriendo,
Ó la luz se avecina.
Salid sin duelo, lágrimas, corriendo.

Y tú, de esta mi vida ya olvidada,
Sin mostrar un pequeño sentimiento
De que, por tí Salicio triste muera,
Dejas llevar, desconocida, al viento
El amor y la fé que ser guardada
Eternamente solo á mí debiera.
¡O Dios! ¿Porqué siquiera,
Pues ves desde tu altura
Esta falsa perjura
Causar la muerte
De un estrecho amigo,
No recibe del cielo algun castigo?
Si en pago del amor yo estoy muriendo,
¿Qué hará el enemigo?
Salid sin duelo, lágrimas, corriendo.

Por tí el silencio de la selva umbrosa,
Por tí la esquividad y apartamiento
Del solitario monte me agradaba:
Por tí la verde yerba, el fresco viento,
El blanco lirio y colorada rosa
Y dulce primavera deseaba.
¡Ay cuanto me engañaba!
¡Ay cuan diferente era
Y cuan de otra manera
Lo que en tu falso pecho se escondia!
Bien claro con su voz me lo decia
La siniestra corneja repitiendo
La desventura mia.
Salid sin duelo, lágrimas, corriendo.

¡Cuantas vezes, durmiendo en la floresta,

Reputándolo yo por desvarío,
Ví mi mal entre sueños, desdichado!
Soñaba que en el tiempo del estío
Llevaba, por pasar allí la siesta,
Á beber en el Tajo mi ganado;
Y despues de llegado,
Sin saber de cual arte,
Por desusada parte
Y por nuevo camino el agua se iba;
Ardiendo yo con la calor estiva,
El curso enajenado iba siguiendo
Del agua fugitiva.
Salid sin duelo, lágrimas, corriendo.
  Siempre de nueva leche en el verano
Y en el invierno abundo; en mi majada
La manteca y el queso está sobrado;
De mi cantar pues yo te ví agradada
Tanto, que no pudiera el mantuano
Titiro ser de tí mas alabado.
No soy, pues, bien mirado,
Tan disforme ni feo,
Que aun agora me veo
En esta agua que corre clara y pura,
Y cierto no trocara mi figura
Con ese que de mí se está riendo.
¡ Trocara mi ventura !
Salid sin duelo, lágrimas, corriendo.
  Con mi llorar las piedras enternecen
Su natural dureza, y la quebrantan;
Los árboles parece que se inclinan;

Las aves que me escuchan, cuando cantan,
Con diferente voz se condolecen,
Y mi morir cantando me adivinan;
Las fieras que reclinan
Su cuerpo fatigado,
Dejan el sosegado
Sueño, por escuchar mi llanto triste;
Tú sola contra mí te endureziste,
Los ojos aun siquiera no volviendo
Á lo que tú hiziste.
Salid sin duelo, lágrimas, corriendo.

Mas ya que á socorrerme aquí no vienes,
No dejes el lugar que tanto amaste,
Que bien puedes venir de mí segura:
Yo dejaré el lugar do me dejaste.
Ven, si por solo esto te detienes;
Ves aquí un prado lleno de verdura,
Ves aquí una espesura,
Ves aquí una agua clara
En otro tiempo cara,
Á quien de tí con lágrimas me quejo:
Quizá aquí hallarás, pues yo me alejo,
Al que todo mi bien quitarme puede,
Que pues el bien le dejo,
No es mucho que el lugar tambien le quede.

POETA.

73. Aquí dió fin á su cantar Salicio,
Y sospirando en el postrero acento,
Soltó de llanto una profunda vena.

Queriendo el monte al grave sentimiento
De aquel dolor en algo ser propicio,
Con la pasada voz retumba y suena.
La blanda Filomena,
Casi como dolida
Y á compasion movida,
Dulcemente responde al son lloroso.
Lo que cantó tras esto Nemoroso
Decidlo vos, Piérides, que tanto
No puedo yo ni oso,
Que siento enflaquezer mi débil canto.

NEMOROSO.

Corrientes aguas, puras, cristalinas,
Árboles que os estais mirando en ellas,
Verde prado, de fresca sombra lleno,
Aves, que aquí sembrais vuestras querellas,
Yedra, que por los árboles caminas
Torziendo el paso por su verde seno;
Yo me ví tan ajeno
Del grave mal que siento,
Que de puro contento
Con vuestra soledad me recreaba;
Donde con dulce sueño reposaba,
Ó con el pensamiento discurria
Por donde no hallaba
Sino memorias llenas de alegría.
Y en este mismo valle donde agora
Me entristezco y me canso, en el reposo
Estuve yo contento y descansado.

¡ O bién caduco, vano y presuroso !
Acuérdome, durmiendo aquí algun hora,
Que despertando á Elisa ví á un lado.
¡ O miserable hado !
¡ O tela delicada
Ántes de tiempo dada
Á los agudos filos dé la muerte !
Mas convenible fuera aquesta suerte
A los cansados años de mi vida,
Que es mas que el hierro fuerte
Pues no la ha quebrantado tu partida.

. . . .

Despues que nos dejaste, nunca pace
En hartura el ganado ya, ni acude
El campo al labrador con mano llena.
No hay bien que en mal no se convierta y mude,
La mala yerba al trigo ahoga, y nace
En lugar suyo la infelice avena :
La tierra que de buena
Gana nos producia
Flores, con que solia
Quitar en solo vellas mil enojos,
Produce agora en cambio estos abrojos,
Ya de rigor de espinas intratable ;
Y yo hago con mis ojos
Crecer llorando el fruto miserable.
Como al partir el sol la sombra crece,
Y en cayendo su rayo, se levanta
La negra oscuridad que al mundo cubre,
De do viene el temor que nos espanta,

Y la medrosa forma en que se ofrece
Aquello que la noche nos encubre,
Hasta que el sol descubre
Su luz pura y hermosa;
Tal es la tenebrosa
Noche de tu partir, en que he quedado
De sombra y de temor atormentado,
Hasta que muerte el tiempo determine,
Que á ver el deseado
Sol de tu clara vista me encamine.
  Cual suele el ruiseñor con triste canto
Quejarse, entre las hojas escondido,
Del duro labrador que cautamente
Le despojó su dulce y caro nido
De los tiernos hijuelos, entre tanto
Que del amado ramo estaba ausente;
Y aquel dolor que siente,
Con diferencia tanta
Por la dulce garganta
Despide, y á su canto el aire suena;
Y la callada noche no refrena
Su lamentable oficio y sus querellas,
Trayendo de su pena
Al cielo por testigo y las estrellas:
  De esta manera suelto yo la rienda
A mi dolor, y así me quejo en vano
De la dureza de la muerte airada,
Ella en mi corazon metió la mano
Y de allí me llevó mi dulce prenda,
Que aquel era su nido y su morada.

¡Ay muerte arrebatada!
Por tí me estoy quejando
Al cielo y enojando
Con importuno llanto al mundo todo.
Tan desigual dolor no sufre modo:
No me podrán quitar el dolorido
Sentir, si ya del todo
Primero no me quitan el sentido.
Una parte guardé de tus cabellos,
Elisa, envueltos en un blanco paño,
Que nunca de mi seno se me apartan;
Descójolos, y de un dolor tamaño
Enternecerme siento, que sobre ellos
Nunca mis ojos de llorar se hartan.
Sin que de allí se partan,
Con suspiros calientes,
Mas que la llama ardientes,
Los enjugo del llanto, y de consuno
Casi los paso y cuento uno á uno:
Juntándolos con un cordon los ato;
Tras esto el importuno
Dolor me deja descansar un rato.

. . . .

Divina Elisa, pues agora el cielo
Con inmortales piés pisas y mides,
Y su mudanza ves estando queda;
¿Por qué de mí te olvidas y no pides
Que se apresure el tiempo en que este velo
Rompa del cuerpo y verme libre pueda?
Y en la tercera rueda,

Contigo mano á mano,
Busquemos otro llano,
Busquemos otros montes y otros rios,
Otros valles floridos y sombrios,
Do descansar, y siempre pueda verte
Ante los ojos mios,
Sin miedo y sobresalto de perderte?

POETA.

Nunca pusieran fin al triste lloro
Los pastores, ni fueran acabadas
Las canciones que solo el monte oia,
Si mirando las nubes coloradas,
Al trasmontar del sol bordadas de oro,
No vieran que era ya pasado el dia.
La sombra se veia
Venir corriendo apriesa
Ya por la falda espesa
Del altísimo monte, y recordando
Ambos como de sueño, y acabando
El fugitivo sol de luz escaso,
Su ganado llevando
Se fuéron recogiendo paso á paso.

(Garcilaso de la Vega, *Salicio y Nemoroso.*)

[N. 1503.—M. 1536.]

El burro flautista.

74. Esta fabulilla,
Salga bien ó mal,
Me ha ocurrido ahora
Por casualidad.

Cerca de unos prados
Que hay en mi lugar,
Pasaba un borrico
Por casualidad.

Una flauta en ellos
Halló, que un zagal
Se dejó olvidada
Por casualidad.

Acercóse á olerla
El dicho animal;
Y dió un resoplido
Por casualidad.

En la flauta el aire
Se hubo de colar;
Y sonó la flauta
Por casualidad.

¡ Oh ! dijo el borrico,
¡ Qué bien sé tocar !
¿ Y dirán que es mala
La música asnal ?...

Sin reglas del arte,
Borriquitos hay
Que una vez aciertan
Por casualidad.

(Yriarte, *Fábulas literarias.*)
[N. 1750.—M. 1791.]

El nido robado.

75. Yo vi sobre un tomillo
Quejarse un pajarillo,
Viendo su nido amado,
De quien era caudillo,
De un labrador robado.
Víle tan congojado
Por tal atrevimiento,
Dar mil quejas al viento,
Para que al cielo santo
Lleve su tierno llanto,
Lleve su triste acento.
Ya con triste armonía
Esforzando el intento,
Mil quejas repetía;
Ya cansado callaba,
Y al nuevo sentimiento
Ya sonoro volvía,
Ya circular volaba,
Ya rastrero corria;
Ya pues de rama en rama
Al rústico seguia,

Y saltando en la grama,
Parece que decia:
« Dame, rústico fiero,
Mi dulce compañía... »
Y que le respondia
El rústico: *No quiero.*

(Villegas.)
(N. 1595.—M. 1669.)

En un convite de amigos desgraciados.

76. *Al viento las penas,*
Las copas llenad,
Que todo lo endulzan
Vino y amistad.

¡O socios amados,
Que en tanta agonía
La fortuna impía
Combatiendo ve!
Jamás degradados
Adore inclinada
Nuestra frente honrada
Su orgulloso pié.

Al viento las penas, etc.

Ella se complace
En hollar odiosa
La virtud gloriosa
Y el sagrado honor;

Pero inútil hace
El justo su empeño,
Y con noble ceño
Burla su favor.

Al viento las penas, etc.

La batida nave
De borrasca fiera
Se pierde velera
Por el ancho mar,

Y cuando mas grave
Su riesgo parece
El sol que amanece
La sale á salvar.

Al viento las penas, etc.

Dejad que ora truene
La calumnia infame,
Que cuando ella trame
Sin fruto ha de ser.

Que el vulgo resuene,
Que el error se agite,
Que el celo se irrite,
Nada hay que temer.

Al viento las penas, etc.

Clamarán que huimos
Nuestra dulce España;
Su bárbara saña
Debímos huir:

Sus puñales vímos,
Y España en tal duelo,
Cual madre, á otro suelo
Nos hizo partir.

Al viento las penas, etc.

Desde él doloridos
Nuestros ojos miran
Do fieles suspiran
Las almas tornar:

Y en tiernos gemidos
La lengua apenada
¡ Ay patria adorada !
Clama sin cesar.

Al viento las penas, etc.

Volveréis, amigos,
Á sus faustos lares,
De indignos pesares
Libre el corazon:

Sagrados testigos
De nuestra justicia
Contra vil malicia
Dios y la razon.

Al viento las penas, etc.

En hermandad santa
En tanto los pechos
Juntad con estrechos
Vínculos de amor.

Baco á dicha tanta
Aplauda riente,
Y otra copa aumente
Su plácido ardor.

Al viento las penas, etc.

Amigos queridos,
Desde estos mis brazos
En mutuos abrazos
Á uniros corred;
De la mano asidos
Juradme y juremos,
Que hermanos serémos
Y á un tiempo bebed.

Al viento las penas,
Las copas llenad,
Que todo lo endulzan
Vino y amistad.

(J. Melendez Valdés.)
[N. 1750. — M. 1817.]

La Elegía.

77. Con voz mas elevada
Y noble desaliento afectuoso,
Suelto el cabello, humedecida en llanto,
Andrómaca lamenta al tierno esposo :
Ni la mísera expresa su quebranto
Con tono osado y fuego impetuoso,
Ni recuerda con fausto las memorias

De las troyanas glorias;
Envidia en su dolor la triste muerte
De otra infeliz princesa, y la antepone
Al rigor lento de su amarga suerte:
Tal la dulce Elegía
Con blanda voz y pecho entristecido
Los casos llora de la suerte impía:
En su lánguido tono, en su descuido,
Descubre su dolor y su ternura,
Sin humillarse nunca torpemente
Ni presumir de ingenio y hermosura.
Mísera y sola, en sus amargas quejas
Alivio busca al ánimo doliente;
Sus cantos son gemidos,
Y sus ecos sentidos
Nacen del corazon, no de la mente.
Hija de la pasion y del sentimiento,
Tambien de amor ternísima suspira;
No cual la osada lira
Que su triunfo celebra y su contento;
Mas sencilla, doliéndose y suave,
Como tórtola bella
Que con blanda querella
En solitario bosque y noche oscura
Nos inspira su amor su y ternura.
Así con su laud Tíbulo un día
En eco dulce y blando
Al corazon mas duro enternecía:
Y á las glorias de amor y su ventura
Tristísimos recuerdos enlazando,

Ya vé á su tierna amada
Que junto al lecho de su muerte llora
Triste y desconsolada;
Ya en su postrimer hora
Mirarla solo anhela, y quiere en vano
Estrecharla al morir con débil mano.

(Martinez de la Rosa, *Poética*.)

Ariana abandonada.

78. ¿Á quien me quejaré del cruel engaño,
Árboles mudos, en mi triste duelo?
¡Sordo mar! ¡Tierra estraña! ¡Nuevo cielo!
¡Fingido amor! ¡Costoso desengaño!
Huye el pérfido autor de tanto daño,
Y quedo sola en peregrino suelo,
Do no espero á mis lágrimas consuelo,
Pues no permite alivio mal tamaño.
Dioses, si entre vosotros hizo alguno
De un desamor ingrato amarga prueba,
Vengadme os ruego del traidor Teseo.
Tal se quejaba Ariadna en importuno
Lamento al cielo, y entretanto lleva
El mar su llanto, el viento su deseo.

(Arguijò.)

A la pérdida del rey Don Sebastian.

79. ¡Ó nunca fueras, África desierta,
En medio de los trópicos fundada,
Ni por el fértil Nilo coronada
Te viera el alba cuando el sol despierta!
¡Nunca tu arena inculta descubierta
Se viera de cristiana planta honrada,
Ni abriera en tí la portuguesa espada
Á tantos males tan sangrienta puerta!
Perdióse en tí de la mayor nobleza
De Lusitania una florida parte;
Perdióse su corona y su riqueza:
Pues tú que no mirabas su estandarte,
Sobre él los pies, levantas la cabeza,
Ceñida en torno del laurel de Marte.

(Lope de Vega.)

[N. 1562.—M. 1635.]

Los Zarcillos.

80. La niña morena
Que yendo á la fuente
Perdió sus zarzillos,
¿Cual pena merece?
Diérame mi amado
Ántes que se fuese,

Zarzillos dorados
Hoy hace tres meses.
Dos candados eran
Para que no oyese
Palabras de amores
Que otros me dijesen.
Perdílos lavando!
¿ Qué dirá mi ausente
Sino que son unas
Todas las mujeres ?
Dirá que no quise
Candados que cierren,
Sino falsas llaves
Mudanza y desdenes;
Dirá que me hablan
Cuantos van y vienen,
Y que somos unas
Todas las mujeres.
Dirá que me huelgo
De que no parece
En misa el domingo,
Ni en mercado el juéves ;
Que mi amor sencillo
Tiene mil doblezes,
Y que somos unas
Todas las mujeres.
Diráme : traidora,
Que con alfileres
Prendes de tu cofia
Lo que mi alma prende.

Cuando esto me diga,
Diréle que miente,
Que no somos unas
Todas las mujeres.
  Diré que me agrada
Su pellico el verde,
Muy mas que el brocado
Que visten marqueses:
Que su amor primero
Primero fué siempre,
Que no somos unas
Todas las mujeres.
  Diréle que el tiempo
Que el mundo revuelve,
La verdad que digo
Verá si quisiere;
Amor de mis ojos,
Burlada me dejes,
Si yo me mudare
Como otras mujeres.

(Romancero.)

El fin del otoño.

81. ¿Adonde rápidos fuéron,
Benéfica primavera,
Tus cariñosos verdores
Y tus auras placenteras?

¿ Do estan los amables dias
Cuando á la aurora risueña
De tus cálices rosados
Tributabas mil esencias ?
¿ Do los pomposos follájes
Que oyéron las cantilenas
Del ruiseñor, en las noches
Llenando de amor las selvas ?
¿ Do estás, juventud del año ?
Perdióse en la ardiente fuerza
De agosto ; murió el estío,
Y ahora noviembre reina.
Noviembre, que despojando
Los bosques y las praderas,
Con amarillos matices
Las galas de abril afea.
¡ Cual de los vientos al soplo
Para siempre caen en tierra
Las hojas al pié del tilo
Que vió su antigua belleza,
Y sus maternales ramas
En soledad lastimera
Los rigores del invierno
Desconsoladas esperan !
Del invierno, que dejando
Sus escarchadas cavernas,
Ya se adelanta seguido
De borrascosas tormentas.
¡ Adios, albergues queridos
De las aves halagüeñas,

Nidos de amor, y teatros
De maternales ternezas!
Ya no abrigaréis piadosos
La desnuda descendencia
Del colorin, ni mi oido
Regalarán sus querellas.
¡ Ó cuan diferentes cantos
Ahora do quier resuenan!
Que entre orfandades la muerte
Su carro aziago pasea.
¡ Cuantas virtudes oprimen
Sus inexorables ruedas!
¡ Cuanta esperanza sepultan,
Y cuanto amor atropellan!
Ni la juventud perdonan
Ni el himeneo respetan.
Ó Filis, Filis! ¿ Quien sabe
Si ya en nuestro mal se acercan?
Nuestras niñeces voláron,
Y en pos las flores primeras
De la juventud. ¡ Ay tristes!
Á nuestros dias ¿ Qué resta?
En ellos ya desde léjos
Asoma de canas llena
La ancianidad dolorosa,
El desamor y tristeza.
Amemos, amemos, Filis;
Mira que rápidos llegan,
Que ya este otoño es memoria,
Y el tiempo destruye y vuela.

(Cienfuegos.(

El Dia.

82. ¡Que apacible beldad el nuevo dia
En su rosado manto
Muestra, triunfando de la noche fria,
Y su adormido espanto!
Con invisible y blando movimiento
De su tiniebla negra
Escombra y barre el ámbito del viento
Y al cielo y mundo alegra.
Por el aire sereno en sosegado
Vuelo el aljófar baja:
Y la concha en su seno nacarado,
Ardientes perlas cuaja.
Sale el sol con radiante señorío,
Toda la mar se altera,
Tiembla la luz sobre el cristal sombrío
Que bate su ribera.
Crecen los rayos de la luz febea
Con mas pujante aliento;
El bajo suelo en derredor humea,
Y arder se mira el viento.
Las montañas heridas de su lumbre
Se ven de oro bañadas;
Las aves en confusa muchedumbre
Cántanlo alborozadas.
Las flores su capuz rompen aprisa,
Y el verde prado esmaltan,
Y en el cristal que renovó su risa
Los pecezillos saltan.

Mas toda esta beldad que al mundo place
No llena mi deseo,
Si luego que la luz de Apolo nace.
La de mi sol no veo.

(Iglesias.)

A la Rosa.

83. Pura, encendida rosa,
Émula de la llama
Que sale con el dia,
¿ Como naces tan llena de alegría,
Si sabes que la edad que te da el cielo
Es apénas un breve y veloz vuelo,
Y no valdrán las puntas de tu rama,
Ni tu púrpura hermosa,
Á detener un punto
La ejecucion del hado presurosa ?
El mismo cerco alado,
Que estoy viendo riente,
Ya temo amortiguado,
Presto despojo de la llama ardiente.
Para las hojas de tu crespo seno
Te dió amor de sus alas blandas plumas,
Y oro de su cabello dió á tu frente :
¡ Ó fiel imágen suya peregrina !
Bañóte en su color sangre divina
De la deidad que diéron las espumas.
¿ Y esto, purpúrea flor, esto no pudo

Hacer ménos violento el rayo agudo ?
Róbate en una hora,
Róbate licencioso su ardimiento
El color y el aliento.
Tiendes aun no las alas abrasadas,
Y ya vuelan al suelo desmayadas.
Tan cerca, tan unida
Está al morir tu vida,
Que dudo si en sus lágrimas la Aurora
Mustia tu nacimiento ó muerte llora.

(Rioja.)
[N. 1590.—M. 1658.]

Los dos Conejos.

84. Por entre unas matas
Seguido de perros,
No diré corria,
Volaba un conejo.
De su madriguera
Salió un compañero,
Y le dijo: tente,
Amigo, ¿qué es esto?
¿Qué ha de ser? responde:
Sin aliento llego....
Dos pícaros galgos
Me vienen siguiendo.
Sí (replica el otro)
Por allí los veo....

Pero no son galgos.—
¿Pues que son?—Podencos.—
¿Qué podencos, dices?
Sí, como mi abuelo.
Galgos, y muy galgos:
Bien visto lo tengo.
Son podencos: vaya,
Que no entiendes de eso.—
Son galgos te digo.—
Digo que podencos.
En esta disputa
Llegando los perros,
Pillan descuidados
Á mis dos conejos.
Los que por cuestiones
De poco momento
Dejan lo que importa,
Llévense este ejemplo.

(Iriarte.)

El Amor mariposa.

85. Viendo el amor un dia
Que mil lindas zagalas
Huian dél medrosas
Por mirarle con armas,
Dicen que de picado
Les juró la venganza,
Y una burla les hizo

Como suya extremada.
Tornóse en mariposa,
Los brazitos en alas,
Y los pies ternezuelos
En patitas doradas.
¡O! ¡qué bien que parece!
¡O! ¡qué suelto que vaga!
Y ante el sol hace alarde
De su púrpura y nácar!
Ya en el valle se pierde;
Ya en una flor se para;
Ya otra besa festivo,
Y otra ronda y halaga.
Las zagalas al verle,
Por sus vuelos y gracia,
Mariposa le juzgan,
Y en seguirle no tardan.
Una á cogerle llega,
Y él la burla y se escapa;
Otra en pos va corriendo;
Y otra simple le llama.
Ya que juntas las mira,
En un punto mudada
La forma, Amor se muestra,
Y á todas las abrasa.
Mas las alas ligeras
En los hombros por gala
Se guardó el fementido.
Y así á todos alcanza.
Tambien de mariposa

Le quedó la inconstancia :
Llega, hiere y de un pecho
Á herir otro se pasa.

(Melendez Valdés.)

Resolucion de Rodrigo.

86. Pensativo estaba el Cid,
Viéndose de pocos años
Para vengar á su padre
Matando al conde Lozano.
Miraba el bando temido
Del poderoso contrario,
Que tenia en las montañas
Mil amigos asturianos :
Miraba como en las cortes
Del rey de Leon, Fernando,
Era su voto el primero,
Y en guerra mejor su brazo.
Todo le parece poco
Respecto de aquel agravio,
El primero que se ha fecho
A la sangre de Laín Calvo.
Al cielo pide justicia,
Y á la tierra pide campo,
Y al viejo padre licencia,
Y á la honra esfuerzo y brazo.
Non cuida de su niñez,
Que en naciendo es costumbrado

Á morir por casos de honra
El valiente fijodalgo.
Descolgó una espada vieja
De Mudarra el Castellano,
Que estaba vieja y mohosa
Por la muerte de su amo.
Y pensando que ella sola
Bastaba para el descargo,
Ántes que se la ciñese,
Así le dice turbado:
« Faz cuenta, valiente espada,
Que es de Mudarra mi brazo,
Y que con su brazo riñes,
Porque suyo es el agravio.
Bien sé que te correrás
De verte así en la mi mano;
Mas no te podrás correr
De volver atrás un paso.
Tan fuerte como tu acero
Me verás en campo armado;
Tan bueno como el primero
Segundo dueño has cobrado,
Y cuando alguno te venza,
Del torpe fecho enojado,
Fasta la cruz en mi pecho
Te esconderé muy airado.
Vamos al campo que es hora
De dar al conde Lozano
El castigo que merece
Tan infame lengua y mano. »

Determinado va el Cid,
Y va tan determinado,
Que en espacio de una hora
Murió el conde y fué vengado.

(Romancero del Cid.)

Entrevista del Cid con Jimena.

87. CID. Mejor es que mi amor firme
Con rendirme
Te dé el gusto de matarme
Sin la pena del seguirme.
JIM. ¿Qué has emprendido, qué has hecho?
¿Eres sombra, eres vision?
CID. Pasa el mismo corazon,
Que pienso que está en tu pecho.
JIM. Jesus! Rodrigo, Rodrigo
En mi casa!
CID. Escucha.
JIM. Muero.
CID. Solo quiero,
Que en oyendo lo que digo,
Respondas con este acero.
Tu padre el conde Lozano,
En el nombre y en el brio,
Puso en las canas del mio
La atrevida injusta mano;
Y aunque me ví sin honor,
Se malogró mi esperanza
En tal mudanza,

Con tal fuerza, que tu amor
Puso en duda mi venganza.
Mas en tan gran desventura
Lucháron á mi despecho,
Contrapuestos en mi pecho,
Mi afrenta con tu hermosura.
Y tú, señora, vencieras,
Á no haber imaginado
Que afrentado,
Por infame aborrecieras
Quien quisiste por honrado.
Con este buen pensamiento,
Tan hijo de tus hazañas,
De tu padre en las entrañas
Entró mi estoque sangriento.
Cobré mi perdido honor;
Mas luego á tu ámor rendido
He venido,
Porque no llames rigor
Lo que obligacion ha sido;
Donde disculpada veas
Con mi pena mi mudanza,
Y donde tomes venganza,
Si es que venganza deseas.
Toma, y por que á entrambos cuadre
Un valor y un albedrío,
Haz con brio
La venganza de tu padre,
Como hice la del mio.

JIM. Rodrigo, Rodrigo, ¡ay triste!
Yo confieso, aunque lo sienta

Que en dar venganza á tu afrenta
Como caballero hiciste.
No te doy la culpa á tí
De que desdichada soy,
Y tal soy,
Que habré de emplear en mí
La muerte que no te doy.
Solo te culpo agraviada,
Al ver que á mis ojos vienes
Á tiempo que aun fresca tienes
Mi sangre en mano y espada.
Pero no á mi amor rendido,
Sino á ofenderme has llegado,
Confiado
De no ser aborrecido,
Por lo que fuiste adorado.
Mas vete, vete, Rodrigo;
Disculpará mi decoro
Con quien piensa que te adoro
El saber que te persigo.
Justo fuera sin oirte,
Que la muerte hiciera darte;
Mas soy parte
Para solo perseguirte,
Pero no para matarte.
Vete, y mira á la salida
No te vean, si es razon
No quitarme la opinion
Quien me ha quitado la vida.

(Guillen de Castro.)

[Siglo XVII.]

El juez escrupuloso.

88. ¡Callar! dijo un magistrado,
Al oirse un gran ruido
En la sala del juzgado:
¡Por Dios que estoy aturdido!
Diez causas he sentenciado
Sin haberlas entendido.

La niña timorata.

Que venga mi confesor,
Dijo, estando enferma, Ines.
—Le llamarémos: ¿quien es?
—El padre fray Salvador.
Así que se le llamó,
Dijéron en el convento:
—Iria, pero es el cuento
Que ha diez años que murió.

Epitafio.

Aquí fray Diego reposa,
Y jamas hizo otra cosa.

(Pablo de Jérica.)

El pleito vencido.

89. ....Como ya en la junta
Me recibí de abogasno,
El otro dia fuí á hablar
Sobre un pleito en que un cuñado
De una tia, que era hermana
De una prima de su hermano,
Dió muerte á un pariente de otro;
Y ni veinte papagayos
Pudiéran hablar mejor,
Porque yo saqué á Vulpiano,
Y cité sobre la prueba
Á Juanini, que de emplastos
Trata con admiracion.
Salió Moreto al estrado,
Doña Maria de Zayas,
La historia de Cárlos Magno,
Y eché á Calderon á cuestas,
Que es quien mejor trata de autos.
Con esto todo el concurso
Me dió infinitos aplausos,
Y al fin salí con el pleito,
No con todo, mas con algo:
Porque al que yo defendia
Que saliese desterrado,
Le alzáron todo el destierro,
Peró fué porque le ahorcáron.

(José de Cañizares.)
[Siglo XVII.]

Tardío arrepentimiento.

90. Ojos que ya no veis quien os miraba
Cuando érades espejo en que él se via,
¿Qué cosa podeis ver que os dé contento?
Prado florido y verde, do algun dia
Por él mi dulce amigo yo esperaba,
Llorad conmigo el grave mal que siento.
Aquí me declaró su pensamiento;
Oíle yo cuitada,
Mas que serpiente airada,
Llamándole mil veces atrevido:
Y el triste allí rendido,
Parece que es ahora y que le veo,
Y aun ese es mi deseo.
¡Ay si ahora le viése, ay tiempo bueno!
Ribera umbrosa ¿qué es de mi Sireno?
Aquella es la ribera, este es el prado,
De allí parece el soto, el valle umbroso,
Que yo con mi rebaño repastaba;
Veis el arroyo dulce y sonoroso
Do pacia la siesta mi ganado,
Cuando mi dulce amigo aquí moraba;
Debajo de aquella haya verde estaba.
Y veis allí el otero
Á do le ví primero,
Y do me vió: dichoso fué aquel dia,
Si la desdicha mia
Un tiempo tan dichoso no acabara.

¡Ó haya! ¡Ó fuente clara!
Todo está aquí, mas no por quien yo peno.
Ribera umbrosa, ¿Qué es de mi Sireno?
  Aquí tengo un retrato que me engaña,
Pues veo á mi pastor, cuando lo veo,
Aunque en mi alma está mejor sacado:
Cuando de velle llega el gran deseo,
De quien el tiempo luego desengaña,
Á aquella fuente voy que está en el prado.
Arrímomele al sauce, y á su lado
Me siento. ¡Ay amor ciego!
Al agua miro luego,
Y veo á él y á mí como le via
Cuando él aquí vivia.
Esta invencion un rato me sustenta,
Despues caigo en la cuenta,
Y dice el corazon de ansias lleno:
Ribera umbrosa, ¿Qué es de mi Sireno?....

(Jorge de Montemayor.)
(N. 1520.—M. 1562.)

Bernardo del Carpio pide la libertad de su padre.—Respuesta del Rey.

91. « Antes que barbas tuviese,
« Rey Alfonso me juraste
« De darme mi padre vivo,
« Y nunca me das mi padre.

« Cuando naci de tu hermana,
« (Que nunca fuera mi madre)
« Le metiste en la prision,
« Y aun dicen que meses ántes.
« Acuérdate, Alfonso rey,
« Ya que no dél, por mi parte,
« Que es tu hermana sangre tuya,
« Y que es mi padre mi sangre.
« Si yerros fuéron los suyos,
« Bien de hierros le cargaste,
« Que los que son por amor
« Alcanzan perdon de valde.
« Prometido me lo tienes,
« No de tu palabra faltes,
« Que no es oficio de reyes
« Que de lo dicho se extrañen.
« Á tu cargo es la justicia
« Y á mi cargo el libertarle.
« Pero si yo soy mal hijo,
« No te debo, rey, culparte.
« Todos mis amigos dicen
« Que soy guerrero cobarde,
« Sabiendo que padre tengo
« Y que no conozco á mi padre.
« Despues que espada me ciño,
« La he puesto por tí en mil lances,
« Y cuando mas la ejercito
« Ménos mercedes me haces.
« Si de mi padre te extrañas,
« No es justo de ella te extrañes,

« Que algun galardon merece
« Quien buenos servicios hace.
« Si en premio de ellos merezco
« El premio que el mundo sabe,
« Tiempo es ya que me le des,
« Buen rey, ó me desengañes. »
— « Calledes vos, Don Bernardo,
« No temais que yo vos falte,
« Que la merced de los reyes,
« Si se cumple nunca es tarde.
« Que ántes que mañana oiga
« Misa en San Juan de Letran,
« Veréis vuestro padre libre
« De su persona, y mi cárcel. »
Cumplióle el rey la palabra,
Mas fué con engaño grande,
Porque sacados los ojos
Mandó que se le entregasen.

(Romances antiguos españoles.)

De la inconstancia de la suerte.

92. De hoy á mañana se vió
Troya famosa abrasada,
Roma su lustre perdió,
Deshizo el viento la armada,
Que mas gallarda salió.
De hoy á mañana acontece
Que el rico pobre amanece,

Y el privado aborrecido,
El levantado abatido,
Y que la mar mengua y crece.
 De hoy á mañana está el cielo
Mas sereno, mas aublado,
Está seco y verde el suelo,
Y el pájaro mas atado
Por el aire esparce el vuelo.
 Vemos un almendro en flor,
Y helado todo mañana :
Vemos esclavo al señor,
La sierra mas alta llana,
Y mas mudable el favor.
 Entre la taza y el labio,
Dijo en cierto pasatiempo,
Que habia peligro, un sabio ;
Que en dos minutos de tiempo
Puede caber un agravio.

(Lope de Vega.)

La mujer de Caupolicano, general de los araúcanos, al verle llevar preso y maniatado por los españoles.

93. « ¿ Eres tú aquel varon que en pocos dias
Hinchó la redondez de sus hazañas,
Que con solo la voz temblar hacias
Las remotas naciones mas extrañas?

Eres tú el capitan que prometias
De conquistar en breve las Españas,
Y someter el ártico emisferio
Al yugo y ley del araúcano imperio?

¡Ay de mí! Como andaba yo engañada
Con mi altiveza y pensamiento ufano,
Viendo que en todo el mundo era llamada
Fresía mujer del gran Caupolicano:
Y agora miserable y desdichada
Todo en un punto me ha salido en vano,
Viéndote prisionero en un desierto
Pudiendo haber honradamente muerto!

¿Qué son aquellas pruebas peligrosas,
Que así costáron tanta sangre y vidas?
¿Las empresas difíciles dudosas
Por tí con tanto esfuerzo acometidas?
¿Qué es de aquellas victorias gloriosas
De esos atados brazos adquiridas?
Todo al fin ha parado y se ha resuelto
En ir con esa gente infame envuelto.

¿Díme, faltóte esfuerzo, faltó espada
Para triunfar de la mudable Diosa?
¿No sabes que una breve muerte honrada
Hace inmortal la vida y gloriosa?
Miraras á esta prenda desdichada,
Pues que de tí no queda ya otra cosa,
Que yo apénas la nueva me viniera,
Cuando muriendo alegre te siguiera.

Toma, toma tu hijo, que era él nudo
Con que el lícito amor me habia ligado,

Que el sensible dolor y golpe agudo
Estos fértiles pechos han secado:
Cria, críale tú, que ese membrudo
Cuerpo en sexo de hembra se ha trocado,
Que yo no quiero título de madre
Del hijo infame del infame padre. »
Diciendo esto, colérica y rabiosa
El tierno niño le arrojó delante,
Y con ira frenética y furiosa
Se fué por otra parte en el instante:
En fin por abreviar, ninguna cosa
De ruegos ni amenazas fué bastante
A que la madre ya cruel volviese,
Y el inocente hijo recibiese.

(Alonso de Ercilla, *La Araucana.*)
[N. 1525. — M. 1595.]

A Cristo crucificado.

94. No me mueve, mi Dios, para quererte
El cielo que me tienes prometido,
Ni me mueve el infierno tan temido
Para dejar por eso de ofenderte.
Tú me mueves, mi Dios, muéveme el verte
Clavado en una cruz y escarnezido,
Muéveme ver tu cuerpo tan herido,
Muévenme tus afrentas y tu muerte.
Muéveme, en fin, tu amor de tal manera,

Que, aunque no hubiera cielo, yo te amara,
Y aunque no hubiera infierno te temiera.
No me tienes que dar por que te quiera,
Porque si cuanto espero no esperara,
Lo mismo que te quiero, te quisiera.

(Santa Teresa de Jesus.)

La Vieja heredera.

95. Tenia una santa vieja
En su compañía un nieto
Á quien grande amor tenia.
Sucedió que cierto deudo
Murió dejando á los dos
Por únicos herederos,
Y que en los dos se partiesen
Las alhajas por entero.
Quedóse de nones un
San Miguel de marfil bello,
Con un demonio á los pies
De oro macizo ! y queriendo
Repartir aquella alhaja
Los albaceas, plañendo
Dijo la vieja : Señores,
Yo con lo peor me contento,
Quede conmigo el demonio
Y lleve el ángel mi nieto.

Así son todas, porque
No hay mujer en estos tiempos
Que no deje el ángel pobre
Y no elija el rico feo.

(J. de Matos Fragoso.)

De un robo.

96. No hay mal que por bien no venga.
Un robo que ha empobrezido
Á un rico, y hecho infelíze
Al que cometió el delito,
Ha sacado de pobreza
Á un juez á cuatro ministros,
Dos escribanos, y siete
Abogados presumidos.

De las viejas.

Mucho mas locas las viejas
Son en Madrid que las mozas;
Y es regular, porque llevan
Muchos mas años de locas.

(Leon de Arroyal.)

El club de los animales.

97. Si al leon destronasen
Un dia sus vasallos,
¿Quien para sucederle
Seria mas del caso?
Por modo de problema
La cosa examináron,
En un club jacobino,
Los brutos mas bellacos.
Uno queria al tigre,
Otros al dromedario,
Otros al elefante,
Y algunos al caballo.
Llegó su turno al perro,
Y habiendo perorado
Dijo: « Padres conscriptos,
¿Para qué nos cansamos?
Si el poder del monarca
Ha de ser arbitrario,
Si ha de regir diciendo:
Yo lo quiero y lo mando,
Si han de ser sus ministros,
Su dama, ó su lacayo,
Como han sido hasta ahora,
Los solos soberanos;
Para rey de los brutos
Cualquiera es bueno; el Asno. »

(Pablo de Jérica.)

El Camello y la Pulga.

98. Al que ostenta valimiento,
Cuando su poder es tal
Que ni influye en bien ni en mal,
Le quiero contar un cuento.
En una larga jornada
Un camello muy cargado
Exclamó ya fatigado:
¡Ó que carga tan pesada!
Doña Pulga que montada
Iba sobre él al instante
Se apea, y dice arrogante:
« Del peso te libro yo. »
El camello respondió:
« Gracias, señor Elefante. »

(Samaniego.)

[N. 1702.—M. 1806.]

El Oso, la Mona y el Cerdo.

99. Un oso con que la vida
Ganaba un piamontes,
La no muy bien aprendida
Danza ensayaba en dos pies.
Queriendo hacer de persona,
Dijo á una mona: ¿Qué tal?
Era perita la mona
Y respondióle: muy mal.

Yo creo, replicó el oso,
Que me haces poco favor.
¿ Pues qué mi aire no es garboso ?
¿ No hago el paso con primor ?
Estaba el cerdo presente,
Y dijo : bravo ; bien va !
Bailarin mas excelente
No se ha visto ni verá.
Echó el oso, al oir esto
Sus cuentas allá entre sí
Y con ademan modesto
Hubo de exclamar así :
Cuando me desaprobaba
La mona, llegué á dudar ;
Mas ya que el cerdo me alaba,
Muy mal debo de bailar.
Guarde para su regalo
Esta sentencia un autor :
Si el sabio no aprueba, malo ;
Si el necio aplaude, peor.

(Iriarte.)

El buen cura bien pagado.

100. Hay cerca de Ratisbona
Dos lugares de gran fama,
Que el uno Agere se llama
Y el otro Macarandona.
Un solo cura servia,
Humilde siervo de Dios,
A los dos, y así á los dos
Misa en las fiestas decia.
Un vecino del lugar
De Macarandona fué
Á Agere, y oyendo que
El cura empezó á cantar
El prefacio, reparó
En que á voces aquel dia
Gratias Agere decia,
Y á Macarandona no.
Con esto muy enojado
Dijo: el cura gracias dá
Á Agere, como si acá
No le hubiéramos pagado
Sus diezmos. Cuando escucháron
Tan bien sentidas razones
Los nobles Macarandones,
Los bodigos le sisáron.
Viéndose desbodigar,
Al sacristan preguntó

La causa; él se la contó,
Y el cura así da en cantar,
Siempre que el prefacio entona,
Porque la ofrenda se aplique,
Nos tibi semper ubique,
Gratias à Macarandona.

(Calderon de la Barca.)
[N. 1600.—M. 1687.]

FIN DE LA DEUXIÈME PARTIE.

DICTIONNAIRE RAISONNÉ

DU TEXTE

DANS L'ORDRE DES MATIÈRES.

PREMIÈRE PARTIE.

(4e *Semaine.*) **37.** *Comparado y opuesto;* comparé et opposé. — *Estaba reservado;* était réservé. — *Cualquiera que sea;* quel que soit. — *Creemos;* nous croyons. — *Se le puede;* on peut. — *El haber hablado;* d'avoir parlé. — *Se habria cansado;* se serait lassé. — *Hubiera empleado;* il aurait employé. — *En repetir;* à répéter.

38. *Tiene;* a. — *Son;* sont. — *No hay que* (il n'y a pas que) il ne faut pas. — *No habiendo nacido* (n'ayant pas né) n'étant pas nées. — *Oigan;* écoutent. — *Oiga;* écoute. — *Puede;* peut. — *Si ya no es que por gran señor;* (si déjà n'est que par grand seigneur) à moins que comme grand seigneur. — *Se excusa;* il se dispense. — *Repara;* répare. — *Ofreciendo;* offrant.

39. *Es;* est—*Produzca* (produise) produira.—*Podrá;* pourra.—*Mirado;* considéré.—*O sea;* (ou soit) ou.

40. *Ha sido hecho;* a été faite.—*Anda dos siglos ha;* (va il y a deux siècles) est depuis deux siècles.—*Quisiéramos;* voulions.—*Podriamos;* pourrions.—*Quiere;* veut.—*Hayamos sido;* ayons été.—*Hay;* il y a.—*Sabidas;* connues.

41. *Es;* il est.—*Diremos;* nous dirons.—*Tramado;* ourdi.—*Presentada y desenvuelta;* présentée et développée.—*Podia añadirse;* on pouvait ajouter.—*Constituye;* constitue.

42. *Se ha dicho;* on a dit.—*Gobiernan;* gouvernent.—*Mas pronto ó mas tarde* (plus tôt ou plus tard) tôt ou tard.—*Triunfa;* triomphe.

43. *A semejanza de lo que se ha dicho* (à ressemblance de ce qu'on a dit) à l'imitation de ce que l'on a dit.—*Creemos;* croyons.—*Personificada;* personnifiée.—*Anunciada;* annoncée.—*Perteneceràn* (appartiendront) peuvent appartenir.—*Que se componga;* (qu'on compose) qu'on composera.—*Tenemos;* nous avons.—*Discurrimos con acierto;* nous raisonnons avec sagesse.—*Se toca en la tecla falsa* (on touche dans la touche fausse) on attaque la partie faible.

44. *El que el crea;* celui (qui croie) qui croira.—*Reflexione;* réfléchisse.—*Tal es* (tel est) est tellement.—*Contradictoria del* (contradictoire de) opposée à.—*Salimos;* sortîmes.—*Perdonemos;* pardonnons.—*Amémonos* (pour *amémos nos*) aimons-nous.

45. *Vino;* vint.—*Tenido en opinion de* (tenu en opinion) regardé comme.—*Solicitó;* sollicita.—*Hechas sus* *humillaciones* (faites ses humiliations) ses humbles respects étant présentés.—*Encogimiento*; timidité.—*Dijo*; dit.—*Daba*; donnait.—*Eran*; étaient.—*Estando*; étant. —*Heredad*; propriété.—*Ocupado en el beneficio de* (occupé dans le bénéfice de) occupé à cultiver.—*Vi*; je vis.—*Abatió*; abattit.—*Arrebatandome*; m'emportant.—*Me llevó largo trecho*; il m'emmena à une longue distance.—*Estaba*; était.—*Durmiendo*; dormant.—*Pebete encendido*; calumet allumé.

46. *Acerquéme*; je m'approchai.—*O fuese* (ou fût) ou peut-être.—*Sabré*; saurai.—*Parecer*; avis.—*Tenia libre los sentidos* (j'avais libre les sens) j'étais dans mon bon sens.—*Quise*; je voulus.—*Detuvo*; arrêta.—*Sobresaltó*; effraya.—*Mandándome*; m'ordonnant.—*Quitase*; ôtasse.—*Aplicase*; appliquasse.—*Tenias*; tu avais.—*Rehusé cuanto pude*; je refusai tant que je pus. —*Me violentó á que obedeciese*; me contraignit à ce que j'obéisse.—*Hecho entónces del temor atrevimiento* (fait alors de la crainte audace) poussé alors par la crainte même à l'audace.—*Sufriste el cauterio*; tu souffris la brûlure.—*Creyera que estabas muerto*; j'aurais cru que tu étais mort.—*Se diera* (se donnât) se fût fait.—*En* (dans) par.—*En falta de sentido*; en faute; par le manque de sentiment.—*Dijo*; dit.—*Al parecer*; en apparence.

47. *Duerme*; dort.—*Entregado*; livré.—*Tiene sobre sí* (a sur soi) a attiré sur lui.—*Vienen*; viennent.—*Dirásle que despierte á*; tu lui diras qu'il s'éveille pour. —*Puede*; peut.—*Amenazan*; menacent.—*Pronunció esta razon*; prononça-t-il (cette raison) ces paroles.—

Traigo impresa (j'apporte imprimée) j'ai gravées.—*Prendió*; prit.—*Puso*; mit.—*Ofenderme* (m'offenser) me faire de mal.—*Cumplo*; j'accomplis.—*Ordenan*; ordonnent.—*Despierta*; réveille-toi.—*Tiene*; a.—*Digo*; dis-je.—*Mira como duermes* (regarde) songe comment tu dors.—*No te recuerdan los cauterios de tu conciencia* (ne te rappellent pas les remords de ta conscience) les remords de ta conscience ne te font pas souvenir.—*Puedes*; peux.—*Llegáron*; arrivèrent.—*Primero* (premièrement) plus tôt.

48. *Dijo*; dit.—*Hablaba*; parlait.—*Volvió las espaldas*; tourna le dos.—*Denuedo*; détermination.—*Se atrevió*; osa.—*Iba*; allait.—*Que le matasen*; qu'on le tuât.—*Le detuvo*; l'arrêta.—*Sintió*; ressentit.—*Halló y reconociéron*; il trouva et ils reconnurent.—*Estampada*; empreinte.—*Dejó*; laissa.—*Atemorizado y discursivo*; alarmé et pensif.—*Sacrificándole á la aplacacion*; en le sacrifiant (à l'apaisement) pour apaiser.

(*5e. Semaine.*) **49.** *Encontrados afectos* (contraires sentiments) des sentiments opposés.—*Haber*; avoir.—*Agitar*; agiter.—*Tras*; après.—*Tan*; aussi.—*Como*; que.—*Habian venido*; étaient venus.—*Llevado á*; porté de.—*Consigo* (avec soi) avec lui.—*Al* (sous entendu *momento de*) *propagarse*; au moment où se propageait.—*Renuncias*; abdications.—*Lanzándose* (se lançant) s'échappant.—*Cabezas* (têtes) capitales.—*Se repitió y cundió*; se répéta et répandit.—*Caserías*; fermes.

50. *A porfía*; à l'envi.—*Arrebatados*; transportés.—*Clamáron*; demandèrent à grands cris.—*Renació*; renaquit.—*Recordando*; rappelant.—*Representaban*; représentaient. — *Describia;* décrivait. — *Tan esparcidas;* si libres. — *Tan fieras;* si superbes. — *Pisando;* foulant. — *Desamparo;* abandon. — *Vuelto;* retourné. — *Viendolos;* en les voyant. — *Afanosa diligencia;* pénible activité. — *Hubiera podido achacar;* aurait pu attribuer. — *Repentina;* subite.

51. *No habia mucho* (n'avait beaucoup) naguère. — *Salian* (sortaient) allaient. — *Embravecidos y airados;* courroucés et furieux. — *Estremeciendose con las muertes y tropélias;* frémissant des meurtres et des violences. — *Prorumpian al oirlas;* fondaient en les entendant. — *Era;* était. — *Engendráron* (engendrèrent) inspirèrent. — *Portentos;* prodiges. — *Estaban adormecidos;* étaient engourdis. — *Apagados;* éteints. — *Pechos;* cœurs. — *Holladas y escarnecidas;* violées et méprisées. — *Se despertáron;* ils s'éveillèrent. — *Cuanto mayores;* plus grands. — *É* (pour *y* afin d'éviter l'hiatus) et. — *Tanto mas;* plus. — *Sacudimiento;* châtiment.

52. *Trasmitido;* transmis. — *Las mas* (les plus) la plupart. — *Levantáron;* soulevèrent. — *Tuviesen;* eussent. — *Engaños y alevosias;* perfidies et les trahisons. — *Con capa* (avec manteau) sous prétexte. — *Desconociendo;* méconnaissant. — *Intentó á su antojo;* tenta selon son caprice. — *Estirpe;* race. — *Desmoronándose;* se détruisant. — *Se acaba* (s'achèvent) s'éteint. — *Perece;* périt.

53. *Cuantos estorbos;* combien d'obstacles. — *Dejamos atras;* nous laissons en arrière. — *Se nos han deshecho* (se nous ont défait) ont été surmontées. — *Conozco;* (je connais) je reconnais. — *Emprendemos;* entreprenons. *Entiendo;* je comprends. — *Nos lleva;* nous porte. — *No cono-*

cidas (non connues) inconnues. —*Volverá por sí* (reviendra pour soi) prendra sa défense. —*Mirando por nosotros* (regardant pour nous) en nous protégeant.

54. *Animo;* dessein. — *Acometemos;* entreprenons. —*Esperan;* attendent. —*Habreis menester* (vous aurez besoin) il vous faudra. —*Socorreros* (vous secourir) vous aider. —*Sufrimiento;* patience. *Mas sirve* (plus sert) sert davantage.

55. *Hechos estais* (faits vous êtes) vous êtes habitués. —*Dejais;* vous laissez. —*Ir prevenidos* (aller prévenus) être pourvus. —*Del tamaño* (de la grandeur) à la hauteur. —*Conformidad;* union. —*Ha de ser* (a d'être) doit être. —*En cuanto se resolviere;* pour tout ce qu'on résoudra. —*Conquistare;* conquerra. — *Se ha de fabricar;* doit se former.

56. *Puedo;* je puis. —*Basta;* suffit. —*Animo;* courage. —*Promete;* promet. —*No sé;* je ne sais. —*Suele;* a coutume de. —*Alto* (haut) allons donc. —*Parezca;* paraisse. —*Se funda;* elle se fonde. —*Dejo de fiar de mí lo que espero de vosotros* (je laisse de confier de moi ce que j'espère de vous) je cesse d'avoir confiance en moi, puisque j'ai confiance en vous.

57. *Fuentes;* sources. — *Atribuye* (de *atribuir*). — *Pueden* (de *poder*). —*Hacer juicio del;* juger le.

58. *Limitacion;* réserve. —*Se puede;* on peut. —*Anduviéron* (de *andar*).

59. *Ilustrar;* éclairer. —*Tirando* (tirant) dirigeant.

60. *Conviene* (de *convenir*). — *Veleyo Paterculo;* Vellejus Paterculus. —*Sepa* (de *saber*) sache.

(6ᵉ *Semaine.*) **61.** *Unos pueblos;* des peuples. —*De*

notoria probidad; d'une probité reconnue.—*Fuéron* (de *ser*). — *Tiene* (de *tener*).—*Las continuas colonias que envia* (les continuelles colonies qu'il envoie) les colonies qu'il envoie continuellement.

62. *Como se encuentre* (de *encontrarse*) pourvu qu'il rencontre.—*Uno para con otro* (l'un pour avec l'autre) l'un auprès de l'autre.—*Varios de ellos* (divers) plusieurs d'entre eux.—*Tal pacto* (tel pacte) une telle liaison.

63. *Los de Asturias* (ceux des Asturies) les Asturiens. —*Memoria de haber sido aquel pais el que* (mémoire d'avoir été ce pays celui qui) souvenir de ce que ce pays fut celui qui. — *Produjo* (de *producir*). — *Demasiada* (excessive) trop nombreuse.—*Estrechez*; étroit espace. —*Natural*; natif. —*La corte* (la cour) la capitale. — *Echar cebada* (jeter) donner l'avoine.

64. *Sin embargo de*; malgré.—*Se mantienen* (de *mantenerse*).—*El debido lustre* (le lustre dû). l'éclat qui leur appartient.—*Son acreedoras á* (son méritantes à) méritent.—*Se esparcen*; ils se répandent.—*A aprender*; pour apprendre.—*Dinero físico*; argent comptant. —*A costa de*; au prix de.—*Lucido*; brillant.

65. *Primacía*; premier rang.—*En línea de* (en ligne de) en fait de. — *Quedó* (demeura) fut. — *Dió* (de *dar*). —*Con que salir* (avec quoi) pour sortir.—*Bando* (bande) parti.

66. *Refiere* (de *referir*).—Pide (de *pedir*.—*Pondera tanto* (exagère tant) porte si haut. —*Dice* (de *decir*).—*Será*; qu'elle sera. —*Produjo* (de *producir*).— *Pocos afectos* (peu affectionnés) peu portés.—*Patriotas*; compatriotes.

67. *Tienen fama de* (ont la renommée de) passent pour.—*Debe atribuirse*; on doit l'attribuer.—*Siendo tan notorio el influjo* (étant si notoire l'influence) connue comme l'est l'influence.—*Como quiera que todo esto sea* (de quelque manière que tout cela soit) quoi qu'il en soit de tout cela.—*Pueden envanecer*; peuvent enorgueillir. —*Astucia*; finesse.—*Seria bastante* (serait suffisante) suffirait.

68. *Sobrada ligereza* (légèreté de reste) une extrême légèreté. —*Preocupacion* (préoccupation) prévention.—*Por general que sea* (pour) si générale qu'elle soit.—*Antes* (avant) au contraire.

69. *Pescas* (pêches) pêcheries.—*Respecto de* (à l'égard de) auprès de.—*Del mayor servicio*; de la plus grande utilité (service).—*Vestuario*; habillements.—*Conduccion de artilleria* (conduite d'artillerie) train d'artillerie.

70. *Dedicados* (consacrés) occupés de.—*Dice* (de decir).—*Introduja* (de introducir).—*Genio* (caractère) génie.

71. *Honrados*; pleins d'honneur.—*Amantes de* (amants de) attachés à.—*Preocupados* (préoccupés) prévenus.—*Paisanos*; compatriotes.—*Tanto* (tant) tellement.—*Es comun tradicion* (c'est commune tradition) c'est une tradition commune.—*En las bodas* (dans les noces) lors des noces.—*Infanzones*; nobles.—*Otros tantos*; autant de.

72. *Por causa de* (à cause de) par suite de.—*Se mantuvo* (de mantenerse).—*Aniquilarse* (s'anéantir) disparaître.—*Desapego*; manque d'attachement.—*Los de* (ceux de) les habitants de. — *Obstáculo considerable para*; grand obstacle à. —*Puede* (de *poder*). —*De unos con otros* (des uns avec les autres) des uns envers les autres. — *Tripulado de* (équipé de) monté par. —*Defienda* (de *defender*).

(7ᵉ *Semaine*.) **73.** *Profesaban* (professaient) pratiquaient. —*Acallar* (faire taire) apaiser. —*Convirtiéndola* (de *convertir*). —*Se desentona* (sort du ton) élève la voix. —*Recomendacion* (recommandation) éloge. — *Cifradas* (écrits en chiffres) résumés. — *Tanto tiempo ha* (tant de temps il y a) depuis si long-temps. —*No tendra que*; n'aura pas à.

74. *Aquellas providencias suyas* (ces mesures de lui) celles de ses mesures. —*Sonará en vuestro oido* (sonnera dans) résonnera à votre oreille. —*Loores*; hommages. — *Tanto mas.... cuanto*; d'autant plus.... que. —*Pecho* (poitrine) cœur. —*Saciar* (rassasier) satisfaire.

75. *Pudiera* (de *poder*). —*Ocaso*; occident. —*Medir con la del mundo* (mesurer avec celle) mesurer à l'étendue du monde. —*Rodeando la tierra*; faisant le tour du monde (de la terre). —*Compitiendo con* (de *competir*) (étant en compétition avec) le disputant à. — *Tantos y tan gloriosos timbres* (tant et si glorieuses belles actions) tant et de si glorieux titres. —*Hecho* (de *hacer*). —*Arrastraba* (traînait) entraînait.

76. *Atraer á ellas*; attirer sur elles. —*Ved aqui* (voyez ici) voici. —*Deslumbrar*; éblouir. —*Levantar á vosotros* (lèvent à vous) tendent vers vous. —*Memoriales* (livres de mémoire) annales.

77. *Seguido*; poursuivi. — *A cortas jornadas*; à petites journées. —*A do quiera que* (où vous voudrez que) partout où. —*Pueblos*; villes. —*En soledad y desamparo*; dans l'isolement et l'abandon. — *No habia... sino*; il n'y avait que. —*Supo* (de *saber*). —*Con lo que* (avec quoi) grâces à quoi. —*Quiso* (de *querer*). —*Dió* (de *dar*). —*Donaires*; plaisanteries. —*Poco práctico en* (peu pratique) ayant peu d'habitude de. —*En vez de*; au lieu de.

78. *Quinta*; maison de campagne. — *Verificóla*; il l'effectua. —*Propia*; même. —*Yendo* (de *ir*). — *Raro o ninguno fué el vecino que obedeció* (rare ou nul fut l'habitant qui obéit) peu ou point d'habitants obéirent. —*Venia* (il venait) il marchait. —*Contados* (comptés) un petit nombre de.

79. *Tañer* (tinter) sonner. —*Las hubo* (les eut) il y en eut. —*Dobláron*; sonnèrent le glas. —*Pocos fuéron los ....que* (peu furent les....qui) peu de. — *Prorumpió en* (éclata en) poussa le cri de. —*Al vivo* (au vif) d'une manière frappante. —*Dado* (donné) fait. —*Muy mucho* (très beaucoup) extrêmement. — *Vítores*; vivats. — *Aclamar á* (crier pour) pousser des acclamations en l'honneur de. — *Al llegar* (à l'arriver) en arrivant. —*Diciendo* (de *decir*). —*Gente*; population. —*Desde luego* (dès lors) immédiatement.

80. *Detengamos* (de *detener*). —*Si bien*; bien que. — *Mas bien* (mais bien) mais plutôt.

81. *Despues* (après) par la suite. —*Individuo* (individu) membre. —*A cuya cabeza*; à la tête de laquelle. — *A la sazon que* (dans la saison où) lorsque. — *Con esfuerzo*; avec vigueur. — *Despues de desempeñar*; après avoir rempli. — *Convirtió* (de *convertir*). — *Ciñó* (de *ceñir*). — *Tan pregonado* (si publié) dont on a fait tant de bruit.

82. *Cual conviniera* (tel qu'il conviendrait) comme il aurait convenu. — *Al subir* (au monter) en montant. — *Se negó*; se refusa. — *Cuyo reino* (lequel royaume) royaume que. —*A pesar de*; malgré.

83. *Condicion*; naturel.—*Cautivado* (captivé) gagné. —*Voluntades* (volontés) esprits.—*Algun tanto*; quelque peu.—*Ocasion á que*; occasion de.—*No contentos con*; non contents de.

84. *En gran manera* (en grande manière) grandement.—*Arrastrado de*; entraîné par.—*Se arrojaba* (il se jetait) il se hasardait. — *Afecto* (passion) disposition. *Por tanto* (partant) par suite.

(8e *Semaine.*) **85.** *Confiado en*; plein de confiance dans.—*Teniendo que* ayant à.—*Sobre* (sur) au sujet de. —*Sucediéron* (arrivèrent) eurent lieu.

86. *Llevaban ventaja á* (emportaient avantage) ils avaient l'avantage sur.—*Se estaba experimentando* (on l'était éprouvant) on l'éprouvait. —*Vino á parar en* (vint à s'arrêter à) en vint à.—*Hacer campo* (faire champ) se rencontrer.—*Otros tantos* (autres autant) autant.

87. *Se aplazaba* (s'assignait) était assigné. —*Los rendidos* (les rendus) les vaincus.—*Al punto* (au point) sur le champ. —*A pesar de*; malgré. — *Quiso* (de *querer*).

88. *Diéronseles* (de *darse*) on leur donna. — *Hizo* (de *hacer*).—*Dijo* (de *decir*).—*Pudiendo* (de *poder*). *Por tanto* (par tant) par conséquent.—*Llevando el propósito* (emportant la résolution) résolus à.

89. *Dividiéron el sol* (divisèrent le soleil) partagèrent l'avantage du terrain. — *Cayendo* (de *caer*). — *Le fue forzoso* (il lui fut obligatoire) se vit contraint.

90. *Punto* (point) moment. — *Rindió* (de *rendir*). — *Acero* (acier) armure. — *Dudosos* (douteux) dans le doute.

91. *Que habia* (qui avait) qu'il y avait. — *Por el suelo* (par le sol) par terre.

92. *Embistiéron* (de *embestir*). — *A voces*; à grands cris. — *Aportillar* (faire une ouverture) rompre. — *Por gran rato* (pour grand moment) assez long-temps. — *Hiriéron* (de *herir*). — *Movian partido* (agitaient un parti) se consultaient. — *Habian errado* (avaient erré) s'étaient trompés. — *Como buenos* (comme bons) avec honneur.

93. *Los mas* (les plus) la plupart. — *Concierto*; accommodement. — *Cumplian con su honra* (accomplissaient avec leur honneur) satisferaient leur honneur. — *Rindiendo* (de *rendir*). — *Mal enojado* (mal fâché) furieux. — *Siguiesen* (de *seguir*). — *A punto* (à point) sous la main. — *Se volvió á* (de *volverse*) (il se retourna vers) il eut recours.

94. *Sitio* (endroit) place. — *Volviéron á* (de *volver*) (retournèrent à) recommencèrent à. — *Ofrecer el partido* (offrir le parti) faire la proposition.

95. *Era entrada* (était entrée) était venue. — *En todo su punto* (en tout son point) entièrement sauf. — *Hiciéron así*; ils le firent ainsi.

96. *Esfuerzo*; vaillance. — *Sin tacha*; sans reproche. — *Mas bien* (plus bien) mieux.

(9e *Semaine.*) **97.** *Desigual á sí mismo* (inégale à soi-même) fantasque. — *Gobierna* (de *gobernar*). — *Consejo* (conseil) sagesse. — *Vestido* (revêtu) possédé. — *Llevar de* (emporter) mener par. — *Verdad* (vérité) réalité.

98. *Medios* (milieux) juste milieu. — *En temiendo* (en craignant) lorsqu'il craint. — *Se desprecia* ; on le méprise. — *Sirve* (de *servir*). — *Sigue* (de *seguir*).

99. *Fortuna próspera* ; prospérité. — *Rendido* ; soumis. — *Persigue* (de *perseguir*). — *Se atreve á* ; s'attaque à. — *Pocos* (peu) petit nombre. — *Malos sucesos* (mauvais événements) malheurs. — *Atribuye* (de *atribuir*). — *Cuidado* (soin) souci.

100. *Conmueven* (de *conmover*). — *Estas* (celles-ci) telles. — *Advierta* (de *advertir*). — *Comunidad* (communauté) réunion. — *Concejo* (conseil) assemblée.

101. *Siguió* (de *seguir*). — *Opinion* (opinion) renommée. — *Viéndose* (de *verse*). — *Entró en esperanzas* (entra en espérances) se prit à espérer.

102. *Puso* (de *poner*). — *Voluntades* (volontés) cœurs. — *Sirvió* (de *servir*). — *Artes* (arts) artifices. — *Andar entre* (marcher parmi) se trouver chez. — *Suele* (de *soler*). — *Sañudo* ; sombre.

103. *Acreditábase de* (il s'accréditait comme) il se faisait passer pour. — *Apartamiento* ; retraite. — *Muy á la vista* ; très en vue. — *Aura* ; faveur. — *El caso de* (le cas de) le moment de.

104. *Dejándose buscar* (se laissant chercher) se laissant prier. — *Silla* (chaise) siège. — *Traia* (menait) tenait. — *Se fueron conociendo* (furent se connaissant) on commença à connaître. — *Andaban* (marchaient) étaient. — *Familia* (famille) maison.

105. *Pocas veces* (peu de fois) rarement. — *Mandar*

en (commander dans) disposer de. — *Impuso* (de *imponer*).

106. *Suelen* (de *soler*). — *Por ser* (pour être) car il était. — *Aplicar* (appliquer) consacrer. — *Dejaba de castigar* (laissait de punir) laissait impuni.

107. *Falto de ;* manquant de. — *Inclinado* (incliné) porté. — *Sustancia* (substance) essence. — *Sin género de* (sans genre de) sans. — *Oficios* (offices) devoirs.

108. *Incentivos* (aiguillons) emportements. — *Tan de....como de ;* autant de....que de.... — *Se deslucian ;* se ternissaient. — *Se apagaban* (s'éteignaient) s'éclipsaient. *Tocaba en ;* touchait à. — *Trataba como* (traitait) regardait comme. — *Haciendo* (de *hacer*). — *Produjo* (de *producir*). — *No daba medio* (il ne donnait) il n'admettait pas de milieu. — *Votaba* (il votait) il jurait. — *Dado* (donné) livré. — *Rindiéndose* (de *rendir*). — *Tantos ;* tant de.

(*10e Semaine.*) **109.** *Conviene* (de *convenir*). — *Los que* (ceux qui) nous qui. — *Engendremos* (engendrions) fassions naître. — *Derramado* (répandu) dispersé. — *Puestos en* (de *poner*) (mis dans) réduits à.

110. *Pesada cosa es* (chose longue est) il serait trop long. — *Cosa muy vana* (chose très vaine) superflu. — *Hace al caso* (fait au cas) il faut. — *Dar muestra* (donner montre) faire preuve. — *Padezcan* (de *padecer*).

111. *Menguada* (diminuée) dépourvue. — *Trances* (moments critiques) chances. — *Los muchos* (les nombreux) le nombre. — *Los esforzados* (les courageux) le courage.

112. *Como bueno* (comme bon) avec honneur. — *Tan extrema* (si extrême) un tel.

113. *Se sostengan* (de *sostenerse*). — *Hace parecer* (fait sembler) fait croire.

114., *Siente* (de *sentir*). — *Gentes* (gens) peuples. — *Supiera* (de *saber*). — *Faltara de en medio* (manquait au milieu) n'était pas là.

115. *Sueña* (de *soñar*). — *Acuerda* (de *acordar*). — *Infinitos* (infinis) infiniment de. — *Hicieran* (de *hacer*). — *La historia que Homero escribió de Aquiles* (sous ent. *incitó*). — *Y la suya* (sous ent. *incitó*). — *Y así otras* (sous ent. *historias incitáron*). — *A otros* (sous ent. *hombres*).

116. *Policía*; civilisation. — *Supiéramos* (de *saber*). *Guardar* (garder) conserver.

117. *Antes* (avant) au contraire. — *Maestra y enseñadora*; école et enseignement. — *Allende* (par de là) en outre. — *Apuntado* (noté) signalé.

118. *Falta* (faute) absence. — *Dijo* (de *decir*).

119. *Muestras* (montres) leçons. — *Extiendan* (de *extender*). — *Suceso* (succès) issue. — *Han de* (ont à) doivent. — *Adelante* (en avant) plus tard. — *Hechos* (de *hacer*).

120. *Compitan* (de *competir*). — *Cuyas costumbres* (desquelles coutumes) des mœurs desquels. — *Huyan* (de *huir*). — *Escarmienten* (de *escarmentar*). — *El capitan* (sous ent. *halla*). — *Sepa* (de *saber*).

(*11e Semaine.*) **121.** *Dió* (de *dar*). — *Testimonio* (témoignage) preuve. — *Gustaba de*; il aimait à.

122. *Avino* (de *avenir*). — *Yantar* (mets) repas.

123. *Con mandarle* (avec lui ordonner) en lui ordonnant. — *Por entónces* (pour alors) pour le moment. — *Sirvióle* (de *servir*).

124. *Se movieron* (de *mover*) (se murent) furent soulevées.—*Fué decir* (fut dire) consista à dire. —*Muy de otra* (très d'une autre) d'une bien autre.—*En turno*; à tour de rôle.

125. *Avino* (de *avenir*). — *Hacia tabla* (faisait table) traitait.

126. *Sobre mesa* (sur) à table.—*Tuvieron* (de *tener*).—*En que*; dans lesquelles.—*Por no recelarse* (pour ne se défier) ne se défiant.—*Llevaba* (emportait) touchait.—*Tomar enmienda de* (prendre correction de) réformer. —*Luego por* (de suite) dès. —*Hizo corriese* (il fit que courût) il fit courir.—*Voz* (voix) bruit.

127. *A la hora* (à l'heure) sur l'heure. — *Como viniesen* (de *venir*) (comme....) à mesure que...— *Hizose* (de *hacerse*).— *Por gran espacio* (pour un grand espace) pendant long-temps.

128. *Pararia* (s'arrêterait) aboutirait.—*Con talante* (avec mine) d'un air.—*Sañudo* (sombre) irrité.

129. *Al* (au) vers le.—*Por su orden* (par leur ordre) successivement.—*Cada cual*; chacun.—*De la edad que soy* (de l'âge que je suis) à mon âge. — *No menos que*; pas moins de.

130. *En grave daño* (dans le grand mal) au grand détriment (sous ent. *en gran*).—*Mengua y afrenta nuestra*; à notre grand abaissement et à notre grande honte. *Haré* (de *hacer*).—*Pase adelante* (passe avant) continue.—*Junto con esto* (joint à ceci) en même temps.—*Instrumentos*; actes.—*Requieren* (de *requerir*).

131. *Presentes* (présents) assistants.—*El de Toledo* (sous ent. *Arzobispo*).—*Pidió* (de *pedir*).—*Errado le* *habia*, l'avait trompé. — *Por su ejemplo* (par) d'après son... — *La enmienda* (la correction) de s'amender. — *Como su voluntad fuese* (comme sa volonté serait) à sa discrétion.

132. *Des que* (dès que) lorsque. — *Perdonó* (pardonna) fit grâce de. — *Quiso* (de *querer*). — *Rindiesen* (de *rendir*). — *A su cargo* (à leur charge) en leur pouvoir. — *Alcance* (passif) montant. — *Que les hicieron* (de *hacer*) (qu'on leur fit) qui leur fut compté. — *Se gastaron* (se dépensèrent) furent employés. — *Ganó* (il gagna) il conquit. — *Suele* (de *soler*).

(*12e Semaine.*) **133.** *Hiciéron* (de *hacer*). — *Vuelve á* (de *volver*) (ramène à) fait de nouveau. — *Dió* (de *dar*). — *Tan favorecido* (sous ent. *fué*) (si favorisé) si comblé de ses faveurs. — *Muerto* (de *morir*) (mort) tué. — *El peor* (le pire) le plus grand. — *El mejor de los leales* (le meilleur des loyaux) l'homme le plus loyal. — *Sabidores* (instruit) complices.

134. *Confieso* (de *confesar*). — *Diese* (de *dar*). — *Quiso* (de *querer*). — *Antes* (avant) plutôt. — *Que fué* (qui fut) c'est-à-dire. — *Padres* (pères) sénateurs. — *Supe* (de *saber*). — *Luego que*; dès que. — *En defensa de vosotros*; pour votre défense. — *Prefiriéndome* (de *preferir*).

135. *Traeros... á la memoria* (vous rapporter à la mémoire) vous rappeler... — *En Pompeyo* (dans) avec Pompée. — *Murió* (de *morir*). — *Juzgais por* (jugez pour) regardez comme. — *Confieso* (de *confesar*). — *Propongo* (de *proponer*). — *Que primero* (que d'abord) car avant.

136. *Os provocan á* (vous provoquent à) vous portenta. — *Manchado* (taché) rougi. — *Calentado* (chauffé) tiédi. — *Procuré*; je m'efforçai. — *Haceis cargo* (me faites charge) me demandez compte. — *Merezco* (de *merecer*). — *Perdono* (pardonne) dispense.

137. *Cargaba* (chargeait) attaquait. — *Ansi* (pour *asi*). *La gente de armas*; les hommes d'armes. — *Batalla*; corps d'armée. — *Habia tornado á* (avait recommencé à) avait de nouveau. — *Ganar* (gagner) vaincre. — *Mano* (main) aile. — *Movieron contra* (de *mover*) (se murent) fondirent sur. — *Dar la vuelta* (donner le tour) tourner le dos. — *Dieron lugar* (donnèrent lieu) donnèrent le temps. — *Dejar* (laisser) abandonner. — *Recogerse á* (se recueillir) se retirer sur.

138. *Andaba tan dentro de* (marchait tant dans) était tellement sur. — *Ejecutar* (exécuter) assurer. — *Industria*; habileté. — *Diciendo* (de *decir*). — *Por la* (par la) par suite de la.

140. *De encuentro*; du choc. — *Era mas la muerte* (était plus grande la mort) les morts étaient plus nombreux.

141. *Rodeados*; à l'entour de. — *Gimiendo* (de *gemir*). — *Como era la voluntad* (comme était la volonté) à la discrétion. — *Seguia* (suivait) poursuivait.

142. *Como les tomaba* (comme) selon que les atteignait. — *Huyendo* (de *huir*). — *Alcance*; poursuite. — *Siguieron* (de *seguir*).

143. *Recoger* (recueillir) rassembler. — *Atribuyó* (de *atribuir*). — *Dijo* (de *decir*).

144. *Pudiera ser que no templara* (il pourrait

être qu'il ne modérât pas) n'aurait peut-être pas modéré. — *Oviera* (pour *hubiera*).

(*13e Semaine.*) **145.** *Con que*; ainsi. — *En vano ha sido sostener* (il a été en vain) c'est en vain que nous avons soutenu. — *Aliento* (haleine) courage. — *Contrastar*; tenir tête à.

146. *Tuviese en mas precio*; appréciât davantage. — *Supiese* (de *saber*). — *Que nos puede valer* (quoi nous peut valoir) que pouvons-nous faire valoir.

147. *Vendrán* (de *venir*). — *En nuestro daño* (pour notre mal) contre nous. — *Llevados de* (emportés) poussés par. — *Nos demos* (de *dar*) (nous nous donnions) nous nous livrions. — *Por vuestra causa*; à cause de vous.

148. *Buscámos á* (nous cherchâmes) nous vînmes trouver. — *Vasallaje* (vasselage) hommage. — *Alzamos* (levons) retirons. — *Hicimos* (de *hacer*). — *Defienda* (de *defender*). — *De quien* (de qui) à ceux que. — *Se tienen*; sont occupées. — *Recibimos* (reçûmes) acceptâmes.

149. *A la sazon*; au moment. — *Se encargó* (se chargea) prit possession. — *Sienten* (de *sentir*) (sentent) pensent bien. — *Soldar* (souder) concilier. — *Parcialidades y bandos*; divisions et partis. — *Contrastar*; tenir tête à.

150. *Faltos de* (manquant de) sans. — *Flacos* (maigres) faibles. — *Soltura*; relâchement. — *Costumbres* (coutumes) mœurs. — *De todo punto* (de tout point) complètement. — *Los mas*; la plupart. — *Hacian* (de *hacer*) (faisaient) menaient. — *Torpe*; honteuse.

151. *Muy á propósito para* (très à propos pour) très propres à. — *Hacer fieros y desgarros* (faire des bravades et fanfaronnades) faire les braves et les fanfarons. — *Venir à las puñadas* ; venir aux mains. — *Se perdió* (se perdit) s'était perdu.

NOTA. — Tous les prétérits de ce numéro et du suivant, doivent de même se traduire par le plusqueparfait.

152. *Acabáron* (achevèrent) exécutèrent. — *Juntamente* (conjointement) en même temps. — *Pudiera* (de *poder*) (pourrait) aurait pu. — *Gente* ; des gens. — *Curiosa* (curieuse) avide à. — *Regalo* ; délices.

153. *Como quiera que* (comme on veuille que) bien que. — *Paseado* (promené) parcouru. — *Redondez del mundo* (rotondité du monde) globe. — *Con todo eso* (avec) malgré tout cela. — *No faltáron quienes* (il ne manqua pas qui) il ne manqua pas de gens qui.

154. *Tan grande* (si grande) telle. — *Estaba apoderada* ; s'était emparée. — *Partes aventajadas* (des parties avantagées) certains avantages.

155. *Osado* ; hardi. — *Acometer* (attaquer) entreprendre. — *Luego que* ; après que. — *Hiciéron* (de *hacer*). — *Afeó* (enlaidit) ternit.

156. *En los que* ; ceux dans lesquels. — *Soltura* ; relâchement.

(14e *Semaine.*) **157.** *Lo poblado* ; la partie peuplée. — *Fábricas* (maçonnerie) édifices. — *En que* (en quoi) par suite de quoi. — *Andaba revuelta* (de *revolver*) (marchait) était bouleversée. — *Antes* ; au contraire. — *Tuviera* (de *tener*) (aurait) aurait eu. — *Compitiesen* (de *competir*). — *Trazas* ; sortes.

158. *Había*, il y avait. — *Emulacion* ; rivalité. — *Hacían número de* ; composaient la. — *Frisaba con* ; se rapprochait de. —*Se deshonraban* (se déshonoraient) se dénigraient. — *Tener respeto* (avoir) garder le respect.

159. *Gracias* (grâces) plaisanteries. —*Pocas veces*; rarement. —*Fuera de tiempo*; mal à propos. — *Cuanto*; tout ce que. — *Aulo-Gelio*; Aulu-Gelle. — *Derramado* (répandu) prolixe.

160. *Copia*; abondance. — *Porque* (parce que) comme.

161. *Hacer* (faire) faire paraître. —*Centones*; rapsodies. — *Se daban á*; s'adonnaient à. —*Ganapanes* (gagne-pain) manœuvres.

162. *Se tenian por* (on tenait pour) on regardait comme. —*Oficiales*; ouvriers. —*Levantadas* (levées) formées. —*Se valen* (de *valerse*) ils se servent.

163. *Autorizados por* (autorisés) avec l'autorité de. —*Cuidado* (soin) surveillance.

164. *Porque* (parce que) comme. —*Puede* (de *poder*). —*Tan robusto que*; assez robuste pour. — *Despachos*; dépêches. —*Cueza* (de *cocer*) il digère. —*Que ha menester*; dont elle a besoin. — *Criado en*; élevé dans. —*Versado* (versé) répandu. —*Celoso*; zélé.

165. *Ostentosamente*; pompeusement. — *Campea* (tient la campagne) remplit l'espace. — *Lucimiento*; lumière. — *No permite ser visto* (ne permet pas être vu) ne se laisse pas voir. —*Influye* (de *influir*).

166. *Es comunicativo de*; il communique. — *Baña* (baigne) inonde. —*Influye*; entoure de son influence. — *Nace* (il naît) il se lève. —*De sí abajo* (de soi en bas) au dessous de lui. —*Se representan* (se représentent) se réfléchissent.

167. *A medias*; de moitié. — *Cumple* (accomplit) mesure. — *Calienta* (de *calentar*). — *De dia* (de jour) durant le jour. — *Rije* (de *regir*).

168. *Digno de notar*; digne de remarque. — *Asi como*; de même que. — *Ya* (déjà) tantôt. — *Muere* (de *morir*). — *En su nada* (en son rien) à néant. — *De si* (de soi) par elle-même. — *Muestra* (de *mostrar*). — *En el puesto y en el ser*, par sa place et par son essence. — *Se le origina*; lui provient.

(15e *Semaine*.) **169.** *Asi como*; à mesure que. — *Disminuyendo* (de *disminuir*) — *Desabrida*; rude.

170. *Quiere* (de *querer*). — *Encuentra* (de *encontrar*). — *Regaladas*; délicieuses.

171. *Recien convertido*; nouveau converti. — *Por la parte*; du côté. — *A que aspira* (à laquelle il aspire) vers laquelle il se dirige. — *Hacer* (faire) rendre.

172. *Oye* (de *oir*). — *A las espaldas* (à son dos) derrière lui. — *Blandos*; doux. — *Dicen* (de *decir*). — *Despides* (de *despedir*). — *Te ausentas* (tu t'absentes) tu t'éloignes. — *Tal vez*; parfois.

173. *Algo llano*; un peu uni. — *Una u otra vez* (l'une ou l'autre fois) de temps à autre. — *No hace fuerza alguna* (ne fait aucune force) n'exerce aucune influence.

174. *Logra* (il obtient) il recueille. — *Antes bien*; bien au contraire. — *Al considerarle* (à le considérer) en le voyant. — *Puede* (de *poder*).

175. *En tanto grado*; à ce point. — *Entretanto*; cependant. — *Noticia* (nouvelle) enseignement. — *Piensan* (de *pensar*).

176. *Ni mas ni menos* (ni plus ni moins) de même.

Llueven (de *llover*). — *Pues qué*; eh quoi! — *Todo es cierto*; tout cela est vrai. — *De la parte de afuera* (du côté du dehors) à l'extérieur.

177. *Juicio* (jugement) bon sens. — *Quien ha de*; qui pourra. — *Se metió á* (se mit à) se mêla de. — *Debiera* (devrait) aurait dû. — *No va bien* (ne va pas bien) n'est pas bien.

178. *Mire usted* (regardez) écoutez. — *Sé* (de *saber*). *De juicio*; de bon sens.

179. *Estuviese* (de *estar*). — *En un Madrid* (dans un Madrid) dans une ville comme Madrid. — *Yo me hago cargo*; je me rends compte. — *Tan bien inclinada* (si bien inclinée) de si bonnes inclinations. — *Visto* (de *ver*). *A pesar de*; malgré. — *Hecho* (de *hacer*). — *Sujeto* (sujet) personne. — *Sepa* (de *saber*). — *Quiero* (de *querer*). — *Contradicen* (de *contradecir*).

180. *Pido* (de *pedir*). — *Que la inclinen* (qui l'inclinent) qui l'attirent. — *Siente* (de *sentir*). — *Cuidadillo* (petit soin) petit penchant. — *Que sentir*; à regretter.

(*16e Semaine.*) **181.** *Muerto* (de *morir*). — *Propusieron* (de *proponer*). — *Dominicano*; dominicain. — *Que era entónces* (qui était alors) alors. — *Expidió* (de *expedir*). — *Concediendo facultades* (concedant facultés) conférant les pouvoirs. — *Creyó* (de *creer*). — *Desairado*; offensé. — *Las gozaban* (en jouissaient) en étaient en possession. — *Por traslacion desde*; (par translation de) où il avait été transféré de. — *A pesar de*; (malgré) bien que. — *Por lo cual* (pour ce que) par suite de quoi. — *Dieron* (de *dar*).

182. *Entender* (entendre) regarder comme. — *Por medio*; au moyen de.

183. *Alumnos*; disciples. — *Tanto mas*; *cuanto mas*; d'autant plus que plus. — *Correspondieron á*; répondirent à. — *Por menor*; en détail. — *Daria* (donner à) faire. — *Cause admiracion* (cause admiration) étonne. — *Produjo* (de *producir*). — *Santo oficio*; saint-office.

184. *Comienzan* (de *comenzar*). — *Noticia* (nouvelle) renseignement. — *Cual es*; telle que. — *Hicieran* (de *hacer*. — *Intimasen* (intimait) infligeait. — *Se hace aprecio* (on fait estime) on donne créance.

185. *Sepa* (de *saber*). — *Tener noticia* (avoir connaissance) savoir quelque chose. — *Examina* (examine) interroge. — *Dije* (de *decir*). — *Siendo yo* (moi étant) quand j'étais. — *Reservados* (réservés) secrets. — *Informante* (informant) instructeur. — *Se ocupaba* (on occupait) on employait. — *Deberia* (devrait) aurait dû. — *Dar curso* (donner cours) continuer.

186. *Proceder adelante*; passer outre. — *En plenario*; pleinement. — *Haber ella intervenido* (avoir elle intervenu) qu'il y en avait eu.

187. *Preceptos* (préceptes) commandements. — *Pascua de resurreccion*; pâques. — *Visto* (de *ver*). — *Consiguiente á* (conséquent à) la conséquence de. — *Excomunion mayor*; excommunion absolue. — *En que incurririan*; qu'on encourrait. — *Incursos en ella* (tombés dans elle) l'ayant encourue. — *Cualesquiera*; tous ceux qui. — *En mi concepto*; selon moi. — *Ajenas de* (étrangères à) indignes de.

188. *Oyentes* (de *oir*). — *Entraban en* (entraient dans) concevaient le. — *Graduaban de*; jugeaient. — *Salia del paso* (sortait du pas) se tirait d'affaire. — *Prefiriendo* (de *preferir*). — *Cabe*; peut-il exister.

189. *Vió* (de *ver*). — *Embarazadas con* (embarrassées de) armées de. — *El* (sous ent. *rostro*) *de sus tormentos* (le visage) l'image de ses tourments. — *Pasaba á ser* (passait à être) devenait. — *Compuso* (de *componer*). — *Descansó* (reposa) reprit.

190. *Si porque* (si parce que) si c'est parce que. — *Direis* (de *decir*). — *Siendo en vosotros razon* (étant en vous raison) s'il est juste pour vous. — *Cariños* (caresses) tendresses. — *Se labró* (se façonna) se fit. — *Valgo* (de *valer*). — *De enamorada* (d'éprise) à cause de mon amour.

191. *Murió* (de *morir*). — *Vuelve* (de *volver*). — *Pregunta por* (il demande pour) il demande.

192. *Sobrado cuchillo* (poignard de reste) coup plus que suffisant. — *Aliento* (haleine) connaissance. — *Sirviendo* (de *servir*). — *Permitir* (permettre) exposer. — *Consideracion* (considération) regards.

(11ᵉ *Semaine*.) **193.** *De delicia* (de délices) de luxe. — *Los descubiertos* (sous ent. *reinos*) les royaumes connus. — *Agrios*, acides.

194. *Sacar de nosotros* (tirer de nous) tirer de chez nous. — *Otro tanto*, autant. — *Hizo* (de *hacer*). — *Hace* (il fait) il y a. — *Dió principio* (donna commencement) commença.

195. *Daban la ley* (donnaient) faisaient la loi. — *Permanencia* (permanence) durée.

196. *Exceden* (dépassent) l'emportent sur. — *Se dirá mas* (on dira plus) je dirai plus. — *Apúntes* (notes) aperçu.

197. *Hecho* (de *hacer*). — *Qué ha de* (qu'y a-t-il à) que peut-il. — *En el mismo acto* (acte) en même temps. — *Da paso* (donne) fait un pas.

198. *Hasta lo sumo* (jusqu'à l'extrême) partout. — *Puesta en tiro* (mise en tirage) exclûe. — *Translado* (je transporte) je renvoie. — *Hasta* (jusque) même.

199. *Siempre que* (toujours-que) toutes les fois que. — *La encontró* (la trouva) la trouve prête. — *En lo que la buscó* (en ce qu'il la chercha) pour ce qu'il lui demanda. — *Volver mas atras* (retourner plus en arrière) remonter plus haut.

200. *Hubo* (il eut) il y eut. — *Tanto* (tant) si grand. — *Lineas* (lignes) carrières. — *Se aventajaron* (s'avantagèrent) se distinguèrent. — *Lo dirá* (le dira) est là pour le dire.

201. *De la nada* (du rien) du néant. — *Lo sumo*; le plus haut degré. — *Mas allá* (plus au-delà) plus loin. — *Expresiones* (expressions) exemples. — *Que hoy* (sous ent. *hay*). — *Se sirvieron* (de *servirse*).

202. *Navas* (rase campagne) plaines. — *A tres* (sous ent. *reales*). — *Ocuparian* (occuperaient) devaient occuper. — *Caballerías*; bêtes de trait. — *Algunas irian* (quelques unes iraient) il devait y en avoir quelques unes. — *A este respeto* (à cet égard) sur ce pied. — *Costaria buen trabajo* (il coûterait bon travail) on aurait bien de la peine.

203. *Gira* (tourne) repose. — *Componían* (de *componer*). — *Sepan* (de *saber*). — *Inmediato* à (immédiat à) près de. — *Se giraron* on tira.

204. *Muchas* (beaucoup) nombreuses. — *Para con-*

vencimiento general (pour conviction générale) pour convaincre tout le monde. — *A todos consta* (est constaté pour tous) chacun connaît. — *Cuatro* (quatre) quelques. — *Cogian* (recueillaient) récoltaient.

(18ᵉ *Semaine.*) **205**. *Está bajando* (est baissant) baisse constamment. — *Están subiendo* (sont montant) s'élèvent.

206. *Yendo* (de *ir*). — *Dentro de casa* (dans la maison) chez nous. — *Cultas*; éclairées. — *Chuparnos la sustancia* (nous sucer la substance) nous épuiser.

207. *Para florecimiento* (pour la floraison) pour rendre florissantes. — *Vuelva* (de *volver*). — *Tiene confusos* (tient confus) confond. — *Acertar á*; arriver à. — *Decayó* (de *decaer*).

208. *Se valieron* (se prévalurent) se servirent. — *De señal* (de signe) figurative. — *Se tiró... á* (se jeta sur) se livra à. — *Claro* (clair) clairement. — *En el efecto* (dans l'effet) par le fait.

209. *Hecho felices* (fait) rendu heureuses. — *Habiamos nosotros de haberlas* (nous avions à les avoir) nous aurions dû les. — *Extraidos* (extraits) emportés hors.

210. *De sus atrasos el* (sous ent. *atraso*). — *Remachar* (river) aggraver. — *Concluyó* (de *concluir*). — *Necesitó* (il fut besoin de) il dut. — *Digo* (je dis) je veux dire.

211. *Habia de haber* (avait-elle à avoir) aurait-elle. — *Veis aquí ya* (vous voyez là déjà) voilà en un mot.

212. *Siempre que* (toujours que) tant que. — *Surgente*; source. — *Royendo* (de *roer*).

213. *Estilo*; système. — *Ni el bien tiene mas entrada*; le bien ne peut exister autrement. — *Ni los males* (sous ent. *no pueden tener*). — *Contribuye*; produit. — *Ha de* (a à) devra. — *Propusiere* (de *proponer*).

214. *No hay que*; il n'y a pas à. — *Irán... á ménos... á mas* (iront à moins, à plus) déchoiront, s'aggravera.

215. *Ciérrense* (de *cerrarse*). — *Piénsese* (de *pensar*). — *Por primera diligencia* (par première diligence) comme premier moyen. — *Sirva* (de *servir*). — *Repruébanse* (de *reprobar*) qu'on réprouve, qu'on écarte. — *Quedan señaladas* (demeurent) viennent d'être.... — *Mejor diré* (je dirai mieux) pour mieux dire.

216. *Reduzca* (de *reducir*). — *Majestad* (majesté) royauté — *Se haga* (se fasse) devienne. - *Florecimiento*; prospérité. — *Restablezca* (de *restablecer*).

(*19e Semaine.*) **217**. *Pésame* (il me pèse) je regrette. *Infamada* (diffamée) insultée. — *Te has de* (tu as à) tu dois. — *Trabajos* (travaux) malheurs. — *Inocente de ti* (innocent de toi) innocent que tu es. — *Desacordado* (désaccordé) infortuné. — *Con la fortuna que* (avec la fortune que) la fortune avec laquelle. — *Descuelgas* (de *descolgar*). — *Tomar con*; t'en prendre à.

218. *Defiende* (de *defender*). — *Pueblos*; villes. — *Sepas* (de *saber*). — *Entierra* (de *enterrar*).

219. *Por instantes* (par instans) d'un instant à l'autre. — *Entienden* (de *entender*). — *Se cura*; il se soucie. — *Anda á caza* (marche en chasse) est en quête.

220. *Gran artifice* (grand artiste) très habile. — *Encubre.... con* (il couvre avec) il cache sous.

221. *Caso* (cas) fait. — *Dijo* (de *decir*). — *Prision* (prison) emprisonnement. — *Habia formado concepto* (il avait formé opinion) il s'était persuadé.

222. *Mercenario*, de l'ordre de la merci. — *Consiguió* (de *conseguir*). — *Trajo* (de *traer*). — *Darse por* (se donner pour) s'avouer. — *Con tal que*; pourvu que. — *Errado* (erronné) dans l'erreur. — *Hacia fuerza* (faisait force) convainquait.

223. *Siendo cierta* (étant certaine) lorsqu'elle était vraie. — *Confiado* (confiant) dans la confiance. — *Capaz de poderla cumplir* (capable de pouvoir l'accomplir) dont il pourrait s'acquitter. — *Supiese* (de *saber*). — *De su trato*; de sa connaissance. — *Habia salido bien* (était bien sorti) s'était bien tiré.

224. *Se halla* (il se trouve) il se voit. — *Sanbenito*; san-benito. — *Vaya* (de *ir*). — *Por lo que* (pour ce qui) de ce qui. — *Que cabe*; qui se peut voir. — *Noticiosos de haber*; informés qu'il y avait. — *Esto es* (c'est) c'est-à-dire.

225. *Montó en cólera* (monta en colère) s'emporta. — *Vuelvo á* (je retourne à) je recommence à.

226. *Hubo tales ocurrencias* (il y eut de telles occurrences) cela se passa de telle sorte. — *Condujesen* (de *conducir*). — *Por mas* (pour plus) quelques. — *Puesto* (de *poner*). — *Duodecasílabos*; alexandrins. — *Cuya sustancia era de este modo* (dont la substance était de cette manière) dont voici la substance.

227. *Propicio* (propice) avec bonté. — *Monstruo* (monstre) monstruosité.

228. *Omito* (j'omets) je m'abstiens. — *Caso* (cas) fait. — *Contener sin* (contenir sans) m'empêcher de. — *Se habia de hacer cargo* (il y avait à faire chargé) il serait demandé compte.

(20e *Semaine*.) **229.** *Aventajado* (avantagé) vaillant.

— *Allende* (au delà) outre. — *Donde quiera* (où l'on voudra) partout. — *Traia* (apportait) avait. — *Campo* (champ) territoire. — *Boca* (bouche) entrée. — *Discurriendo los años* (les ans passant) avec les années.

230. *Haces* (faisceaux) troupes. — *En el concierto* (dans l'ordre) avec les connaissances. — *Rompieron* (ils rompirent) ils commencèrent. — *Pasada* (passée) après. *De ambas partes* (des deux parts) de part et d'autre.

231. *Sepamos* (de *saber*). — *Muy mucho* (très beaucoup) singulièrement. — *Peregrinos*, étrangers.

232. *Tuvo señorio* (il eut domaine) il domina. — *No ménos* (non moins) aussi. — *Cual* (tel que) comme. — *A la contina*, continuellement. — *Sacaba* (tirait) trouvait.

233. *Mas de* (plus de) que. — *Quitar* (ôter) faire disparaître. — *Venció* (il vainquit) il gagna. — *Dió fin á* (il donna fin) il accomplit.

234. *Rehusó* (refusa) recula devant. — *Cuantos*, quelque nombreux que. — *Bien asi como* (bien ainsi comme) de même que. — *Huelgan* (de *holgar*). — *Conseguir* (obtenir) accomplir. — *Adherente* (adhérent) accessoire. — *El tal* (le tel) cet. — *Cupo* (de *caber*) (fut contenu) vint.

235. *Si es que* (si c'est que) si toutefois. — *Largura*, prolixité. — *Como* (comme) pourvu que. — *Mas que*, peu importe que.

236. *Se espiriten* (soient possédés) se donnent au diable. — *Torcida* (tordue) méchante. — *Miden* (de *medir*). *Pasé adelante con* (je passai en avant) je continuai. — *Hijas* (filles) mes enfants. — *Amante* (aimant) affectionné.

237. *Has dado en* (tu as donné dans) tu t'es mis en ... *Desde esta parte* (depuis). — *Pierdo* (de *perder*).

— *Aciertė* (de *acertar*). — *Te estimaré* (je t'estimerai) je te serai obligé. — *Mas de dos* (plus de deux) plus d'une. — *Usan* (usent) mettent en pratique.

238. *Cedulones*; affiches. — *Correos*; bureaux de poste. — *Has de saber* (tu as à savoir) il faut que tu saches. — *Acuda á*; s'adresse à — *Por lo que toca á mí*; quant à moi. — *El primero* (sous ent. *respeto*). — *Te tenga* (je t'ai) j'aurai pour toi. — *Pero* (mais) mais encore. — *Vete* (de *irse*). — *B. S. P.* (*besa sus pies*) (baise vos pieds) a l'honneur de vous saluer.

239. *Llamado del*; appelé par le. — *Me sobraba todo* (tout me restait) j'avais tout de reste. — *Consuelo* (consolation) plaisir. — *Saber de* (savoir de) avoir des nouvelles de. — *Tratable* (traitable) aimable. — *Expresiones* (expressions) compliments. — *A pasto* (à pâture) à satiété. *Como paja* (comme la paille) tant qu'on en veut.

240. *Este es* (c'est) voilà. — *Calles de los jardines* (rues des...) allées des... — *Sabe á*; il a goût de. — *Las damas mas damas* (les dames les plus dames) les plus grandes dames. — *Allá* (là bas) chez nous.

(*21e Semaine.*) **241.** *Has de* (tu as à) tu dois. — *Poner los ojos en* (poser les yeux sur) considérer. — *Saldrá* (sortira) résultera. — *Quiso* (de *querer*). — *Vendrá* (de *venir*). — *Feos pies* (vilains pieds) base honteuse. — *Los no de principios nobles* (ceux non de commencements nobles) les hommes qui ne sont pas d'origine noble. — *Libre* (délivre) sauve. — *Haz gala*; tire vanité. — *Vienes de* (tu viens de) tu es issu de.

242. *Te precias* (tu te vantes) tu te piques. — *No hay para que* (il n'y a pas pour quoi) il n'y a pas lieu de.

—*Antes* (avant) au contraire. — *Corresponderas á* (tu correspondras à) tu accompliras.—*Bien concertada* (bien ordonnée) bonne.

243. *Trujeres* (de *traer*). — *Asisten á* (assistent à) occupent.—*Suele* (de *soler*). —*Discreto*; sage.—*Con el cargo* (avec la charge) grâce à ta charge.—*Mejorares de* (tu améliores de) tu as une meilleure.—*Sirva* (de *servir*). —*Diga* (de *decir*).—*Ha de dar cuenta* (a à donner) devra rendre compte.—*Se hubiese hecho cargo*; se sera rendu compte.—*Con el cuatro tanto*; au quadruple.—*Ley del encaje*; l'arbitraire.—*Cabida* (entrée) crédit.—*Presumen de* (présument de) se croient.

244. *Vara* (baguette) balance.—*Aparta las mientes de* (écarte ton esprit de) oublie.—*Ciegue* (de *cegar*). —*Ponlas* (sous ent. *mientes*) fixe ton esprit.—*Hicieres* (de *hacer*).—*Pide* (de *pedir*).

245. *Con obras* (avec des actions) corporellement. —*Cayere* (de *caer*). — *En cuanto fuere de tu parte* (en tant que ce sera de ta part) en tant que cela dépendra de toi. — *Campea* (tient l'espace) brille. — *A nuestro ver*; à nos yeux.—*Sigues* (de *seguir*).

246. *Con la primera* (avec) à la première.—*Dando una voz* (donnant) jetant un cri.—*Dijeron* (de *decir*).

247. *Herian en* (frappaient) résonnaient dans.—*Habian de ser* (ils avaient à être) ils allaient être.—*Acudió*; accourut.—*Pasos* (pas) défilés.—*Cerrar*; attaquer.—*Sin tiento* (sans mesure) tête baissée.— *Poner miedo* (mettre crainte) effrayer.—*Banderas* (drapeaux) rangs.

248. *Buen rato* (un bon moment) assez long temps. —*Curaron* (soignèrent) pansèrent.—*Volvió á caer* (il recommença à tomber) il retomba.—*Pudiéredes* (de *poder*). —*Rindió* (de *rendir*).

249. *Sé* (de *saber*). —*Consigue* (de *conseguir*). — *Infiero* (de *inferir*). — *Sepais* (de *saber*). —*Parezcan* (de *parecer*).

250. *Suele* (de *soler*). —*Excusar* (excuser) éviter.

251. *Fineza* (finesse) raffinement. —*Prevista* (de *prever*).

252. *Hace parentesco* (elle fait parenté) elle crée une parenté. —*No os ha de estar bien* (ne vous doit pas être bien) ne doit pas vous être profitable.

(22e *Semaine.*) **253.** *Perdonara* (je pardonnerais) je vous aurais dispensé de. —*Mirar prolijamente por* (regarder pour) soigner minutieusement. —*Desentendido de*: étranger à. —*Al que se tiene* (à celui qu'on a) à l'âge qu'on a. — *Queda con* (reste avec) éprouve. —*A Dios* (à Dieu) à la grâce de Dieu.

254. *Entrar en* (entrer dans) aborder. —*Acudir á*; avoir recours. —*Pide* (de *pedir*). —*Pongo* (de *poner*).

255. *Gravadas* (gravées) sculptées.

256. *Dilata* (dilate) étend.—*Por los* ; jusqu'aux.

257. *Da muestras de* (donne montre de) semble. —*Corrida*; confuse.

258. *Felicidad ajena de*; bonheur étranger à. —*Opinion ajena*; opinion d'autrui.

259. *Consuela* (de *consolar*). —*A sus ánimos*; pour leurs esprits.

261. *Descubre* (découvre) montre. —*Puesta* (de *poner*). —*Procure* (procure) cherche.

262. *Verás* (tu verras) tu peux voir.

264. *Arbitrio*; conseil. —*Al caso* (au cas) à ce qui se passe. —*Visto* (de *ver*).

(23e *Semaine.*) **265.** *Algun tanto*; quelque peu. — *Derrota*; direction.

266. *Debajo del norte* (sous) dans le nord. —*Concede* (accorde) permet. —*Digo* (je dis) c'est-à-dire. —*Empedrados*; cloués.

267. *Por de dentro*; à l'intérieur. —*De golpe*; sur le champ.

268. *Se puso tasa* (on mit taxe) on mit à la ration.

269. *Tendimos* (nous tendîmes) nous jetâmes. —*No topamos con ella en* (nous ne heurtâmes avec elle) elle ne rencontra. —*Infinitos* (infinis) mille autres. —*Dilatado* (différé) prolongé. —*Suelen* (de *soler*).

270. *Se parecia* (apparaissait) on voyait. —*Con pies enjutos*; à pied sec.

271. *Puesta* (de *poner*). —*Dar acojida*; faire accueil. —*Si es bien* (s'il est bien) s'il est juste. —*Consideracion*; appréciation. —*Buen término* (bon terme) considération.

272. *Creyendo* (de *creer*). —*En orden* (en ordre) en mesure.

273. *Gustaron de que*; ils consentirent à ce que. — *Siguiese* (de *seguir*).

274. *Iba* (de *ir*) (allait) il y avait. —*Hasta hoy no acabo de desengañarme* (jusqu'aujourd'hui je n'achève pas de me détromper) je ne saurais dire encore aujourd'hui.

275. *Los tuve por de*; je les crus en.

276. *Tal vez*; quelquefois. —*Ofenderse* (s'offenser) se toucher. —*Sé* (de *saber*).

(24e Semaine.) **277.** *Puesto* (de *poner*). — *Por Osuna* (por Osuna) à l'université d'Osuna. — *Este tal* (le tel) ce. — *Se dió á entender* (se donna à entendre) s'imagina.

278. *Asi mismo* (ainsi même) en même temps. — *Pusiese* (de *poner*). — *Rector* (recteur) directeur. — *Puesto que*, bien que. — *En muchas y en grandes* (en nombreuses et en grandes) en nombre et en force. — *Discreciones*, paroles sages.

279. *Quiso* (de *querer*). — *Poniéndose con* (se mettant avec) se mettant à parler avec. — *Dijo* (de *decir*). — *A que*; pour que.

280. *Volvió á decir*; répéta. — *Para con el*; auprès du. — *Diese* (de *dar*).

281. *Voy* (de *ir*). — *Ha sido servido* (a été servi) a daigné. — *Acerca del poder*; au pouvoir. — *Vuelto* (de *volver*). — *Como quien*, comme un homme qui.

282. *Echado* (jeté) étendu. — *Sosegad al pie*; apaisez-vous. — *Tornar á andar estaciones* (recommencer à parcourir les stations) reprendre la même vie.

283. *Voto á*; je jure par. — *Tengo de hacer* (j'ai à faire) je ferai..

284. *Volviéndose á*; se tournant vers. — *A lo que*; à quoi. — *Con todo eso*; malgré tout. — *Se medio corrió* (fut confus à demi) rougit un peu. — *Presuncion* (présomption) persuasion d'être. — *Discreto*, sensé.

285. *Visto* (de *ver*). — *Echar de ver*; s'apercevoir. — *Cuales* (tels que) comme. — *He abierto* (j'ai ouvert) j'ai dévoilé. — *Digo* (je dis) c'est à dire.

286. *Mandase referir* (qu'elle s'ordonne rapporter) qu'elle se fasse raconter. — *Nombre* (nom) qualification.

—*Está por ver* (il est pour voir) il reste à voir. —*Al parecer*; en apparence. — *Algun tal caso*; quelque hasard. —*Suelen* (ont coutume) peuvent. —*Suma*; résumé.

287. *Dar al traves* (donner par le travers) échoner. —*Van* (de *ir*). —*Geroglífico* (hiéroglyphique) emblème.

288. *Resuelto* (de *resolver*). *Topen con ella primero en todas partes*; qu'on l'adresse d'abord partout. —*Por ir* (pour aller) étant. — *Criado*; serviteur. — *Cuando tal fuere*; quand même il en serait ainsi.

(25e *Semaine*.) **289.** *Sabor* (saveur) parfum. —*Propia* (propre) pleine de propriété.

290. *Dijésemos* (de *decir*). —*Sujetó* (assujettit) contraignit. —*En fuerza de* (en force de) par suite de.

291. *Siguiésemos* (de *seguir*). —*Símiles*; exemples.

292. *Suelta*; facile. —*Puso* (de *poner*). — *Con mas propiedad* (avec plus de propriété) pour mieux dire.

293. *Resolverse* (se résoudre) prendre une résolution. —*Variedad* (variété) vicissitude. —*Suele* (a coutume de) peut. —*El ser*; d'être. —*Muertos* (de *morir*). —*Al tiempo*; au moment. — *Damos crédito* (nous donnons créance) nous pouvons croire.

294. *Por mayor suerte juzgo la de*; je regarde comme plus heureux le sort de. — *Dejar de* (laisser de) ne pas. — *Y mas*; et surtout. — *Cobra* (recouvre) puise.

295. *Lo ha de quedar*; doit l'être. —*Supo* (de *saber*). *Todos* (tous) tout le monde. — *Tener por* (tenir pour) croire. — *La vuelta de* (le retour de) vers la. — *Desengañará* (détrompera) détrompera en leur prouvant. — *Ni el ánimo nos acobardó*; ni leur courage ne nous a intimidés (rendus lâches). —*Trato*; commerce.

296. *Tenemos lejos* (nous avons loin) sont éloignés. — *Alcanzar de* (obtenir de) conquérir sur. — *Va ya faltando* (va nous manquant) commence à nous manquer. — *Aprieta* (de *apretar*). — *En parte*; dans un endroit. — *Vuelva á su debido lugar* (revienne à sa due place) reprenne le rang qui lui est dû. — *Viven sin recelo* (vivent) sont sans défiance.

297. *No es mucho que* (ce n'est pas beaucoup que) il n'est pas étonnant que. — *Poca consideracion*; peu de réflexion. — *Mengua y afrenta*; honte et déshonneur. — *Siento* (de *sentir*).

298. *Doy por cierto y constante*; j'admets. — *Al tiempo que*; pendant que. — *Los pocos*; le petit nombre d'entre nous. — *Por mas cierto tengo el*; je regarde comme plus certain. — *Está en su defensa*; la défend.

299. *Lo mas entero* (le plus entier) le plus clair. — *Se ha de salir*; irait en sortir. — *Que su ida ha de ser para* (que son départ doit être pour) qu'il part pour. — *Pide* (de *pedir*).

300. *Muere* (meut) dirige. — *Cuando* (quand) lors même que. — *Se consultaban* (se consultaient) tenaient conseil. — *Dió lugar* (donna lieu) permit.

(26e *Semaine*.) **301.** *Ibase* (de *irse*). — *Gastadores*; sapeurs. — *No le faltaba mas de*; il ne lui manquait plus que de.

302. *Dió en* (donna sur) attaqua. — *Cuando le tuvo* (quand il l'eut) quand il le vit. — *Huyó* (de *huir*). — *Hasta volver* (jusqu'à revenir) jusqu'au retour. — *Segun se dice*; dit-on. — *En competencia*; de préférence.

303. *Si les plugo con* (s'il leur plut) s'ils se compleurèrent dans. — *De muy grueso* (de trop gros) à cause de son obésité.

304. *Dábanles grita* (ils leur donnaient des cris) ils les huaient. — *Lo habian*; ils avaient affaire. — *De sobresalto* (en sursaut) par surprise. — *Riñó muy de veras* (gronda très vraiment) reprocha très vivement. — *Abieso*; revers. — *Como quien ellos eran* (comme ce qu'ils étaient) d'une manière digne d'eux. — *Alárabes*; arabes. — *Sobre aviso*; sur le qui vive. — *En peso* (en l'air) indécise.

305. *Salió mal herido* (sortit mal blessé) fut blessé grièvement.

306. *Batería* (batterie) attaque. — *Cercados*; assiégés. *En doce dias* (à douze jours) le douzième jour.

307. *Pusieron por tierra*; ils démolirent. — *Vinieron al suelo* (vinrent à terre) s'écroulèrent. — *Hubieron de* (ils eurent à) vint le moment de. — *Salió delante* (sortit) marcha devant.

308. *Ganóse* (on gagna) on prit. — *No me pareció cordura* (il ne me sembla pas sagesse) je n'ai pas cru sage. — *Quise* (de *querer*).

309. *No se la negó* (ne la refusa pas) elle ne l'a pas refusée. — *Vulto* (visage) image. — *Acordar al hombre de su obligacion*; rappeler à l'homme son devoir.

310. *Iluminó* (éclaira) mit au jour. — *Esmaltó*; inculqua.

311. *Volver*; rendre. — *Noble modo de obligacion*; une noble obligation. — *Está en deberle de gana*; consiste à lui devoir de bon cœur. — *Sin gusto de serlo*; sans plaisir à l'être. — *No está reñido el gusto*; le plaisir n'est pas brouillé. — *Que va* (qui va) qu'il y a. — *Se huelga* (de *holgar*). — *Aquel, muchas, cuantas* (celui-là beaucoup de fois, autant de fois que) celui-là souvent, aussi souvent que.

312. *Deudas de justicia* (dettes de justice, de droit) dettes forcées. — *De mejor gana vuelve*; de meilleure envie rend) rend de meilleur cœur. — *Fuera impertinente esta voluntad*; cette (volonté) prétention serait exorbitante. — *Atajando* (arrêtant) retardant. — *Cuanto mas tarde* (d'autant plus tard que) plus tard. — *Quien* (qui) celui qui.

(27e *Semaine.*) **314.** *Retiemble con*; retentisse de. — *Viene estrecho* (va étroit) se trouve trop étroit.

315. *Libraban* (confiaient) mettaient. — *Vuelan* (de *volar*).

316. *Sirva* (de *servir*). — *No podrán menos de*; ne pourront s'empêcher de. — *Se sienta* (de *sentarse*). — *En tanto que*; tandis que. — *Riegan* (de *regar*).

317. *Decretara* (décrétât) avait signalé. — *Se fueron sucediendo* (se furent succédant) se succédèrent. — *Conformarse* (se rejoindre) aboutir. — *Antes que*; plutôt ...que.

318. *Arrebatado de*; poussé par. — *Sus relaciones* (ses récits) les récits qui parlent de lui. — *Dar... voces*; jeter des cris. — *Se descolgaron* (ils se dépendirent) ils se laissèrent glisser.

319. *Llevábalos* (les emportait) les rendait. — *Averiguada* (vérifiée) rendue certaine. — *Creyendo* (de *creer*). — *El poder* (le pouvoir) les forces. — *Paloteando*, entrechoquant. — *Revolviendo*; confondant. — *Se corrompe en* (se corrompt en) se change en. — *Caudal* (abondance) affluence.

320. *Cuales* (quels) d'autres. — *Iban* (de *ir*). — *El espiritu adonde la obligacion*; le courage avec le devoir.

321. *Tales con.... tales con....*; ceux-ci avec... ceux-là avec. — *No de otra suerte que* (non autrement que) comme.

322. *Mirabanse*; on voyait. — *Cebarse*; s'assouvir. — *Zanjas y ribazos*; ravins et montagnes. — *Se prendian* (se prenaient) se trouvaient pris.

323. *Niega* (de *negar*). — *Todavia*; toutefois.

324. *Con todo* (avec tout) cependant. — *Riesgo* (risque) malheur. — *No sean acreedores de* (ne soient pas créanciers de) n'aient pas mérité. — *Ni para trofeos* (ni pour) pas même comme trophées.

(28e *Semaine*.) **325.** *En orden á*; en vue de. — *Altivo con* (hautain) fier de.

326. *Discurso* (raison) esprit. — *Con que* (avec quoi) par suite de quoi. — *Introdujo* (de *introducir*).

327. *Esto nacimiento tuvo* (elle eut cette naissance) telle fut son origine. — *Si ya* (si déjà) si toutefois. — *Soberbia*; révolte. — *Con ser* (avec être) bien que fût.

328. *Compuestas* (de *componer*). — *Se vierte* (de *verterse*). — *Fin*; but. — *Sustituye* (de *sustituir*).

329. *Crecido* (crû) grand.

330. *Buena correspondencia*; bonnes relations. — *Comunicacion*; rapports.

331. *Casa familiar*; maison de famille. — *Afectos*; sentiments. — *Con que explicase* (avec quoi il expliquât) pour expliquer.

332. *Colmillos* (dents canines) défenses.

333. *Malla* (maille) écailles. — *Gleba*; carapace. — *Las muertes* (les morts) les meurtres.

334. *Por tela de juicio* (par toile de jugement) par la raison. — *Intervinière* (de *intervenir*). — *Gran consulta de* (grande consultation de) consulter longuement.

335. *De espacio*; à loisir.

336. *Mover* (mouvoir) entreprendre. — *Parar mientes* (arrêter les esprits) réfléchir. — *Ca*; car. — *Por ende*; pour cette raison. — *Oyen* (entendent) savent.

(29e *Semaine.*) **337.** *Dote*; qualité. — *Traiga* (de *traer*). — *Por lograr mi obediencia* (pour obtenir mon obéissance) pour obéir. — *Encaminarse* (acheminera) en verra. — *Hago* (de *hacer*).

338. *Puesto que*; attendu que. — *Lo que yo era me tenia* (ce que j'étais me tenait) dans ce que j'étais je me trouvais. — *Acabado* (achevé) perdu. — *De cansado* (de fatigué) par lassitude.

339. *Señor de mi casa* (maître de ma maison) propriétaire. — *Referiré*; j'emploierai.

340. *No acuerdo de las* (je ne rappelle pas) je ne fais pas venir à l'idée. — *En suerte* (en sort) en partage. — *A no mandármelo V. E.*; si V. E. ne me l'ordonnait pas.

341. *Entendida*; savante. — *Resabios*; parfums. — *Presume*; croit savoir.

342. *Pone en paz* (met en paix) concilie. — *Muestra* (de *mostrar*). — *Susto* (peur) épouvantail. — *Regalo*; plaisir.

343. *Echar menos* (trouver en moins) regretter. —

Por pobre (pour pauvre) parce qu'elle est pauvre.—*No la teniendo* (pour *no teniendola*).

344. *Decente;* convenable. — *De por vida;* pour la vie.—*Galana;* élégante.

345. *Miserable;* avare. — *Es fuerza andar* (il est force aller) il est inévitable d'être. —*Afeite;* fard.

346. *Arrullos;* chansons d'enfant. — *Con extremo;* extrêmement. — *Manotadas;* petits gestes de main. —*Visages;* mines. —*Dormideras;* airs langoissants.

347. *Conmemoraciones;* services. —*De mas á mas;* en quantité. —*Amohinan;* rendent ennuyeuses. —*Consintiese* (de *consentir*). —*Media dueña;* la moitié d'une duègne. —*Descansase de dueña* (se reposât de duègne) ne vit plus la duègne. — *Salir de su vision;* achever de la regarder.

348. *Con veras y verdad;* avec toute sincérité. — *Merezco* (de *merecer*). —*Dé* (de *dar*). — *Sucesion;* postérité.

(*30e Semaine.*) **349**. *Acierto* (heureuse arrivée) bonne route.—*Si ya;* à moins que. —*Iban* (de *ir*). —*Se dejó* (se laissa) se fit. —*Á términos;* jusqu'à. —*Llegáronse á comer* (vinrent à se manger) on en vint à manger. — *Tlascaltecas;* gens de Tlascala. — *Murió* (de morir). — *Sazonado* (assaisonné) exquis.

350. *Termináron;* aboutirent. —*Franqueáron;* laissèrent libre. —*Puntualidad* (ponctualité) soumission. — *Prevenido;* préparé. —*Trujéron* (de *traer*). —*Reparó... en que;* observa....que.

351. *Hubo quien llegase á;* il y en eut qui en vinrent à,

—*Festejarian* (fêteraient) se réjouiraient de. — *Iban*(de ir). —*Con noticia de que;* sachant que.

352. *Para entrar en nueva ocasion* (pour entrer en nouvelle occasion) à de nouveaux événements. —*Que se dejó* (qu'on laissa) qui était resté.

353. *Conseguir el alcance;* les atteindre. — *Acabar con ellos* (en finir avec eux) les exterminer. —*Saliesen á* (ils sortissent) ils arrivassent. — *Con mayores veras;* avec plus d'ardeur. — *Advertencias;* précautions. —*En lo discurrido* (dans le réfléchi) dans le projet.

354. *Al subir;* en montant. — *Vencer* (vaincre) atteindre. — *Pasando el fondo los términos de la vista* (le fond paissant les limites de la vue) s'étendant au fond à perte de vue. — *Dejábase conocer* (se laissait reconnaître) on reconnaissait. —*Andas;* palanquin. —*Superior* (supérieur) au dessus de.

355. *Traia* (il amenait) il tenait. — *De mayor empeño;* de la plus grande importance. —*El caso* (le cas) le moment. — *Clamando por* (criant pour) demandant à grands cris. —*Apellidando* (appelant) invoquant.

356. *Cuidando;* ayant soin de. —*Menos unidos que apretados* (moins unis que serrés) plutôt par masses qu'en bon ordre. —*Se iba cebando* (s'allait fomentant) se regarnissait. —*Gente de refresco;* troupes fraîches. —*No lo desmentian* (ne le démentaient pas) ajoutaient à l'illusion.

357. *Mayores aprietos;* dangers les plus pressants. — *Traia* (menait) tenait. — *Se dejasen de apurar* (laissassent de s'épuiser) ne s'épuisassent pas. — *Mejorarse;* améliorer sa position. — *Cuidado* (soin) pensée. — *Oida* (de *oir*). — *Suma* (somme) point essentiel. — *Al acometer* (à l'attaquer) à l'attaque.

358. *Siguieron* (de *seguir*). — *Embistieron* (de *embestir*). — *Media rienda* (demi-bride) petit galop. — *Se cobrasen* (ils se recouvrassent) ils eussent opéré. — *Asistia* (assistait) se trouvait. — *Dió de los pies*; piqua. — *Cerró con*; en vint aux mains avec. — *Cayó* (de *caer*). — *Mal herido*; grièvement blessé.

359. *Timbre*; cimier. — *Guarecerse*; se mettre à l'abri de. — *Salió con* (sortit avec) s'en retira avec.

360. *Por mayor* (en gros) avec exagération. — *Refieren* (de *referir*). — *Encarecido*; exagéré.

(*31e Semaine.*) **361.** *Las niñeces* (les enfances) les premières années. — *Negocio* (affaire) activité. — *Señor*; maître.

362. *Cebó* (amorça) excita. — *Antes... que*; plutôt... que. — *Se prevenia*; il se préparait.

363. *Advertida*; prudence. — *Se atrevió a* (osa) osa s'attaquer à. — *Se valió sin valimiento de*; il employa sans en user. — *Supo* (de *saber*). — *A medias*; de moitié.

364. *Por los orbes* (par les globes) dans l'étendue. — *Afectó*; il affectionna. — *Debajo* (sous) sur. — *Deseo* (desir) regret.

365. *Do* (pour *donde*). — *Vuelto á* (tourné vers) se tournant vers. — *Maravilla* (merveille) admiration. — *Visto* (de *ver*). — *Sin dejar de haber* (sans laisser d'avoir) ayant en outre. — *A la maravilla me moviese* (me poussât à l'admiration) excitât mon admiration.

366. *Fuera de camino* (hors du chemin) loin du

vrai. — *Hace....ventaja* (fait avantage) l'emporte. — *De él está mas ajeno*; en est le plus éloigné.

367. *Haga lo mas de su habitacion* (fasse la plus grande partie de son habitation) réside la plupart du temps.

368. *Hace fiestas* (fait fête) sourit. — *De industria*; avec art. — *De donde nace* (d'où il naît) d'où il résulte.

369. *Hábito sucinto*; costume léger.

370. *Es hecha* (est faite) est devenue. — *De entrambas á dos*; à elles deux.

371. *Con quien* (avec qui) auprès desquels. — *Callar* (se taire) s'effacer. — *Vestidos*; verdoyants. — *No se espere que diga mas* (n'espérez pas que je dise davantage) je ne dirai rien de plus. — *Tienen asiento* (ont place) se trouvent. — *Eras*; vergers.

372. *Criarse* (s'élever) exister. — *Para cuyo testimonio* (en témoignage de quoi) pour le prouver. — *El* (sous ent. *testimonio*) *que la experiencia*, etc. — *Muestra* (de *mostrar*). — *Lo que....ha* (ce qu'il y a) le temps qu'il y a. — *Traer por ejemplo*; prendre pour exemple.

(*32e Semaine.*) **373.** *Se venia llegando* (s'en venait arrivant) s'approchait. — *Puesto que* (supposé que) bien que.

374. *Puestos de rodillas*; agenouillés. — *De improviso* (à l'improviste) tout à coup.

375. *Cuidado* (souci) inquiétude. — *El siguiente* (sous ent. *dia*) le lendemain. — *A los 21* (aux 21 jours) le 21. — *Reparos*; remparts.

376. *Quebrado* (rompu) accidenté. — *Que olvidados*; car oubliés. — *Mejorándose*; prenant la meilleure position.

377. *Cerráron* (ils attaquèrent) on attaqua. — *Lugar* (village) ville. — *Venia al suelo* (venait à terre) s'écroulait. — *Diéron la vuelta* (ils firent le tour) ils prirent la fuite. — *Rehacerse* (se refaire) se reformer. — *Ejecutando* (exécutant) profitant de.

378. *Descansada* (reposée) fraîche. — *Lo mejor* (le meilleur) l'élite. — *Alojamientos* (logements) quartiers. — *Etriarca;* étriarque. — *Alcance;* poursuite. — *Pudiesen* (ils pourraient) ils auraient pu. — *Vileza* (bassesse) lâcheté. — *Refiere* (de *referir*). — *Por las* (pour les) de peur des.

379. *Leños;* galiotes. — *Venian al fondo* (venaient) coulaient à fond. — *Propios;* mêmes. — *Media* (sous ent. *noche*) minuit. — *Juzgando por;* regardant comme.

380. *De manera* (de telle sorte) telle. — *Caso* (cas) chose.

381. *Solicita* (sollicite) convoite. — *Le cupo;* lui échut. — *En suerte* (en sort) en partage.

382. *Impiden* (empêchent) entravent. — *Tuercen* (tordent) font fléchir.

383. *Descuidado;* sans prendre garde à. — *Sustentamos bandos;* nourrissons des partis. — *Da* (donne) offre.

384. *El otro poeta* (cet autre) certain poète. — *Rizando* (frisant) effleurant.

(*33e Semaine.*) **385.** *Acertáramos á* (réussirions à) pourrions. — *Pienso* (de *pensar*).

386. *En esto de;* dans ces affaires de. — *En el espacio que;* tandis que. — *Voy* (de *ir*). — *Daba* (donnait) jetait. — *Tan puesto* (si mis) si persuadé. — *Echaba de ver* (il jetait à voir) il voyait. — *No fugades;* ne fuyez pas.

387. *Me lo habeis de pagar* (vous avez à me le payer) vous me le paierez. — *En el ristre ;* en arrêt. — *Hizo pedazos* (fit morceaux) brisa. — *Mal trecho* (en mauvais endroit) mal arrangés. — *Golpe que dió* (coup qu'il donna) chute qu'il avait faite.

388. *Tornábase mosto* (elle se tournait en vin) elle se serait écrasée.—*De lo que á él se llegaba;* ce qui lui arrivait quelquefois. — *Partirlo hemos* (pour *hemos de partirlo*).—*Picarás* (tu piqueras) tu prendras.—*Con tal que;* pourvu que.—*Una uva;* un grain. — *Lance;* fois. —*Considerando;* pensant. —*Postura;* traité. —*Ir á la par* (aller à l'égal) en faire autant. — *Engañádome has* (pour *me has engañado*).

389. *Cuéntase;* on raconte.— *Volveria á casar;* elle se remarierait. —*Está á pique* (il est en risque) il est capable. —*Se suba á mayores* (qu'il monte à plus haut) qu'il le prenne sur un ton plus haut. —*Sé* (de *saber*).— *Que me haga* (ce que je fasse de moi) que faire.—*Si sale malo* (s'il sort) s'il se trouve être mauvais.

390. *Ca-sa-te-con-él* (*Cásate con él*).—*Dió de palos* (lui donna du bâton) la bâtonna. — *Tan lindamente* (si) le plus joliment du monde.—*No-te-ca-ses-tal* (*no te cases tal*).—*Se habia hecho* (elle s'était faite) elle était devenue.

391. *Digo* (je dis) je parle. —*Rematar* (achever) tuer. —*De nuestros enemigos* (de) pour nos ennemis.—*Morir tal* (mourir tel) mourir ainsi.—*El tal;* celui là.—*Al ojo* (à l'œil) évident. — *Gozaros;* jouir l'un de l'autre. — *Traza* (trace) fait.

392. *Al punto* (au point) au fait.—*Ea pues;* allons donc.—*Vuelva el alma al cuerpo* (que l'ame revienne au corps) reprenez courage. — *Que alterarse tiene el mar*; il faudra que la mer s'agite. —*Discurso;* cours.

393. *Cabe si;* auprès de lui. — *A buenas noches* (à bonne nuit) sans rien du tout. — *Dende en adelante*; depuis lors.

394. *Moria por el* (je me mourais pour lui) je m'en mourais d'envie. — *Suelo* (sol) fond. — *Maldita la gota* (maudite la goutte) pas une goutte. —*Direis* (de *decir.*) —*Tio* (oncle) père (1).

395. *Tantas vueltas y tientos dio* (il donna tant de tours et de tâtonnements) il tourna, retourna et tâtonna si bien. —*Cayó en* (tomba sur) devina. —*Rezumando mi jarro* (fuyant ma cruche) ma cruche qui fuyait. —*Como solia*; comme d'habitude. — *Mal ciego* (mauvais) maudit aveugle.

396. *Hoy dia;* aujourd'hui. —*Quise mal* (j'en voulus. —*Negra trepa* (noir coup) triste aventure. — *Ahorraria de mi* (épargnerait de moi) en finirait avec moi. — *Mas à mi salvo*; plus sûrement.

(*34e Semaine.*) **397.** *Fatigaba*; désolait. — *Por parecerle* (pour lui sembler) parce qu'il lui semblait. — *Venteril*; d'auberge. —*Porfiaba* ; insistait.

398. *Mañana en aquel dia*; dans le jour de demain. —*Barruntos* (conjectures) soupçons. —*Seguirle el humor*; se conformer à son humeur.

399. *Andaba muy acertado* (il allait très avisé) il avait grandement raison. — *Propuesto*; but. — *Propio*

(1) En France on dit populairement *père un tel*; en Espagne le mot *tio* remplace le mot *père*.

(propre) digne.—*Percheles*; vignobles. — *Compas*; territoire. — *Rondilla*; alentours. — *Potro*; marché aux chevaux.

400. *Donde quiera* (où l'on veut) n'importe où. — *Siendo Dios servido* (Dieu étant servi) s'il plaît à Dieu.

401. *Gentil continente*; prestance hardie. — *Comenzaba á cerrar*; commençait à tomber.

403. *No se curó*; ne s'inquiéta pas. — *Curarse en salud* (se guérir en santé) préserver sa santé. — *Antes* (avant) au contraire. — *Desfallezca* (de *desfallecer*). — *Tan mal trecho* (en si mauvais endroit) si mal accommodé. —*Maestro* (maître) médecin.

404. *Pedir favor* (demander faveur) implorer. — *Hizo mas de tres* (sous ent. *pedazos*). — *Abrió por cuatro* (ouvrit) fendit en quatre. — *Puesta mano* (main mise) mettant la main. — *No volviera el pié atrás* (il ne tournerait pas le pied en arrière) il ne reculerait pas.

405. *Tales los vieron* (les virent tels) les virent dans cet état. — *Daba voces* (donnait des cris) criait. — *Las daba mayores* (sous ent. *voces*) criait plus fort. — *Llamándolos de* (les appelant) les traitant de. — *Diera á entender*; lui ferait sentir.

406. *Dejáron de*; ils cessèrent de. — *Parecieron bien* (parurent bien) plurent. — *Burlas*; gentillesses.— *Negra* (noire) fameuse.—*Llegándose á él* (arrivant à lui) l'abordant.—*Toque*; point essentiel. — *Pescozada y espaldarazo*; accolade et coup de plat d'épée sur la nuque.

407. *Por su respeto*; par égard pour lui. — *Trujo* (de *traer*).—*A raya* (dans la ligne) à distance.

408. *No vió la hora* (ne vit pas l'heure) n'eut pas de

repos que. — *Acertar á;* parvenir à. — *A la buena hora* (à la bonne heure) à la grâce de Dieu.

(*35*[e] *Semaine.*) **409.** *Yo iba caballero en el rucio;* j'allais monté s r mon roussin. — *Emparejando;* le rejoignant. — *Harto;* beaucoup.

410. *Vuelcos que dá;* cahots qu'elle fait. — *Hizo fuerza;* il fit un effort. — *Tras* (outre) bien que.

411. *Ceja* (sourcil) petit bout. — *De medio ojo;* à moitié.

412. *Vaya;* soit. — *Aclaróseme;* s'expliqua clairement. — *Pasar á;* arriver à. — *Sacar las calzas* (tirer les chausses) allonger les jambes. — *Hubele de* (j'eus à) je dus. — *Entretela;* doublure.

413. *Como discreto;* en homme prudent.

414. *Veme aqui vuesa merced;* vous voyez. — *Hecho y derecho* (fait et parfait) accompli. — *Casa y solar;* maison et terres. — *He caido en la cuenta* (je suis tombé sur le compte) j'ai reconnu la vanité. — *Pues decir que* (car dire que) et il n'y a pas à dire que. – *Con todo;* cependant.

415. *Me ha quedado por;* m'est resté à. — *Por postre;* par derrière. — *Entretuvieron;* intéressèrent.

416. *Campanudo* (ronflant) digne d'une cloche. — *Son de bajo;* son grave. — *Corto* (court) petit. — *Olia mal* (sentait mauvais) se découvrait. — *Refocilo de lo vedado;* plaisir défendu.

417. *Operacion;* sensation.

418. *Su Majestad* (1) (Sa Majesté) Dieu.

(1) C'est le nom que les Espagnols donnent à la Divinité.

119. *Una* (sous ent. *cosa*). —*No entiendo* (je n'entends) je ne connais. —*Señor*; maître. — *A cumplir alguno* (sous ent. *de sus deseos*.)—*Voy ya* (je vais) je deviens.

120. *Recaudo*; souvenir. — *Hia* pour *Habia*. —*Bienes ajenos* (biens d'autrui) biens à d'autres. —*Tuviese cuenta* (eût compte) s'occupait.

(*36e Semaine.*) **121.** *Levantáron por* (élevèrent) proclamèrent. —*Cabeza* (tête) chef. — *Hacer rey*; nommer un roi. —*Razon* (raison) raisonnement. — *Ley* (loi) croyance. —*Diversidad de casos* (diversité de cas) des incidents divers.

122. *Poniéndoles delante* (leur mettant devant) leur représentant. —*Puesto que* (supposé que) par suite de. — *Echados de* (repoussés de) dépouillés de. — *Hechos sujetos*; contraints. —*De la vida* (de la vie) de la société. — *No se vedan las voces humanas* (on ne refuse pas la voix humaine) on ne prive pas d'entendre la voix humaine. — *Quien quita*; qui empêche. —*Casas de letras* (maisons de lettres) universités.

123. *Porque vestimos* sous ent. *nos prohiben*.

124. *Pelados* (plumés) dépouillés.

125. *Se inhabilitan*; ils deviennent impotens. —*Requeridas* (requises) exigées. —*Las que dieron la avilantez al atrevimiento de* (celles qui donnèrent l'audace à l'entreprise de) celles qui inspirèrent l'audacieuse entreprise de.

126. *Hemos de ser*; faut-il que nous soyons.

129. *Huidos* (fuis) en fuite. — *Proveidas á remiendos* (pourvues à reprises) mal approvisionnées. — *Hom-*

bres de cabo; hommes de distinction. —*Si previniesen*; s'ils surprenaient. —*Cuando se contenten*; s'ils se contentent.

430. *Valles al abismo* (vallées à l'abîme) profondes vallées. —*Suelta*; agile. —*Mostrada* (montrée) éprouvée.

431. *Si cualquiera de ellos no tuviera confianza del otro que era suficiente*; si chacun d'eux n'avait pas dans l'autre la confiance suffisante. — *Dar cobro*; entreprendre. —*Sentidos*; découverts.

432. *Cuanto mas que*; d'autant mieux que. —*Jeque*; scheick. —*Si les pluguiese*; si cela leur convenait.

DEUXIÈME PARTIE.

PROSE.

1. *Atizadores*; promoteurs. —*Escarmentarle*; le corriger. —*Por vana y vaga*; quelque vaine et vague.

2. *Acababa*; venait. —*Ginetes*; cavaliers.

3. *Artificios bélicos*; machines de guerre. — *Manifestando*; exposant. —*Hecho desprecio*; méprisé.

4. *Tenian deudo*; étaient alliés.

5. *Tierra*; pays. —*Allá va*; voilà.

6. *Nacia*; provenait. —*Cuidé*; je pensais.

7. *Pendiente*; dépendante. —*Presupuesto*; présupposition.

8. *Debe atender*; doit être de veiller. — *Fiarle de*; lui commettre le soin de.

9. *De otro propósito*; inopportune.

10. *Toca*; appartient. — *Yo desisto*; je me démets. —*Acomodar la pica* (placer) tenir la lance.

11. *De pocas letras*; peu lettré. — *A media rienda*; au petit galop.

12. *Se ha de ver bien apurado*; il se verra bien embarrassé.

13. *Azuzaba*; excitait.—*Enzarzaba*; brouillait.—*Dependencia*; affaire.—*Corriente*; évidente. — *A buen librar*; le mieux qui pourra lui arriver.

14. *Remilgamiento*; minauderie. — *El echaba el cuerpo fuera*; il se retirait de l'affaire. — *Se entorchaba con ellos*; il s'attachait à eux. — *Una residencia*; une inspection.—*Que les levantáse tanta roncha*; qu'il leur en cuirait.—*Por bajo de cuerda*; en sous main.—*Cargando bien la mano.... en las costas*; grossissant bien.... le mémoire des frais. —*Se las perdonaba*; il n'en faisait grâce.

15. *Franco*; prodigue. — *Salia al encuentro*; il répliquait.—*Bizarro*; libéral.

16. *Quedaban tamañitos*; restaient pénauds.

17. *Caza de monteria*; chasse à la grosse bête.

18. *Sentado el pié*; mis pied à terre.—*Puesto en ala*; placé en file.—*Tan corto de ventura*; si peu chanceux.

19. *Se echaba bien de ver*; l'on apercevait bien.

20. *Se iba derecho á despeñar*; courait droit à sa perte.—*Temian su voz*; lui obéissaient.

21. *Panales*; rayons de miel. — *Gormarlo ha*; il le

rendra. — *Peñolas;* plumes. — *Como quiera que fuese;* quoi qu'il en soit.

22. *Al tanto*; en même temps. — *Maestre;* grand-maître.

23. *Dieron vista;* ils aperçurent. — *Recelábanse;* ils se défiaient.

24. *Hiriéron en ellos;* ils fondirent sur eux. — *Le hizo cerca*; il l'environna. — *Horma*; muraille en pierre sèche.

25. *Deciase;* il s'appelait. — *Doblas;* doubles (ancienne monnaie espagnole valant environ 60 centimes). — *Con trato doble;* sous l'apparence d'une fausse amitié.

28. *Estoy bien hallado;* je me trouve bien.

29. *Veedor general*; inspecteur général. — *Soledad;* faute.

30. *Vareó*; piqua. — *Que fuera acertado*; qu'il serait juste. — *Manchega;* de la Manche. — *No consiente cosquillas á nadie*; n'entend pas raillerie. — *Si os huele*; si elles vous devinent. — *Os mando mala ventura*; je vous prédis malheur. — *Oxte puto, allá darás rayo;* mets-toi en sûreté et advienne que pourra. — *Buscando tres piés al gato*; cherchant midi à quatorze heures.

31. *No le quedo en zaga*; je ne lui cède en rien.

35. *De los de por Dios*; de ceux qu'on m'avait donnés pour l'amour de Dieu.

36. *Enjalma* (bât) matelas.

37. *Le servia de pelillo* (faire une chose de peu d'importance et très minutieuse) lui servait de chasse-mouches.

39. *Desque* (pour *desde que*) dès que.—*Uña de vaca*; pied de bœuf.

41. *Me habria camino para ello*; il m'en suggérait les moyens.—*El buen aparejo hace el buen artifice*; les bons outils font les bons ouvriers. — *Paso*; tout bas. — *Cabeza de lobo*; vache à lait.

42. *Blanca;* obole.

43. *Con pregon*; avec avis. — *Escarbando los que*; se curant les dents qui.

44. *Ganarme por la mano*; me prévenir.

45. *De poca arte;* de peu de naissance. — *Me atestaba de mantenimientos*; m'accablait de ses *portez-vous bien*. — *Un solar de casas;* des maisons et des terres. — *Costanilla;* rue en pente. — *De media talla*; d'une condition moyenne. — *En malilla*; en manille (second atout au jeu de l'hombre). — *Comido por servido*; ne vous donnant que la nourriture pour vos services.—*Pieza de à dos*; pièce de deux maravédis.

46. *A pelo;* à propos. — *Ponerle coto* (lui m une borne) la prolonger. — *Señalar con el dedo;* distinguer.

47. *A vueltas;* en échange. —*En sacar*; à supputer. *Juros viejos;* anciennes pensions.

48. *La tengo en mas*; je la chéris plus.—*Agora* (pour *ahora*).—*No ahinco mas*; je ne presse plus.

50. *Montaráz*; habitué à la montagne.

51. *Traza*; moyen. — *Algun tanto*; quelque peu.— *No dé la ventaja*; je ne le cède.

52. *Me tendré y estimaré en mas*; j'aurai de moi une meilleure opinion.—*Gracia*; talent.—*Al extremo*;

au point. — *Como el que traemos entre manos*; à celui qui nous occupe.

53. *Si bien canta el abad, no le va en zaga el monacillo*; le moine répond comme l'abbé chante.

54. *Levantando caramillos en el viento*; inventant des mensonges. —*De nonada*; de rien. —*Diéron en ello*; s'en mêlèrent.

55. *Fizo* pour *hizo.* —*Fasta* pour *hasta.* —*Fiziéronlo* pour *hiciéronlo.* —*Fallarian* pour *hallarian.*

56. *Uvo* pour *hubo.*

57. *Regazo*; ceinture. — *Cuidaba*; craignait. — *Era ida por el polvo*; ne volât dans la poussière. — *Fabló* pour *habló.* —*Ovieron* pour *hubieron.*

58. *Ferido* pour *herido.* — *Sopiéron* pour *supiéron.*

60. *Del cielo*; habitant du ciel.

63. *Andaboba* (va-sot) lansquenet. —*Corrido de corchetes*; poursuivi par aucun agent de police. —*Ni soplado de ningun cañuto*; ni dénoncé par aucun espion.

65. *Caso de menos valer*; déshonneur.

66. *Desden en la silla*; d'atteinte sur leur selle. — *Desjarretallos*; leur couper les jarrets.

67. *Que por uña se le fuese*; qui pût lui échapper.

68. *Rucio rodado*; gris pommelé. —*Primo hermano*; cousin-germain. —*De mucha suerte*; d'une grande naissance.

POÉSIE.

71. *A par*; également.—*Sazonado*; piquant.

72. *Mezquina*; malheureuse. —*Esquividad y apartamiento*; le mystère et la retraite.—*Enajenado*; détourné.—*Mantuano*; mantouan (de Mantoue).

73. *En el postrero acento*; le plus douloureusement du monde. — *Soltó de llanto una profunda vena*; il répandit un torrent de larmes.—*Caduco*; fragile. — *Filos* (pour *hilos*). — *Suelto yo la rienda*; je donne cours.—*Muerte arrebatada*; mort subite. — *De consumo*; en même temps.

75. *Ya sonoro volvia*; tantôt il revenait avec un son plaintif. —*Circular*; en figurant un cercle. — *Rastrero*; effleurant la terre.

76. *Ceño*; indignation. — *Cual madre*: comme une bonne mère.

82. *Muchedumbre* (sous ent. *se ven*).

86. *Costumbrado* (pour *acostumbrado*).—*Fijodalgo*, *hijo de algo*, *hidalgo*; gentilhomme.—*Fasta* (pour *hasta*). —*La cruz*; la garde.

87. *Porque á entrambos cuadre*; pour qu'il échoie à tous deux.—*Albedrío*; volonté.—*Parte* (partie) intéressée.

88. *Es el cuento*; la difficulté est.

89. *Abogasno* (pour *abogado*). —*Salió....al estrado*; fut cité.

90. *Erades* (pour) *erais*).—*Via* (pour *veia*).—*Mejor sacado*; plus ressemblant.—*Invencion*; artifice.—*Caigo en la cuenta*; je me désabuse.

91. *Que nunca fuera mi madre*; plût au ciel qu'elle n'eût jamais été ma mère. — *Se extrañen*; s'écartent.— *Te extrañas*; tu te plains.—*Calledes* pour *callad*.

92. *Caber un agravio*; arriver un malheur.

95. *Quedóse de nones*; il resta dépareillé.

97. *Padres conscriptos*; pères conscrits (sénateurs romains).

99. *Echó....sus cuentas allá entre sí*; fit son compte à part lui.—*Regalo*; profit.

100. *Los bodigos le sisáron*; ils lui rognèrent le pain de l'offrande. — *Desbodigar*; priver du pain (de l'offrande).

FIN DU DICTIONNAIRE RAISONNÉ.

TABLE DES MATIÈRES.

PREMIÈRE PARTIE.

LECTURE. — VERSIONS.

DEUXIÈME PARTIE.

PROSE.

POÉSIE.

TABLE ALPHABÉTIQUE

DES AUTEURS CITÉS DANS CE VOLUME.

FIN.

IMPRIMERIE ET LITHOGRAPHIE DE MAULDE ET RENOU,
Rue Bailleul, 9 et 11. 656

DU MÊME AUTEUR

(Pour paraître en 1846).

COURS GRADUÉ DE LANGUE ESPAGNOLE,

GRAMMAIRE PRATIQUE ET RAISONNÉE.

1 vol. in-12.

THÈMES GRADUÉS

POUR SERVIR D'APPLICATION ET DE DÉVELOPPEMENT
A LA PARTIE GRAMMATICALE.

1 vol. in-12.

DICTIONNAIRE GÉNÉRAL

ESPAGNOL-FRANÇAIS ET FRANÇAIS-ESPAGNOL,

Nouvellement rédigé d'après les dernières éditions des dictionnaires de l'Académie espagnole et de l'Académie française, les meilleurs lexicographes et les ouvrages spéciaux de l'une et de l'autre langue. — 2 vol. gr. in-8, de 1000 à 1200 pages à 3 colonnes, caractère neuf et fondu exprès.

IMPRIMERIE ET LITHOGRAPHIE DE MAULDE ET RENOU, 650
Rue Bailleul, 9 et 11.

www.ingramcontent.com/pod-product-compliance
Ingram Content Group UK Ltd.
Pitfield, Milton Keynes, MK11 3LW, UK
UKHW021102220726
13924UKWH00005B/2208